EDITORIAL
Carisma

DEVUÉLVEME mi DIGNIDAD

**La visión de Sonny Arguinzoni
para los corazones y almas
asediados de las ciudades
atribuladas de nuestro mundo.**

NICKY CRUZ

Publicado por
Editorial **Carisma**
Miami, Fl. U.S.A.
Derechos reservados

Primera edición 1997

© 1993 por Nicky Cruz y Sonny Arguinzoni
Publicado en inglés con el título de:
Give me back muy dignity por
Cruz Press-Victory Outreach of La Puente
La Puente, California.

Traducido al español por: Silvia Bolet de Fernández
Cubierta diseñada por: Ximena Urra

Citas bíblicas tomadas de: La Santa Biblia, Revisión 1960
© Sociedades Bíblicas Unidas.
Usada con permiso.

Producto 550135
ISBN 1-56063-829-X
Impreso en Colombia
Printed in Colombia

Contenido

PREFACIO

E stamos viviendo en tiempos peligrosos. Pero el Señor se está moviendo en una nueva e increíble manera. Hay esperanza.

Desafortunadamente, el maltrato a los cristianos está en aumento en los medios noticiosos y en la farándula. Sí, enseñar acerca de Cristo en nuestras escuelas públicas es ilegal. Aunque se les esté repartiendo condones a los jóvenes, y exista consejería sobre el aborto en las escuelas sin necesitar permiso previo de los padres, está prohibido darles una Biblia.

Sí, los periodistas constantemente describen a los cristianos que creen que la Biblia se debe aplicar a la vida diaria como "fundamentalistas" que deben ser temidos. Los evangelistas son presentados como mendigos codiciosos y repugnantes que derrochan nuestras donaciones en misteriosos y extravagantes estilos de vida. Cualquier pastor que sea acusado de algún delito sexual seguramente aparecerá en la primera plana de los periódicos.

Mientras tanto, la Iglesia es vista por el público en general como previsible, rígida, mecánica e irrelevante. La adoración se considera aburrida y evitable. La predicación es vista como que pasa por encima de las cabezas de la gente.

¿Por qué? ¿Será porque nos hemos quedado dormidos en nuestros seguros y apacibles suburbios, permitiendo que las muy reales fuerzas malignas que odian a la humanidad nos tomen ventaja?

Muchas congregaciones han caído en una rutina. Los pastores, abrumados por la tensión, se aterran ante la posibilidad de la crítica que pudiera conducirlos a la pérdida de la pensión de retiro y predican dulces melodías al coro de la iglesia mientras pretenden hacernos creer que estamos haciendo la diferencia en un mundo que nos ignora.

¿Podría ser que hayamos caído en la vorágine de una insignificante y poco amenazante religión —no en el estilo de vida cristiano que cambia el mundo y que describe el Nuevo Testamento?

¿Cómo? ¿Le habremos dejado demasiado de la misión de la iglesia a los ministros que reciben sueldos? Desafortunadamente, demasiado de estos sobrecargados siervos y siervas nos han desilusionado con sus fallas humanas y con su incapacidad de hacer uso adecuado del tiempo.

Pero hay esperanza —para ellos y para ti—. El Señor está haciendo algo emocionante y nuevo. Es mi oración que este libro te sirva de inspiración para que te unas a ésta apacible, pero apasionada batalla. Oro también que tú adquieras esta visión y te conviertas en un "hacedor de discípulos".

NICKY CRUZ
Colorado Springs

CAPÍTULO 1

El campo misionero escondido

Me encuentro en una sucia y oscura calle, a unos pasos de las destrozadas paredes de concreto plagadas de grafito en Whittier, California, donde creciera quien fuera presidente de los Estados Unidos, Richard Nixon, en el "Nido del Diablo de Los Ángeles". Se le conoce como el "parque de las agujas hipodérmicas". En torno a sus desvencijadas bancas y mesas, se venden, se compran y se usan drogas visiblemente —en un desvergonzado desafío— a una cortés sociedad.

Pero los miembros seguros de la sociedad urbana raramente se aventuran a entrar en esta peligrosa barriada. Si lo hicieran se quedarían boquiabiertos ante el hombre que está frente a mí. Lleva en la cabeza una gorra de lana gris amarrada con una pañoleta desteñida, usa espejuelos de sol a los que le falta un lente. Tambaleante, avanza calle abajo cojeando de una rodilla, su rostro volteado hacia arriba. Se detiene y mirando en la dirección hacia donde me encuentro comienza a decir una serie de palabras incomprensibles que pudieran ser insultos o tal vez la forma en la que su drogado cerebro pide ayuda.

9

Cruzando la calle hay una clínica de metadona atestada de gente, en la que los médicos van llamando por número y dándoles a los drogadictos dosis de sustituto para la heroína, la cual se supone que los ayude a romper la adicción.

A mi alrededor, tal vez cien o más personas sin vivienda con ojos vidriosos miraban cautelosamente a su alrededor, dan vueltas debajo de un techo garabateado de grafito. Aunque la temperatura está alrededor de los 60 grados, algunos calientan sus manos sobre barriles de metal llenos de basura a los que se les ha prendido fuego con trozos de madera.

Junto a una de estas fogatas, un jovencito de mirada vacía intercambia jeringuillas con un tembloroso y muy delgado hombre. No pude ver si hubo intercambio de dinero.

—¡Oye tú! —le grita una mujer harapienta que arrastraba un carro de metal de alguno de los supermercados de la zona, a mi amigo Sonny Arguinzoni.

—¿Estás regalando condones?

Le hablo extendiéndole un tratado religioso. Ella lo mira de reojo, pero se marcha pensando que estábamos allí, regalando condones, o agujas hipodérmicas limpias

En una mesa del parque, otra mujer vestida con varias clases de ropa, con profundas arrugas en el rostro y agarrando fuertemente una bolsa de plástico, enciende una pipa para fumar "crack", un rústico tubo de cristal en el que ella coloca y fuma cocaína cristalizada —o "crack". Ansiosamente, otra mujer se le acerca desesperada por fumar también. En su rostro puedo observar los moretones que usualmente se observan en personas con SIDA.

—Oigan —les dice el joven amigo de Sonny, Mark García—, quiero darles algo —les ofrece otro tratado religioso. Las dos fumadoras lo miran, y después nos miran a Sonny y a mí cautelosamente.

Toman el tratado evangelístico y murmuran algunas palabras de agradecimiento. Mark es conocido en este lugar. Nadie le molesta ni lo reta. Frecuentemente la policía aquí se ha visto rodeada de pandilleros, pero a Mark se le respeta como el predicador de las calles que atravesó por el fuego durante los disturbios callejeros de Los Ángeles en 1992. Por tres días y tres noches batalló —a nivel espiritual— según aquella locura ocurría.

Sonny tampoco es molestado. Él ha estado en esta acera —y en otras aceras como ésta alrededor del mundo— miles de veces. Él conoce esta calle. Siente un orgullo interior según observa a Mark, uno de cientos de jóvenes predicadores que Sonny ha adiestrado en lo que yo llamo "el campo misionero escondido".

—Mark García es un joven valiente y humilde —dice la esposa de Sonny, Julie—. Él estuvo allí, en medio de los fuegos de los disturbios, rehusando abandonar a su gente. Cuando comenzaron los disturbios, yo estaba en la carretera llevando a Sonny al aeropuerto.

Su esposo es posiblemente el mejor amigo que yo tengo en todo el mundo. Ambos crecimos en sectores de Brooklyn tan violentos como el "Nido del Diablo".

—Había fuego en ambos lados —recuerda Julie—. Era como manejar a través del infierno. Era de día, pero parecía de noche porque estaba muy oscuro todo por lo denso del humo. Los que vandalizaban, golpearon y apuñalaron a varias personas en una esquina cerca del edificio donde vivía Mark.

—¿Recuerdas lo que viste en la televisión sobre los disturbios? Pues fue así y hasta peor aun. Los edificios ardían por ambos lados —recuerda Julie—. Fue una historia increíble. Tienes que ver si Mark desea contártela, pero él es tan humilde.

De regreso en el parque del "Nido del Diablo" Mark se está ocupando de los asuntos de su Padre.

—Predicador —le grita un hombre joven con cara demacrada y marcas de agujas en los brazos.

—Oye, predicador—, Sonny y yo le miramos mientras Mark comienza a caminar hacia él.

Con calma, el adicto comparte su preocupación con el joven predicador callejero. Es obvio que Mark le conoce. Mientras Sonny y yo le mirábamos, Mark, con seriedad, movía su cabeza de un lado para otro, escuchando las palabras que en voz baja le decía el joven. Se notaba una vergüenza silenciosa en la actitud callejera y astuta del muchacho.

Mark ora con él, pero tiene su mirada entristecida mientras caminan. El adicto necesita ayuda pero rehúsa aceptar el viaje para llevarlo a un hogar cercano de rehabilitación, aunque Mark le ofrece llevarlo de inmediato en su camioneta. Un vehículo especial equipado para funcionar en cualquier terreno y que se conoce como *"all terrain"* se necesitaría tener aquí en la segunda más grande metrópolis de Norteamérica; algunas calles de la zona Central del Sur de Los Ángeles están en muy malas condiciones.

—Ese muchacho necesita a Jesucristo —dice entre gruñidos Mark mientras caminamos hacia la camioneta. Cuidadosamente la abrió y a tientas desarmó el sistema de alarma antirrobo.

Antes de regresar a Watts, le pregunté acerca de los disturbios.

Él permaneció en silencio mientras dábamos la vuelta para entrar en un proyecto de vivienda pública, la camioneta se deslizaba lentamente mientras él me señalaba a jóvenes pandilleros y drogadictos.

—Sonny se acuerda. La ciudad entera estaba tensa aquel día —me cuenta Mark—. Había algo en el aire. Yo no sabía lo que era.

Él desconocía que un jurado de la zona conocida como el valle, había declarado inocentes a cuatro policías acusados de la golpiza a Rodney King, y no sabía que una pandilla había golpeado a un coreano, dueño de un establecimiento de bebidas, momentos después de haberse anunciado el veredicto.

Cuando el hijo del dueño intentó detenerlos, un pandillero le golpeó la cabeza con una botella. Los restantes miembros lanzaron botellas a través de los cristales del establecimiento y gritaban: "¡Esto es por Rodney King!"

La llama se encendió. Mientras la policía era avisada y un helicóptero con reporteros acudía a la escena, el dueño del establecimiento intentó cerrar las puertas de metal del sitio con un candado, pero un grupo de muchachos lanzó un poste de metal a través de las ventanas.

Una enorme gritería se formó según los vándalos, comenzaron a entrar en el lugar, mientras su desenfrenada fiesta era captada por las cámaras de televisión del helicóptero y transmitida "en vivo", anunciando así a todos los que miraban la televisión cerca de allí, adónde podían acudir para obtener cerveza gratis.

Centenares lo hicieron.

Por televisión se podía ver a los vándalos cargando con cajas repletas de licor mientras que otros lanzaban botellas llenas a los automovilistas. En un desenfrenado arrebato por los efectos del alcohol, ocho pandilleros comenzaron a blandir bates de béisbol y a romper las ventanas de los autos que transitaban por las avenidas Florence y Halldale, cerca de un kilómetro y medio de distancia de la iglesia de Mark, "Alcance Victoria" del sur de Los Ángeles.

La policía fue atacada con botellas y piedras. A las 5:34 de la tarde los radios de la policía pedían ayuda a otros oficiales. Rápidamente 35 policías en 18 autos patrulleros acudieron a la escena. La gente corría alocadamente por las aceras como si fueran a ver una pelea de boxeo callejera en el patio de algún colegio —¿ya los policías golpearon a alguien? ¿Ha salido alguno ya por la televisión?

Un tumulto comenzó a formarse alrededor de dos policías negros que habían perseguido a un joven de 16 años que les había estado lanzando piedras. Los amontonados allí comenzaron a lanzar botellas y a proferir insultos. Más oficiales de la ley llegaron. Los policías esposaron a un joven que había lanzado una botella. Varios de los hombres en el gentío lo agarraron y trataron de arrancarlo de las manos de la policía.

Súbitamente un supervisor de la policía ordenó la retirada de los oficiales por su sistema de altoparlante. Los oficiales subieron a sus autos patrulleros y se marcharon del lugar ante la gritería de la multitud que se sentía enardecida por haber logrado que la policía se fuera de la zona. Piedras y botellas fueron lanzadas según las patrullas se alejaban velozmente del lugar.

El gentío dio la vuelta y se abalanzó hacia las avenidas Florence y Normandie. Los grupos ruidosos y desordenados se transformaron en una muchedumbre fuera de control que lanzaba piedras, botellas y ladrillos a los automóviles que pasaban, deteniéndolos y sacándolos de sus vehículos para golpearlos, humillarlos y robarles.

La primera víctima fue una familia blanca de tres personas, un hombre, su esposa y un hijo de siete meses de nacido. Su automóvil marca Volvo fue acribillado con piedras, ladrillos, un pedazo de madera y una guía telefónica forrada con tapas de metal, produciéndole a la madre una herida que requirió 13 puntos. Un jovenzuelo lanzó un letrero de cigarrillos Marlboro a través del cristal trasero. Otros se abalanzaron sobre el auto demandando dinero. El bebé sufrió heridas menores.

Mientras Mark García, pastor de la pequeña iglesia "Alcance Victoria" de la zona central del sur de Los Ángeles, se preparaba para el culto de oración del miércoles en la noche, todo esto ocurría sin él saberlo. Los ruidos de los autos patrulleros y de los carros de bomberos eran cosa común en su zona de guerra. En un período de seis semanas hubo 162 tiroteos en este mismo barrio, según el periódico *Los Angeles Daily News*.

—La ciudad completa estaba inquieta —recuerda Mark—. Se podía sentir en el ambiente.

Entonces, a sólo unos pasos de la calle Vermont y Manchester bulevar, un gentío prendió fuego al restaurante Mary's Soul Food. Gritando alardosamente, unos jovenzuelos que lucían los colores de su pandilla fanfarroneaban de que habían saqueado todos los edificios en la cuadra.

Según comenzaban a llegar los hermanos a la iglesia, comentaban preocupados lo que estaba sucediendo y Mark se iba enterando del veredicto de Rodney King.

Mientras tanto, seis jóvenes habían detenido un auto en la Avenida Florence, y sacaron a sus ocupantes, un hombre

hispano, su esposa y su cuñado a quienes golpearon y roba-
ron. Un automóvil ocupado por cinco monjas fue golpeado
con piedras y con pedazos de madera de 2 por 4, también un
ciudadano norteamericano de extracción mejicana y un pro-
minente líder antidrogas de la zona central del sur de Los
Ángeles fueron sacados de sus autos, golpeados y robados.
Mientras otros choferes cruzaban velozmente por la zona o
daban virajes en forma de U, las Avenidas Florence y Normandie adquirieron un aspecto surrealista, como si estuviera
ocurriendo la Tercera Guerra Mundial.

Los helicópteros revoloteaban por encima, transmitiendo
escenas en vivo al mundo entero de la violencia callejera y de
una brutal fiesta de barrio. Los locutores de los servicios
noticiosos le informaban a la audiencia de Los Ángeles que
las predicciones de insurrección armada en el barrio se estaban cumpliendo.

El chofer Reginald Denny condujo su rastra hacia la
avenida Florence, dirigiéndose a un sitio donde se suponía
que dejara su carga de toneladas de arena y gravilla, cuando
un grupo de gente le ordenó que se detuviera.

Él aminoró la velocidad en la intersección de la Avenida
Normandie. Piedras y botellas rompieron el cristal delantero
de su rastra.

Mientras las cámaras de televisión filmaban la escena en
vivo, dos hombres le sacaron de la cabina a la calle. Uno de
ellos le pateó en el pecho mientras el otro aplastaba la cabeza
de Denny contra el pavimento con su pie y lo golpeaba tres
veces en la cara con un martillo.

Inexplicablemente, el herido y ensangrentado señor
Denny logró incorporarse sobre sus manos y sus rodillas e
intentaba ponerse de pie cuando alguien le lanzó un trozo de
concreto al rostro, dejándolo tirado inmóvil en el pavimento.

—Alrededor de esos instantes —recuerda Mark—, me
sentí guiado a caminar alrededor del edificio de la iglesia,
cantando alabanzas y reclamando la Sangre de Jesús sobre la
iglesia y sus miembros.

La golpiza fue tan salvaje que le fracturó el cráneo al señor Denny incrustándole pedazos de huesos en el cerebro, le partió el rostro en cientos de lugares y le sacó el ojo izquierdo de su cuenca enterrándoselo en el seno frontal.

Los atacantes, sin embargo, todavía no estuvieron satisfechos con lo cometido con el caballeroso hombre blanco. Mientras yacía tirado en el piso inconsciente y sangrando, uno de ellos levantó en alto sus brazos con júbilo y danzó ante las cámaras de televisión imitando a los jugadores de fútbol cuando anotan un gol.

El joven hizo con una mano la señal de su pandilla al gentío allí congregado, entonces miró al helicóptero y apuntó orgullosamente hacia Denny. Otro pandillero se le unió haciendo la señal con la mano escupiendo a Denny mientras la televisión filmaba la escena para la teleaudiencia.

Denny estaba tirado en el pavimento como si fuera un muñeco de trapo. Una y otra vez la gente corría a su lado y le escupía o lanzaba botellas de licor sobre él. Un drogadicto le vació los bolsillos.

Denny recobró el conocimiento y se puso de rodillas, la sangre que brotaba por las heridas de la cabeza formaba un charco en el pavimento. Extendió su mano temblorosamente, tanteando como si estuviera ciego, suplicando misericordia a la gente. En lugar de ello, alguien saltó en el aire utilizando su cabeza como piedra de apoyo.

Mientras el mundo entero observaba, Denny logró regresar a la cabina de su rastra. Un compañero chofer, un hombre de la raza negra llamado Bobby Green, había estado mirándolo todo por la televisión y corrió a la intersección.

Con la ayuda de otros tres hombres negros, dos de los cuales iban abriéndole paso, el señor Green llevó a Denny al hospital.

—Si hubieran llegado unos minutos más tarde —dijeron los médicos—, Denny hubiera muerto.

Por los canales de televisión local, agitados comentaristas describían escenas de tumultos. Las cámaras y los comentaristas pasaban de la zona central del sur hacia Watts y después hacia Compton, entonces hacia el centro de Los Ángeles, desde Long Beach hasta Beverly Hills en un cada vez más amplio círculo de destrucción.

Sonny y Julie recuerdan.

—Fue terrible —dice suavemente Sonny—. Tenía un compromiso para predicar fuera de la ciudad y debía tomar un avión, lo cual significaba que Julie y yo tendríamos que conducir el auto por el mismo centro de la zona de los disturbios, ya había pagado los boletos, y tenía que hablar esa misma noche. Estaba obligado a cumplir con esa invitación.

A través de la televisión, un helicóptero de los servicios de noticias mostraba la popular calle de Hollywood conocida como la Ruta de la Fama (Walk of Fame) donde estrellas con el nombre de los artistas son colocadas en la acera. Los vándalos saqueaban la exclusiva tienda Frederick's of Hollywood. Afuera, pedazos de cristal roto cubrían las estrellas pertenecientes a Will Rogers, Jack Palance y Fleetwood Mac.

La mayor parte de la violencia ocurría en la zona central del sur. En la esquina de las calles Slauson y Vermont, cientos de personas saqueaban un mercado callejero de artículos baratos. Turbas gritaban y saqueaban los establecimientos de venta de licores y ropas a lo largo de las avenidas Florence, Figueroa, Slauson y Broadway. Mujeres embarazadas salían cargadas de cajas de pañales y alimentos para bebés.

Las carreteras estaban congestionadas con angelinos que huían convencidos de que la ciudad entera ardería. En la calle 18 y la Avenida Western, los vándalos parecían simples clientes que empujaban sus carros de metal cargados de artículos robados mientras la farmacia Savon era devorada por las llamas.

En un pequeño centro comercial localizado en Vermont y el bulevar Martin Luther King, un helicóptero transmitía escenas para la televisión de varias mujeres pandilleras que escenificaban una grotesca obra de teatro callejero. Mientras una mujer estaba recostada sobre un automóvil, otras tres fingían golpearla, tal y como se vio en la cinta de video donde aparecía la golpiza propinada a Rodney King.

A las 7 de la noche, el joven pastor Mark comenzó el culto en "Alcance Victoria" del Centro Sur aunque sólo habían llegado un puñado de personas. Él mismo dirigió la alabanza.

—Duró como cinco minutos —recuerda él—. Podía ver a la gente corriendo por la calle frente a la iglesia. Algo se agitó en mi espíritu. Creo que fue el Señor diciéndome que saliera fuera para ver lo que sucedía.

Bajó del púlpito y salió a la calle. Lo que observó le dejó boquiabierto. Turbas alocadas y borrachas caminaban por las avenidas Manchester y Broadway, ocupando completamente las aceras y la calle, evadiendo el tránsito, rompiendo ventanas y gritando. Los más jóvenes lanzaban piedras a los automóviles.

Mark regresó al interior del templo y sosegadamente anunció a la congregación:

—Iglesia, esta noche no vamos a celebrar el culto acostumbrado. Vamos a entrar en guerra ahora mismo. Todas las mujeres y los niños, póngase de rodillas y oren. Todos los varones, vengan conmigo a la calle.

Lo primero que hicieron los hombres fue mover sus automóviles para la parte trasera de la iglesia porque el gentío estaba rompiendo los cristales de los autos.

—Toda clase de personas llenaba la calle frente a nuestra iglesia —recuerda Mark. Él se paró a la puerta, no podía creer el violento espíritu de la turba.

Detrás de él se colocó su esposa Linda que puso sus brazos alrededor de su cintura. Lo que miraban era una escena digna de la obra de Dante, *La Divina Comedia*. Por encima de la impetuosa turba, el cielo de Los Ángeles lucía negro y matizado de color carmesí. Columnas de humo se elevaban al cielo nocturno. Lamentos quejumbrosos de sueños que eran troncados en hogueras de violencia se confundían con el creciente aullido de lejanas sirenas de autos de la policía, bomberos y ambulancias y el constante repiqueteo de armas de fuego.

—Miramos la escena por unos cinco minutos —recuerda él—. Entonces, le dije a Linda que reuniera a las mujeres y llevara los niños al piso de arriba, a los salones de la escuela dominical.

El gentío pasó de largo por frente a la iglesia, su blanco era otro: un gran "mercado callejero" al otro lado de la calle donde semanalmente se reunían vendedores en aproximadamente 70 puestos de ventas que ofrecían una amplia variedad de artículos —incluyendo tocacintas y joyas.

Los vándalos se abalanzaron dentro del lugar; a patadas destrozaron la puerta de la tienda de empeño y de armas de fuego que había justo al frente de la iglesia. Riendo y dando alaridos de gozo, algunos cargaban a sus hijos pequeños, los vándalos salían del lugar llevando en sus manos tocacintas, televisores y otras cosas.

—Lo que más recuerdo —dice Mark—, es cómo salían disparando sus armas de fuego.

La zona había sido objeto de muchos tiroteos en el pasado y tambien de mucha violencia, pero esto era como una escena de la película *Apocalipse Now*. Jóvenes pandilleros exhibían orgullosos sus rifles y armas automáticas, alardeando de que habían arrasado con todos los establecimientos de armas de fuego en la zona central del sur. Jovencitas dando gritos y que calzaban zapatos nuevos para jugar baloncesto competían por el botín con adultos que vestían camisetas de Malcom X varias tallas mayores; más tarde se lanzaron calle abajo en busca de nuevos lugares para vandalizar. Dentro del "mercado callejero" se podía ver a un hombre rociando gasolina.

—Oh no, esto es el colmo —pensó Mark—. ¡Van a quemar el vecindario completo!

La multitud gritó en un tono de perverso placer según comenzaron a aparecer las llamas de fuego dentro del lugar.

Un auto de la policía se presentó en la calle Broadway, pero dio la vuelta en U rápidamente y desapareció al ver la muchedumbre.

—A mí me parecía que la ciudad de Los Ángeles entera estaba ardiendo en llamas. Parecía el final de la civilización —recuerda Mark.

En el piso de arriba, las mujeres habían encendido la televisión y miraban el noticiero en vivo de los disturbios y los fuegos a través de Los Ángeles.

—Las envié al segundo piso a orar —recuerda Linda—, pero era difícil evitar que miraran la televisión. Bueno, la Biblia nos dice que velemos y oremos —dice con una media sonrisa—. Entonces se fue la electricidad y ya no pudimos continuar viendo la televisión como los demás alrededor del mundo podían hacerlo. A partir de ese momento no teníamos idea de lo que estaba sucediendo.

—Según ardía el "mercado callejero" y el gentío seguía buscando lugares nuevos para destruir, los hombres y los adolescentes mayores de la iglesia formaron una cadena humana alrededor del edificio de la iglesia —recuerda Linda—. La gente andaba quemando y saqueando un edificio tras otro.

—Se nos iban acercando poco a poco —dice Mark—, nosotros solamente nos paramos allí, orando y dejándoles saber que tendrían que pasarnos por encima para quemarnos el edificio de la iglesia.

—Entonces las cosas comenzaron a tranquilizarse —cuenta Linda—. Los grupos comenzaron a dispersarse. Algunos hombres recorrían las calles rápidamente en sus autos mirando la destrucción. Cada uno regresaba contando la destrucción que había visto. Sin embargo, nos informaban que las zonas residenciales parecían no haber sido afectadas por los disturbios.

»Algunas mujeres fueron a revisar sus casas. Finalmente sólo dos hermanas y yo quedamos en la iglesia. Yo no quería irme. Deseaba quedarme junto a mi esposo —recuerda Linda.

Según iba cayendo la noche, alrededor de 75 incendios comenzaron en Long Beach antes de la medianoche. El Departamento de Vehículos Motorizados fue uno de los afectados.

Un pequeño supermercado, donde un cliente coreano había dado muerte a una joven negra de 15 años de edad llamada Latasha Harlins, fue arrasado por las llamas y saqueado completamente mientras la turba repetía gritando: "Esto es por Latasha. Esto es por Latasha".

En los techos de los establecimientos cercanos, inmigrantes coreanos armados con rifles y revólveres, estaban apostados dispuestos a disparar sobre cualquiera que se acercara por las calles llenas de basura del lugar.

Según continuaba el disturbio, algunos edificios escaparon a la destrucción, como islas en medio de un mar caótico. Uno de ellos fue la Iglesia "Alcance Victoria" del Centro Sur de Los Ángeles. A través de esa larga madrugada del miércoles los hombres y los jóvenes de la congregación se mantuvieron en vigilia.

Mantuvieron su cadena humana alrededor del edificio.

—La primera noche —recuerda Mark— era solamente un pequeño grupo formado por nosotros y los jóvenes del hogar de rehabilitación para adictos. Entonces otros comenzaron a unirse, de otras iglesias y otros centros de rehabilitación. Estuvieron con nosotros. Nos turnábamos en la acera e íbamos al techo del edificio a orar. Era una guerra —guerra espiritual—. Las calles estaban llenas de gente que iban incendiando y robando y que actuaban alocadamente.

—Era como si hubiera desaparecido toda autoridad y no existiera la ley —recuerda Linda—. La gente actuaba como si estuviera loca, manejando autos nuevos robados de los lugares de ventas. Robaban combustible de las gasolineras y entonces les prendían fuego. Comenzamos a tomar fotografías y cuando la gente veía el "flash" de la camára sacaban sus pistolas. Se enojaban.

»Si actuabas como si fueras a tomarles una foto, entonces te mataban. Yo clamaba la sangre de Jesús sobre todos nosotros. Un banco en la esquina fue asaltado y sus papeles volaban regándose por todas partes.

—En el mercado callejero —cuenta Mark— un grupo de personas regresó y buscando entre las cenizas se apoderó de la caja fuerte la cual subieron a un vehículo. Gran cantidad de personas comenzaron a correr detrás del vehículo. Esperaban que la caja fuerte se abriera y el dinero dentro volara. Comenzaron a dispararle a la caja fuerte hasta que por fin se abrió. Tenía toda clase de objetos de oro.

El miércoles por la noche se tornó en jueves por la mañana. En la oscuridad, sin electricidad, los líderes de la congregación se reunieron en el santuario de la iglesia.

Allí, comenzaron a orar y a preguntar a Dios: —¿Por qué? ¿Por qué está sucediendo esto?

—¿Por qué?

—¿Realmente, por qué?

Una mujer comenzó a llorar: —¡Dios mío! —lloraba—, esto parece el fin del mundo.

En medio de aquella oscuridad, no había respuestas fáciles.

CAPÍTULO 2

Nacido en el este de Los Ángeles

L a mayor parte de la basura, producto de los disturbios ya ha sido limpiada.

Me encuentro a solamente unos kilométros del epicentro de los disturbios. Estoy profundamente conmovido, dentro del auditorio de lo que en una ocasión fue una escuela secundaria en el este de Los Ángeles.

Esta hermosa mañana de domingo, el lugar está repleto de personas durante el segundo de tres cultos dominicales en la Iglesia "Alcance Victoria" de La Puente, la congregación que fundó la Iglesia de la zona central del sur.

La congregación de La Puente está de pie, cantando fervientemente alabanzas con la espontaneidad que uno sólo encuentra en las mejores iglesias evangélicas. Comienzan a batir las palmas a la vez que el líder de la adoración comienza un corito que todos conocen, su adoración les brota de lo más profundo. Esta gente está llena de gozo.

Están contentos de estar aquí. Yo también lo estoy.

El auditorio con capacidad para 1,500 se ve como otros miles a lo largo y ancho de Norteamérica, la alfombra ligeramente gastada, cientos de sillas de metal acolchonadas, y grandes bocinas de sonido que colgaban del cielo raso. La gente viste su mejor ropa dominical. Según entraban al lugar, muchos venían trayendo grandes Biblias y hojas de papel de la escuela dominical.

Juntos comenzamos a cantar un himno tradicional con contagiosa devoción. Hay exclamaciones de gozo. El grupo es obviamente joven —predominantemente personas de familia con hijos de edad escolar.

Hay un poco de gris en el grupo —abuelos con y sin sus familias. Se alcanza a ver alguno que otro soltero y hacia el frente de la iglesia, llenando varias hileras de sillas hay un considerable número de hombres sentados juntos y cuyas edades fluctúan entre los 20 y los 60 años de edad. Ellos son los residentes de un par de centros de "rehabilitación" —auspiciados por "Alcance Victoria". Cada uno de ellos está luchando su propia batalla personal en contra del alcohol, las drogas y aun cosas tales como adicción a la violencia callejera. Derramar sangre puede ser emocionante y atrayente. Según esperan a que comience el culto, todos tienen Biblias. Algunos de ellos antes del comienzo del culto las leían detenidamente y hacían anotaciones en un cuaderno.

Algunos de ellos son veteranos de la cadena humana que en oración cuidó el edificio de la misión de la Iglesia South Central mientras el resto de la zona ardía con los incendios. Otros eran hombres de aspecto rudo que sirvieron de guerreros frente a la violencia, quienes armados sólo con la fe se pusieron firmes en medio de los disturbios, aun cuando los vándalos avanzaban con armas de fuego y bombas incendiarias.

A través del santuario de La Puente hoy día, algunas mujeres usan sombreros. Algunos muchachos se visten con el último grito de la moda mientras que otros son más tradicionales y visten "ropa de iglesia". De vez en cuando se alcanza a ver a un adolescente que usa una corbata.

La plataforma en la Iglesia "Alcance Victoria" de la Puente no es posible describirla pero sí es muy utilizable. Tres peldaños la rodean formando un altar que se eleva dos pies de altura hasta un escenario que es tan amplio como la plataforma de un camión de carga. En el fondo hay tres peldaños más que constituyen todo el espacio que necesita el coro de "Alcance Victoria" —suficiente para acomodar de 50 a 60 hombres y mujeres que se levantan de la congregación cuando llega el momento de ellos cantar su número especial.

Es un himno entusiasta cantado con un toque de personalidad (soul)[1] y una muy intensa emoción. Los solistas se acercan al micrófono y me siento inspirado por la profundidad de su adoración.

Me impresiona la riqueza de su talento. Una soprano hispana improvisa notas y melodías al estilo de una Aretha Franklin chicana. Un hombre negro, alto, barítono mira su partitura musical con nerviosismo, entonces comienza a cantar en el momento preciso con asombrosa devoción.

Mientras miro la congregación, distingo algunos rostros de negros, pero la mayoría son californianos de cabello negro y tonalidades de piel que abarcan todo el espectro de Los Ángeles.

Hacia la derecha del auditorio está la sección de los estudiantes de escuela secundaria, entre 13 y 17 años de edad sentados juntos, algunos comentan acerca de quién le gusta a quién y quién ya no es novio de quién desde el pasado domingo. Pero ellos tienen Biblias también y en lugar de estar detrás, están sentados hacia el frente.

Algo aquí es diferente, pero muy diferente.

Esta es la original, "iglesia de los adictos" de "Alcance Victoria". ¿De dónde salió este peculiar apodo para una congregación tan vibrante? No hay allí adictos retorciéndose en el suelo por causa del abandono de las drogas. No hay expendedores de drogas vendiendo su muerte a la congregación. ¿Entonces de dónde obtuvo su nombre esta iglesia? Por

---

1.   Forma de cantar las canciones religiosas los negros de Estados Unidos.

aquí nadie anda sigilosamente, avergonzados de un pasado dudoso. Las cabezas están altas —humildemente dignas—. No hay egocentrismo esnobista ni la gente anda conscientemente a la defensiva.

Todos los visitantes son saludados con genuino interés.

Sin embargo, momentos antes, mientras esperaba en el portal del edificio de la iglesia en La Puente para entrar al culto, no pude dejar de notar que esta iglesia se encuentra en lo que un vendedor de bienes raíces diplomáticamente calificaría como una comunidad "en transición".

La comunidad Bassett de la Puente no es un barrio de edificios de piedra rojiza ni un proyecto de casas del gobierno. Aquí no hay establecimientos comerciales de fachadas destruidas.

Las casas parecen ser de personas de bajos ingresos, muchas de ellas para alquilar, construidas de bloques de concreto, techos planos estilo 1960, algunas con automóviles destartalados en la puerta y la pintura desgastada en los aleros de la casa. La cafetería de la esquina fue durante un tiempo una estación para la venta de combustible.

Dentro del santuario, el entusiasta líder de la adoración, vestido con un traje cruzado, dirige los coritos. Una pequeña orquesta aparece detrás de dos pianos electrónicos, ¡y es buena! Los miembros obviamente han practicado, siguen un arreglo especial y están atentos a su líder con la calmada atención de adoradores devotos.

Los ujieres son hombres fornidos. Todos exhiben corbatas último modelo y tienen el cabello bien recortado. Pero en sus manos y cuellos se ven tatuajes rudimentarios, desteñidos, de los que uno puede ver en los presos y en los pandilleros. Algunos de los tatuajes parecen como si hubieran tratado de borrarlos igual que se hace con el grafito que hay en las paredes de los baños públicos, alterados, retocados una y otra vez hasta el punto en que uno tiene que imaginar qué fueron en sus buenos tiempos.

Pero algunos de los ujieres tienen 40 y 50 años de edad, o más. ¿Dónde se hicieron esos tatuajes callejeros? La respuesta es aplastante. Esta gente que canta tan bonito y con tanto entusiasmo vienen de las calles violentas de esta barriada, de bajos ingresos y de los barrios y los proyectos de vivienda del gobierno que las rodean.

Sin embargo, algo ha levantado a estos joviales hombres de familia, a sus elegantes esposas y a sus hijos impecablemente vestidos de la supuesta desesperanza de esta peligrosa parte del este de Los Ángeles.

Después de todo, esta es la esquina del sur de California que inspiró la película protagonizada por el comediante Cheech Marin titulada "Nacido en el este de L.A." (Born in East L.A.) la cual es una respuesta en forma de sátira a la canción del cantante Bruce Springsteen: "Nacido en E.U.A." (Born in the USA) la cual ganó el premio del Disco de Platino.

Muchos de estos atentos y amigables ujieres tienen pequeños receptores en sus oídos, como los que usan los agentes del Servicio Secreto norteamericano cuando están vigilando una zona que será visitada por el presidente de los Estados Unidos. De hecho, en la cintura de muchos de ellos hay radios por los cuales de vez en cuando se hablan entre sí.

Pero no obstante la seguridad, no existe un espíritu de opresión sobre la congregación, de hecho se siente lo opuesto, como si estos ángeles protectores fueran invisibles. No tengo miedo de que estos ujieres adoradores se conviertan en vigilantes improvisados que quieran tomarse la ley en sus propias manos, policías alquilados a lo Barney Fife, o Pancho Villas paranoicos. En la puerta ellos reparten boletines, saludan, ríen, bromean y se comportan como ujieres normales de cualquier iglesia.

—Algunas personas se ofenden por nuestro equipo de seguridad —admite uno de ellos con un receptor de radio colgándole de la oreja. Pero se encoge de hombros—. Yo sólo doy gracias a Dios porque puedo servir, y me siento útil.

Los anuncios, dados por varios ministros asistentes son del tipo que deben esperarse en una iglesia grande y activa, actividades juveniles casi todas las tardes y noches, actividades evangelísticas son planificadas, clases de liderazgo que comienzan el jueves, grupos de hogares cada noche de la semana, un grupo de apoyo para personas con problemas de adicción, clases de discipulado, reunión de maestros de la escuela dominical...

La esposa del pastor, Julie Arguinzoni, se pone de pie y anuncia una actividad para damas en la cercana ciudad de Fresno, y entonces ofrece un informe salpicado de buen humor de un reciente viaje misionero a Holanda, incluyendo un rápido viaje por el notorio distrito rojo y una visita a una iglesia de Satanás la cual ella informa con alegría cerró sus puertas después de su último viaje misionero. Yo estuve allí con ella y su esposo Sonny. Me da gracia la descripción del viaje. La congregación aplaude con gusto.

Otro himno se toca, luego la ofrenda y el sermón a cargo del fundador de la iglesia y amigo de largos años Sonny Arguinzoni. Es una sólida enseñanza bíblica.

—El hombre es la cabeza del hogar —asevera a los cinco minutos de estar predicando—. ¿No es cierto Nicky?

Levanto mi vista sorprendido, mi mente y mi corazón están todavía en Amsterdam.

—Así es hermano —digo sonriendo—. ¡Predícalo!

A la congregación le gusta aquello.

Aplauden espontáneamente.

Sonny, este hombre de mediana edad al que conozco desde que fuera un adolescente adicto a la heroína, dirige la atención de su congregación a buscar en sus Biblias Efesios 5:25.

—Maridos, ¿qué dice allí? Amad a vuestras mujeres así como, ¿quién? como Cristo amó a la iglesia, y se entregó a sí mismo por ella.

Su estilo arranca exclamaciones de Amén y murmullos de aprobación a través del auditorio.

—¡Ahora bien, si un marido ama a su esposa con la misma clase de amor con el que Cristo amó a la iglesia, ese tiene que ser un amor con sacrificio! —declara Sonny a la gente que vive en vecindarios donde los matrimonios rotos y amantes que vienen y van son parte de la vida diaria.

—¿Qué clase de amor tenía Cristo? ¡De sacrificio! Él murió, ¡entregó su cuerpo!, ¡fue clavado en una cruz por el amor que nos tiene! El amor de sacrificio no es un amor egoísta. Es un amor que da, y esa es la clase de amor que Dios nos llama a tener por nuestras esposas.

—Amén —me sorprendo diciendo en voz alta. Él es un buen predicador. Respeto la manera que tiene de predicar un mensaje difícil sin titubear.

La gente le da la razón. Su mensaje directo no les molesta, aunque esta gente vive en una época donde el amor de sacrificio no es un concepto conocido. A la "generación del yo" no le gusta negarse a sí misma nada.

—Ahora caballeros —reta—, quiero que se den la vuelta y miren a la mujer que Dios les ha dado y quiero que le digan "quiero darte ese amor de sacrificio".

Grandes carcajadas llenan el lugar según los hombres obedecen.

Sonny llega al momento del llamado al altar, la invitación, donde nosotros los predicadores lanzamos el reto de salvación y de renovar la consagración. Se llenan los pasillos. Se vuelven a ver tatuajes. Mientras la congregación de La Puente canta, puedo ver a un joven vestido con los colores de los pandilleros y una pañoleta amarrada en la cabeza que camina hacia el altar.

Tiene símbolos extraños e iniciales en azul en su antebrazo y cuello. Pero igualmente los tiene un consejero de mediana edad, medio calvo y vestido con ropas de *Brooks Brothers* que se arrodilla a su lado.

Detrás de ellos un hombre de alrededor de 50 años de edad, una mole humana, con un receptor en el oído está atento al abarrotado altar.

Está dirigiendo el tránsito, guiando a los penitentes a lugares en el altar donde se pueden arrodillar con un consejero. Entonces, el gigante vestido con una chaqueta azul pone su mano en los temblorosos hombros de un fornido estudiante de escuela secundaria que ha respondido al llamado al altar que ha hecho Sonny para que la gente se entregara a Cristo.

En silencio, estos dos "tipos del barrio", uno lo suficientemente mayor para ser abuelo del otro, se arrodillan juntos, la diferencia de edad pasa desapercibida. La mole humana a cargo de la seguridad escucha los sollozos del fornido joven.

Bienvenidos a "Alcance Victoria"

Esta es posiblemente mi iglesia favorita en todo el mundo. Me gusta asistir a ella aunque vivo en Colorado y mi estilo de vida como evangelista me hace viajar alrededor del mundo. De hecho, en esta visita en particular, venía de regreso de una cruzada en Inglaterra y en unas pocas semanas más estaría viajando a Brasil para celebrar varias grandes cruzadas.

Pero siempre es bueno regresar aquí.

Después del culto, Sonny y yo descansamos, comimos maní y galletitas en su oficina en un ambiente informal junto a sus pastores asociados que se reúnen allí con él después del culto. Un visitante utiliza la frase "iglesia de los adictos" y Sonny se estremece un poco.

Sonríe y añade. —Sí, Nicky se acuerda de que nos llamaban así. Pero cuando comenzamos a preparar líderes, empecé a escuchar que otras iglesias los estaban invitando a unirse a ellas diciéndoles que ya eran demasiado maduros para permanecer en una iglesia de adictos. Así que ya nos nos llamamos así.

Sonny le explica al visitante que el Seminario Teológico de Fuller, recientemente había utilizado a "Alcance Victoria" en una serie de mensajes en casete como modelo de iglesia que hace una tarea estupenda colocando a su gente en el ministerio, y dirigiendo eficazmente sus esfuerzos en una forma de no intervención, o desprendida.

Sonny menciona al visitante, que "Alcance Victoria" no anima a la gente a "cambiarse de iglesia". No se hacen esfuerzos de ninguna clase para captar cristianos de otras iglesias del área de Los Ángeles para que asistan a los varios cultos dominicales de "Alcance Victoria".

"La mayoría de los adultos de "Alcance Victoria" son nuevos creyentes, rescatados de las duras calles de Los Ángeles. Un gran porcentaje de ellos entra a ocupar puestos de liderazgo" —señalan los casetes de conferencia que Fuller envía a los predicadores alrededor del mundo para ayudarles en sus ministerios.

"Cientos de creyentes convertidos en" Alcance Victoria "han sido enviados a plantar nuevas iglesias" —señala el casete.

Desde luego, muchos de ellos fueron adictos a las drogas. Pero igualmente lo fue, como usted bien sabe, Sonny.

De hecho, él fue el primer adicto a la heroína que David Wilkerson trató de ayudar en su célebre cruzada para alcanzar a los jóvenes pandilleros de Brooklyn, inmortalizada por Hollywood en la película *La cruz y el puñal*.

Aquello fue a finales de los años 50 cuando Sonny y yo éramos muchachos de las calles. Para mediados de los años 60, Sonny y yo habíamos comenzado a asistir a una escuela bíblica a unos pasos de la iglesia en La Puente —pienso que porque el Instituto Latinoamericano de la Biblia quedaba tan lejos de las calles de Brooklyn, el pastor Wilkerson me enviaría primero a mí y más tarde a Sonny—, y así mantenernos a la vez en los Estados Unidos.

Después que Sonny terminó sus estudios, se me unió en las labores evangelísticas, pero entonces Dios comenzó a inquietarlo. Sonny veía la necesidad en Los Ángeles de una iglesia en la que los antiguos adictos y delincuentes reformados pudieran traer a sus familias para adorar a Dios, sin avergonzarse de su pasado.

Ellos necesitaban un lugar donde crecer y madurar como cristianos y participar en la vida de una iglesia cristocéntrica.

Según cuenta Sonny, él y su esposa Julie —recién casados seguros de que Dios los estaba guiando—, comenzaron a visitar la barriada de Maravilla en el este de Los Ángeles. Sonny pasaba los días y las noches en las calles, hablando con los adictos y los pandilleros que malgastaban sus vidas en las drogas y la violencia por el honor de las pandillas.

Comenzó a invitar a los hombres a su casa para que abandonaran el hábito de la droga. Allí, Julie los alimentaba y ayudaba a ministrarles, un ministerio realmente inesperado para ella.

Julie se había criado en Los Ángeles y se había ido a estudiar a una escuela bíblica —lejos de las calles del este de Los Ángeles—, con la intención de ser misionera.

Sonny siguió trayendo a su casa a estos hombres y en poco tiempo, uno tras otro entregaban sus vidas a Jesús. Realmente, Sonny tenía su propia iglesia.

En 1967 compraron el viejo edificio de una iglesia en la calle Gless y se dedicaron a poner en práctica la visión de Sonny de alcanzar a la gente de la calle, ganándolos para Jesús, enseñándolos, preparándolos para el liderazgo y la evangelización y entonces enviándolos a las calles infestadas de drogas y pandillas.

Ellos comenzaron a concentrarse en barriadas plagadas de criminales tales como Pico Rivera, Compton, la calle Soto norte y hasta la célebre Florence en el este, donde no hace mucho tiempo ocurrieron los disturbios callejeros de Los Ángeles.

Hoy día existen más de 150 misiones de "Alcance Victoria", cada una afiliada voluntariamente con una de las principales denominaciones norteamericanas y con la cual Sonny mantiene credenciales ministeriales.

Sus oficinas regionales están a sólo unos pasos de la iglesia de 3,500 miembros en La Puente, en la cual Sonny sirve como pastor principal.

Existen 41 congregaciones "Alcance Victoria" en California, según la última cuenta, en sitios tales como valle Antílope, Bakersfield, Escondido, Fresno, Long Beach, Modesto, Oakland, Pomona, Sacramento, Salinas, San Diego, San Francisco, San José, Santa Bárbara, Torrence y Ventura. Otras congregaciones se hallan en barriadas tan célebres como la zona central del sur de Los Ángeles, centro de los disturbios alrededor de Rodney King.

Otras iglesias de "Alcance Victoria" se encuentran en las barriadas más difíciles de ciudades como Phoenix y Tucson en Arizona, Denver y Pueblo en Colorado, Bridgeport, Connecticut, Waipahu, Hawaii, en el norte y el sur de Chicago, en Baltimore, Detroit, Las Vegas, Newark, Albuquerque,

New York City, Philadelphia, Seattle y la capital de los
Estados Unidos, Washington D.C.

¿Entonces por qué se conoce tan poco de "Alcance Victoria"? Después de todo, con más de 150 iglesias tiene más
congregaciones que algunas de las principales denominaciones. "Alcance Victoria" tiene más congregaciones que la
Iglesia de Dios del Séptimo Día, más que la Conferencia
Metodista del Sur, más que la Iglesia Luterana de los hermanos
de América, casi el mismo número que la Conferencia General de los Amigos Menonitas o que la Iglesia Bautista Libre
Pentecostal, y cuatro veces más congregaciones que el número de Iglesias Ortodoxas Rusas en los Estados Unidos, de
acuerdo al libro "Almanaque mundial".

—Sin embargo, no estamos tratando de formar una deno-
minación —dice Sonny—. Yo creo que hay mucha otra gente
al igual que nosotros que está escuchando este mismo llamado, y contestándolo según el Señor los guía.

Uno de esos que han estado ministrando con eficacia en
las ciudades por décadas ha sido el Ejército de Salvación. Su
fundador, William Booth, fue un fogoso evangelista, que
salvaba almas en los más oscuros rincones callejeros de la
Revolución Industrial del siglo diecinueve. Sin embargo, el
enfoque del Ejército de Salvación ha cambiado a través del
último siglo; una dedicación intacta hacia los desafortunados
y los desamparados, pero un moderado fervor evangelístico.

—En mis ratos a solas, en oración, le he preguntado al
Señor ¿por qué "Alcance Victoria" ha pasado casi desapercibida por tantos años? —dice Sonny. Después de todo, él fue
rescatado de las calles a través del ministerio *Teen Challenge*,
que fue hecho internacionalmente famoso a través de *La cruz
y el puñal*. ¿Por qué "Alcance Victoria" no ha tenido el mismo
reconocimiento?

»Opino que porque no estábamos listos para la publicidad
fuera de nuestras paredes —declara Sonny—. Tal vez, no la
hubiésemos podido manejar si hubiéramos tenido un grupo
de gente mirando lo que hacíamos y preguntándonos cómo
pudieran ellos hacer lo mismo. Dios simplemente deseaba

que hiciéramos lo que teníamos que hacer sin mucho ruido y renombre. Me gusta decir que hemos sido uno de los secretos mejor guardados de Dios.

Existen ocho congregaciones de "Alcance Victoria" en Méjico; tres en los peores barrios de Holanda, así como en los más violentos distritos de Barcelona, España; Santiago de Chile; Londres, Inglaterra; Sao Paulo, Brasil; y en la Ciudad de Tome, República de Togo en África. Debido a que nunca la misión de estas congregaciones es atraer pastores de otras iglesias, sino reunir a las ovejas negras de la sociedad, la mayoría de las Iglesias "Alcance Victoria" tienen dos o tres centros de rehabilitación.

Estos hogares de rehabilitación le dan la bienvenida a nuevos convertidos que generalmente necesitan un lugar donde vivir mientras dejan el vicio de las drogas o el alcohol, o vencen hábitos compulsivos como el juego, la sexualidad excesiva y la violencia.

—Sabes Nicky —me dice Sonny—, tú y yo aprendimos en los primeros años en Brooklyn que uno no puede meramente darle el evangelio a alguien en la calle, orar la oración de salvación con ellos y si aceptan a Jesús decirles que vayan en paz. No. Tenemos que ayudarlos a rehacer sus vidas si desean nuestra ayuda. Y por lo general la desean.

En una ocasión, Sonny y Julie —cuando ya había pequeños Arguinzonis viviendo en el hogar—, llegaron a tener hasta cincuenta adictos en recuperación viviendo con ellos en su pequeña casa en la barriada de Maravilla.

—¿Fue difícil criar una familia de cinco mientras ayudaban a adictos desesperados a rehacer sus vidas?

—Fue muy bueno para mis hijos —dice Julie—. Diariamente vieron a Dios obrar milagrosamente en nuestras vidas. Vieron corazones ablandarse. Vieron a Dios poner comida en nuestra mesa cuando no había suficiente dinero para alimentar a 50 personas. Vieron a Jesús sanar en una forma poderosa.

—¿Tuvo miedo alguna vez por su familia?

—No —afirma Julie—. Los tenía puestos en las manos del Señor.

—¿Y ahora que han crecido?

—Todavía están allí —dice sonriendo—. Además oro mucho por mi esposo. Este no es un ministerio fácil.

No, frecuentemente es peligroso.

CAPÍTULO 3

Jóvenes asesinos en campos blancos para la siega

U n viernes en la noche, Sonny accidentalmente me presentó un grupo de sus jóvenes asesinos.

Mientras buscaba la guardería infantil de la iglesia La Puente, ya que quería mostrarme a su último nieto, Sonny metió su cabeza en lo que había sido hasta la semana anterior la guardería infantil, pero esta noche era un salón de clase de escuela intermedia donde diez voluntarios de la iglesia estaban dirigiendo una discusión de grupo con una docena de muchachos callejeros.

Varios de los muchachos de 13 y 14 años de edad daban la impresión de que estaban aburridos con la charla religiosa y estaban escribiendo grafito en la pizarra de la clase, usando tizas de colores de la mesa del maestro.

—Cuidado —Sonny nos advirtió suavemente—. Algunos de estos pequeños muchachos son asesinos consumados, homicidas de sangre fría.

La verdad era que, recientemente, cinco muchachos de esta edad de "Alcance Victoria" fueron asesinados en una pelea de pandillas. Sonny hizo el funeral de todos ellos, y se encontró clamando al Señor después del último. Sólo le preguntó a Dios: —¿Por qué? ¿Por qué? Padre, ya no puedo más con esto. Por favor detén esta matasón sin sentido.

Ahora, mientras estábamos de pie al final de la calle, Sonny me susurró:

—El grupo de esta edad puede ser el peor. La vida y la muerte no tienen mucho significado para ellos. Algunos de ellos han visto cómo sus propios padres han sido baleados mortalmente. Estos niños tienen cicatrices, tanto físicas como emocionales, de recibir balazos ellos mismos y de ver morir a personas que aman.

En realidad, hay una frialdad metálica en los ojos de varios de estos muchachos de escuela intermedia, una mortandad. Aun en aquellos de rostro de bebé, hay una seriedad calculada que asusta. Estos niños son muy jóvenes para haber pasado por tanto.

Vagando por las calles, las pandillas de Los Ángeles son integradas por más de 100,000 jóvenes forzudos, lo suficiente como para poblar una ciudad, de acuerdo con algunas cifras de los medios noticiosos. Un artículo de *Los Angeles Daily News* les culpó a ellos de la alarmante cantidad de 387 asesinatos en Los Ángeles durante un período de 12 meses, la mayoría de ellos eran miembros de las mismas pandillas, pero algunos transeúntes inocentes fueron atrapados en el cruce de fuego.

Hace un tiempo, una fuerza conjunta integrada por unos 1,000 oficiales, irrumpieron enérgicamente a través de vecindarios infestados de pandillas, en lo que un vocero de la policía llamó "una guerra de desgaste", arrestando a unos 800 pandilleros. La operación estaba diseñada para intimidar, pero los críticos la catalogaron de publicidad porque muchos jóvenes fueron detenidos por violaciones menores y puestos enseguida en libertad. Tales matones "regresaron como héroes que se habían enfrentado al enemigo y habían regresado victoriosos" —dijo el sociólogo Audrey Schwartz.

Él declaró en *U.S. News y World Report:*

—Para los miembros de las pandillas esto es un juego. Yo le pregunté a uno de los muchachos de la clase de escuela intermedia de La Puente, ¿qué significa crecer en el este de Los Ángeles? De una forma casi burlona me tarareó, los nombres de las pandillas locales del momento: Eight Tray Gangster, Crips, Cheap Boyz, IBK (que tiene un significado obsceno), TMC (The Mob Crew); los East LA Dukes; Al Capone; los Clarence Street Locs. Y la lista sigue y sigue.

—Aquí en Basset tu pieza es tu mejor amigo —se ofreció a decir un muchacho de 13 años—. Sí, sí. Una pieza es una pistola. ¿Carga él una "pieza"?

Él me mira fijamente y luego me admite con cautela que tan sólo uno de los *homie*[1] de su hermano lleva una pistola de 9 milímetros a la escuela. Un *homie* es un "muchacho del grupo", un amigo.

Entiendo. Aun cuando uno de estos muchachos lleva una pistola, no se lo va a decir a un perfecto extraño. Llevar un arma de fuego encima es contra la ley.

—¿Por qué ese "compañero" de su hermano lleva un arma?

Encogiéndose de hombros el muchacho me contestó con un dicho popular:

—Mejor es ser juzgado por doce que ser cargado por seis —dando a entender que es mejor ser juzgado por un jurado de doce personas en un tribunal por portar un arma, que ser llevado en un ataúd por seis cargadores.

—¿Acaso conoce él a alguien que alguna vez haya cometido un asesinato? —pregunta un visitante que venía con Sonny y conmigo.

Los ojos del muchacho se cierran un poco ante la pregunta. Ellos estudian al visitante, con sospecha, luego me miran a mí.

—Claro que no —exclama un joven, rompiendo el extraño silencio. Una expresión extraña cruza su rostro—. Nosotros no conocemos a nadie que haya hecho eso —y

---

1.   Compañeros de pandilla.

moviendo la cabeza a un lado y al otro con burlona seriedad añade—: No, No.

Todos se ríen. Él se sonríe con malicia ante sus amigos. Suavemente, dos de los muchachos me susurran: —¡Psych! — como queriéndome decir—: ¿El visitante es tan estúpido como para creer la mentira que le acabamos de decir?

Me siento tan identificado con estos jóvenes.

Yo fui como uno de ellos en una época, excitándome con el fluir de la sangre. Estos jóvenes me dicen que viven en casas de proyectos del gobierno donde las bandas de ladrones jóvenes y de tiros al azar hacen del lugar un sitio muy peligroso para los niños más pequeños, para jugar a la pelota en la acera o sentarse en los columpios en el parque o salir de noche del apartamento.

Uno de ellos describe su escuela intermedia como un lugar donde reina un absoluto caos, donde el cateo a los muchachos por armas escondidas es cosa rutinaria, y donde el cambio de maestros es constante debido al agotamiento que sufren los maestros que luchan tratando de enseñar a estudiantes que asesinan a adultos que les irritan.

Estos niños han llegado a aceptar como parte de sus vidas la violencia y el abuso de los compañeros todo el día en la escuela. Un niño se une a la pandilla para ser protegido por ella.

¿Alguno de estos niños de la clase de "Alcance Victoria" se habrá encontrado atrapado en medio de un tiroteo?

—Muchas veces —todos estuvieron de acuerdo y se rieron—. Sí, sí.

—Siempre tienes que estar alerta —dijo uno de los muchachos—. Cuando venía esta noche caminando para acá, vi este auto vigilándome, aminorando la velocidad detrás de mí y examinándome. Yo comencé a buscar un lugar para salir corriendo —y chocó un pie contra el otro.

—¿Por qué el auto estaba haciendo eso? —preguntó el visitante.

Los muchachos tomaron la pregunta como si nuestro visitante fuese un poco lento mentalmente.

—Verás —explica un muchacho pacientemente—. ¿Somos del grupo Basset? ¿Usted entiende? Es algo como una pandilla, ¿sí? Y tenemos estos enemigos que quieren regar la acera con nuestra sangre —mira a los demás y se ríe—. ¿No es así?

—Sí, es verdad —contestan otros.

—¿Alguno de ustedes ha matado a alguien? —pregunta nuestro inocente visitante.

La habitación se llena de silencio.

Yo levanto la mirada en señal de incredulidad frente a la pregunta. Uno de los muchachos nota mi incredulidad y se ríe en alta voz. Ellos y yo sabemos que admitir un delito capital es algo que ni el mayor de los bocones haría. Usted puede ir a la silla eléctrica por alardear de un asesinato.

Uno de los muchachos le contesta:

—Este "amigo" del grupo de mi primo entró a la casa de este gran "tipo" y le apagó. Pero ese "amigo" no estaba pensando que estaba haciendo nada malo. Tú ves, él había tomado PCP, y estaba disparado.

El que hablaba, que apenas tenía cinco pies de estatura y probablemente no pesaba más de 100 libras, observó el rostro del visitante, luego desvió su mirada a propósito. Los otros muchachos miraban de forma extraña, incómoda, temiendo que quizás él había dicho demasiado.

Sus palabras puede que requieran traducción. En la calle las palabras cambian constantemente, primeramente para mantenerse incomprensibles a los de afuera.

Aunque el significado sin lugar a dudas cambiará la próxima semana o el año entrante, hoy la palabra grupo o equipo o camarilla es una pandilla local, en ocasiones asociada con un grupo mayor, otras veces no.

Un "lisiado" es un miembro de una de las dos pandillas de negros dominantes en Los Ángeles, los *Bloods* (Sangrientos) y los *Crips* (Lisiados). El "apagar" a alguien es matarlo. PCP es "polvo de ángel", un tranquilizante para animales que causa comportamiento psicótico en los humanos. Estar disparado significa estar bajo el efecto del PCP, que puede volver al que lo usa, una persona con una fuerza sobrehumana, ningún temor y extremadamente violento.

Los agentes de policía que golpearon a Rodney King defendieron sus acciones diciendo que pensaron que éste estaba bajo el efecto del PCP.

—¿Qué es lo peor que estos muchachos de escuela intermedia han sufrido a manos de otros?

La pregunta formulada por el inocente visitante produjo carcajadas.

—Falta —dijo un muchacho bajito riéndose, que tenía el pelo mal pintado de un color marrón rojizo. En sus pantalones tejanos, a la altura de la rodilla, tenía un pañuelo, señalando la afiliación de su pandilla.

—Sí, falta, sí, sí —murmuraron los otros muchachos en total acuerdo.

—¿Qué es falta?[2]

—Si alguien te falta a ti o a tu grupo, no puedes dejarlo ir [sin vengarte]. Si eres uno de los tipos marcadores[3] y alguien te marca, eso es falta. Tiene que ser contestado. Tienes que vengarte —entrecerró los ojos y repitió—, lo tienes que hacer.

Muchos marcadores trabajan por cuenta propia, jóvenes rebeldes impertinentes que han visto con indiferencia la paz aparente de los miembros de las pandillas en los vecindarios y que escogen a su vez establecer su "fama" pintando sus nombres o logos personales dondequiera.

---

2.   "Falta" es "faltar al respeto", pero aquí se usa como una falta de respeto hacia una persona. Nada parece encender más las dudas y la extrema carencia de autoestima de estos muchachos callejeros que el que le falten, es una humillación pública.

3.   Un "tipo marcador" es un joven artista de grafito. El ser "marcado" significa alterar su pintura, su obra de arte, de forma intencional, como reto de un rival. Los "marcadores" son los que cubren los puentes de la ciudad, pizarras, torres de agua, letreros de las calles y vehículos abandonados con su propio estilo de grafito.

Para ellos resulta un vandalismo competitivo donde los "puntos" menos oficiales son acumulados al pintar los "cielos" más difíciles, poniendo el grafito en lugares aparentemente imposibles de alcanzar y en lugares extremadamente visibles, como las rampas de tres pisos de un puente o los letreros de una carretera protegida por cerca de púas.

Lo de ellos es una competencia obsesiva, donde las superficies en blanco difíciles de alcanzar les presenta un reto tan grande como el Monte Everest lo fuera para Sir Edmund Hillary.

Aunque su garabato, su obra de arte indescifrable es algo irritante y francamente opresivo, la violación de los marcadores en los espacios en blanco de nuestras ciudades resulta inofensivo comparado con los diarios disparos de autos al pasar, asaltos en las máquinas automáticas de banco, asaltos en las aceras y la violencia sin sentido que toma las vidas de transeúntes inocentes, como un bombero y un reparador de la compañía de teléfono.

Los jóvenes asesinos dicen que "falta" es una razón aceptable para asesinar, pero eso no es lo único. Si un oponente les falta, éste tiene que morir o al menos tiene que quedar mutilado si es que el ofendido va a seguir siendo respetado por el grupo. —Pero hay otras razones para matar —dicen los muchachos de la clase intermedia de la escuela dominical.

—Yo conocí a uno de 14 años que iba a ser recibido en una pandilla —nos contó otro muchacho—, él iba en su bicicleta y encontró un grupo de niños que jugaban en un parque y les disparó, "kapow, kapow" —este joven ni siquiera pestañeó aunque acababa de describir un tiroteo hecho al azar sobre niños pequeños, víctimas inocentes baleadas sin misericordia por un joven que estaba probando su valentía para poder unirse a una pandilla.

Ha habido varios tiroteos que concuerdan con la historia. El más reciente, un joven que era "recibido" en una pandilla, abrió fuego, disparando una semiautomática al azar a cerca de 2,000 niños en el patio de juego de una escuela. Sonny dice que él piensa que nadie murió en esa ocasión. Pero en otros tiroteos al azar en parques, decenas de niños pequeños han perecido.

Con demasiada frecuencia mueren.

Cerca de la Escuela Intermedia de Belvedere, donde en los años de 1960, se reunió "Alcance Victoria" en una de sus primeras cruzadas evangelísticas, el campo se ha convertido en un lugar tan peligroso que guardias de seguridad constantemente patrullan los pasillos y los visitantes tienen que anotar sus nombres, hora y su destino con el empleado de seguridad, luego son acompañados por los obscuros pasillos cubiertos con grafito por ayudantes con radios portátiles (*walkie-talkies*). Siete estudiantes, algunos de ellos miembros de pandillas locales conocidas, han muerto en meses recientes.

Dos murieron en un fin de semana.

Un miembro de 13 años fue baleado a unas cuadras de la escuela y murió en la acera mientras sus amigos le rodeaban.

—Si yo quisiera, ¿cuán rápido puedes conseguirme una pistola? —le pregunté, añadiendo rápidamente que no quería una.

Los muchachos de 13 y 14 años se encogieron de hombros.

—No hay problema —bostezó uno de los muchachos con aburrimiento—. Yo le creo.

El Centro Nacional de Seguridad Escolar dice que 135,000 estudiantes portaban armas diariamente en el colegio en 1987. En 1992, una encuesta entre 11,000 adolescentes en veinte estados encontró que 41% de los varones podían obtener una pistola si lo deseaban. En áreas con leyes fuertes de control de armas, como la ciudad de Nueva York, las armas que se usan son traídas de estados con leyes menos estrictas, donde se pueden comprar en las calles, tales como Florida, Texas, Virginia, Georgia y Ohio, de acuerdo a *U.S. News and World Report*.

La encuesta Harris encontró que de 2,508 niños escolares norteamericanos en 1993, 11% dijo que ellos habían sido baleados en el último año. Cerca de 40% dijo que ellos conocían a alguien que había sido asesinado o herido por una pistola, y 15 por ciento admitió haber llevado arma a la escuela en el último año.

De acuerdo con un reporte de la policía, en Los Ángeles, dos hombres que están negociando desde una camioneta en un parque al este del centro, se calcula que han vendido más de 1,000 pistolas durante un período de ocho meses, en su mayoría a miembros de pandillas de adolescentes.

¿Cómo obtienen las armas la mayoría de los muchachos? Una encuesta de los estudiantes de la escuela pública de Baltimore ha indicado que las cinco fuentes principales son: el hogar, las esquinas de las calles, amigos, traficantes de drogas y ladrones. El escalamiento en las casas son una fuente excelente, pero Mamá y Papá son en muchas ocasiones suplidores involuntarios. Un estudio en la Florida encontró que 86% de las armas requisadas a los estudiantes procedieron de los hogares.

Entre los muchachos, la tendencia es hacia armas más poderosas con cargadores capaces de llevar más municiones, como las pistolas semiautomáticas de 9 milímetros. Una pistola popular de 9 milímetros como la Tec-9 a menudo se vende entre $300 y $700 en la calle. Otras armas más baratas se encuentran hasta por $50.

—¿Cómo tú puedes saber si tu hijo está merodeando secretamente para entrar en una pandilla?

En el salón de clase de la escuela intermedia La Puente, los pequeños pandilleros se animaron cuando les pregunté. Ellos son expertos en escabullirse y en esconder las actividades de la pandilla de los parientes preocupados.

—Vigila a tu pequeño y observa si está tenso —dice muy seriamente un niño de octavo grado al ofrecer su opinión—. Si dejan de sonreír y se molestan [palabra obscena por 'airados'] cuando estás jugando con ellos, entonces posiblemente se están uniendo a una pandilla o están pensando hacerlo. Sí. Ellos posiblemente ya son unos GB.

Los otros muchachos sonríen entre sí, medio abochornados porque el muchacho no parece darse cuenta de que ha usado una mala palabra frente al pastor Sonny.

—¿Qué es un GB?

—Un gánster bebé —dice otro muchacho—. Mira, todos pueden ser niños GO, eso es un gánster original, un tipo mayor. Un monstruo, tiene que ganar ese título poniéndose totalmente fuera de control. ¿Okey?

—¿De qué otra forma puede saberlo el padre?

—Señas con las manos —los muchachos responden de acuerdo. —Cuando en un centro comercial, veas a tu muchachito que le habla a alguien con sus manos y haciendo gestos, él es un GB.

—¿Qué tal los dichos?

—No —responde otro que no está de acuerdo—. Todo el mundo habla como pandilleros. Eso no significa nada.

—¿Los niños les mienten a los padres sobre su participación en las pandillas?

En el salón de clase de La Puente, los estudiantes de escuela intermedia se hicieron muecas unos a otros.

—Hombre —dijo un muchacho—. Si se lo dices a tu mamá, ella va a llorar hasta que le digas que te saliste. Cuando sales, tienes que decirle algo así como que vas a jugar a los "aros" —aros, es el baloncesto.

—Mira sus espirales —dijo otro muchacho. Una espiral es una libreta unida con aros, por regla general usada para una clase específica, como inglés o ciencia—. Si está toda cubierta con marcas entonces es un GB.

—Aquí hay una forma de saberlo —dijo otro muchacho, casi sarcásticamente—. Bueno, mira si las personas comienzan a tirotear tu casa. Si continúa sucediendo y no puedes entender por qué, entonces tu pequeño está escondiendo muy bien las cosas de ti.

¿Qué puede hacer un padre?

Una cosa que Sonny ha enseñado durante años es que si deseas cambiar verdaderamente las probabilidades de un muchacho, entonces necesitas ganarte toda la familia para Jesús, voltear toda esa familia en dirección opuesta, interrumpir el círculo de derrota y mal funcionamiento. Edificar familias es lo que salva a los muchachos de las pandillas.

—¿Puede un muchacho que está escapándose para unirse a una pandilla, ser identificado como un pandillero por su ropa?

—Los colores no significan mucho, excepto con los muchachos negros —dijo un joven adolescente—. El rojo es *Bloods,* (Sangrientos) el azul es *Crips* (Lisiados).

El uso de los colores varía de ciudad en ciudad. Yo he visto pandillas de blancos e hispanos que tienen sus propios colores distintivos. En Kansas City, por ejemplo, vi una pandilla de muchachos cuyos colores eran el anaranjado y verde como el equipo de balompié norteamericano de los *Miami Dolphins*.

Cuando estaba hablando en la campaña de "Alcance Victoria" de Tony García, en Phoenix, Arizona, vi a unos pandilleros jóvenes cuyos cordones de los zapatos eran sus colores distintivos. Una pandilla mala cerca de la iglesia La Puente usa pañuelos de color púrpura.

La policía dice que aun en las escuelas de la zona de los Estados Unidos donde opera un fundamentalismo protestante, y los suburbios fuera de las zonas urbanas, están enfrentándose con pandillas, armas y crimen. Un estudio reciente de los estudiantes de escuela superior de Illinois encontró que 5.3% de ellos dijeron que habían traído un arma al colegio, y que uno de cada 12 estudiantes admitieron haberse ausentado de la escuela por miedo. En Iowa, 23% de los muchachos dijeron que ellos portan un arma en la escuela.

Funcionarios de la Escuela Secundaria Thomas Jefferson en Brooklyn demostraron con orgullo el último equipo educativo que salió en la revista inglesa, *The Economist,* un par de detectores metálicos de alta tecnología "para evitar que los estudiantes puedan entrar de contrabando armas y cuchillos al edificio". Sin embargo, la escuela necesita varios de estos equipos que cuestan $15,000 ya que en estos momentos les toma desde las 7:30 A.M. hasta las 10:00 A.M. que los estudiantes pasen en fila por los detectores. La escuela también tiene un "cuarto de dolor", preparado con consejeros que ayudan a los estudiantes a lidiar con la muerte de sus amigos.

Una cuarta parte de todo el sistema escolar urbano usa los detectores manuales o los que se atraviesan caminando. El equipo de seguridad escolar de la ciudad de Nueva York emplea 2,600 personas. En Parkland, Washington, al vicedirector se le ha dado un chaleco a prueba de balas hasta la cintura, y en Rochester, Nueva York, los maestros reciben un descuento para una alarma de escritorio de $16.00, cortesía de la unión de maestros.

Los maestros en la Escuela Primaria Fairfax en Mentor, Ohio, enseñan a los estudiantes a tirarse al piso en medio de un tiroteo gritando "alarma de terremoto".

Una escuela secundaria de Seattle hace una prueba del aliento para detectar a los estudiantes sospechosos de tomar bebidas alcohólicas, y les exige que pasen por un detector de metales antes de entrar a la escuela.

Por causa de los tiroteos en plena calle, muchos padres de los barrios de Los Ángeles no les permiten a sus hijos jugar afuera sin supervisión. Algunos familiares no usan sus habitaciones delanteras o apagan las luces de noche por temor a las balas que pueden romper las frágiles paredes.

Las familias en áreas especialmente peligrosas, han comenzado a dormir en el suelo junto a sus camas, porque allí la noche es más segura. Su precaución tiene justificación por los ruidos que acentúan la noche, tiroteos ocasionales unidos a balas de ametralladoras automáticas.

En Los Ángeles, los campos de batalla más candentes son cuatro comunidades densamente pobladas y limitadas en el este por la carretera Harbor, en el oeste por el Aeropuerto Internacional de Los Ángeles, la carretera San Diego por el sur y la Universidad del Sur de California por el norte. Allí, la ira y un arsenal de alto poder en las manos de la juventud, le da a la "santidad por la vida" poco significado. Estos son vecindarios donde los padres y abuelos crecieron en medio del deporte sangriento de la venganza y el "honor" de la pandilla. Aquí los transeúntes son baleados accidentalmente con frecuencia, las balas perdidas pueden ser tan mortales como aquellas que van dirigidas.

Víctimas inocentes atrapadas en el camino, guerras sin sentido en las calles son cruelmente llamadas *mushrooms* (zetas) por los miembros de las pandillas que pelean, ya que como los pintorescos hongos en los juegos populares de video, ellos simplemente aparecen, asustados e inesperados, durante un tiroteo en la calle y son seleccionados con facilidad por los tiradores para adquirir "puntos adicionales". Las pandillas de los barrios relacionadas con las drogas no se rigen por la cortesía de los gánsters de las películas, como lo hacía un tirador de la Mafia tradicional que tenía cuidado de no lastimar a los transeúntes.

Los jóvenes asesinos de hoy, casi siempre bajo los efectos de las drogas y matando por diversión tanto como por venganza, parecen deleitarse particularmente en escoger a los inocentes para demostrar lo malo y crueles que realmente son.

Sin duda alguna, el que más personas haya matado es la persona más temida y respetada.

Pero, así como en el viejo oeste, los pistoleros tienen una fama que les dura muy poco. Siempre hay algún otro buscándoles, dispuesto a emparejar la puntuación o añadir a la suya propia, emboscando a uno de esos temibles pistoleros.

Los noticieros de la noche están cada vez más llenos de reportajes acerca de las batallas callejeras, una abuela en una silla de ruedas que muere en el fuego cruzado de un tiroteo, una niña de tres años utilizada como escudo por un traficante de drogas, un joven que iba en bicicleta a practicar béisbol es confundido por otro, baleado y dejado morir en un charco de sangre.

Pero existen otras víctimas, las familias de los asesinos, la de los asesinados y aquellos que se preocupan por todos estos jóvenes que derraman su sangre en los barrios bajos.

Tina Irving es una dulce mujer, una fiel cristiana y esposa que fue enviada junto con un equipo de creyentes de "Alcance Victoria" a comenzar una nueva obra en la ciudad de Pasadena. A diferencia de los tantos que han recibido la terrible noticia de que sus hijos han sido asesinados, Tina llegó un día a su hogar de regreso de la iglesia y se encontró con una acusación que ninguna madre debía tener que conocer.

Su hija la esperaba en la puerta de la calle. La policía se había llevado a la cárcel al hijo de Tina 21 años de edad .

Decían que era un asesino; que alrededor de las 5 de la mañana, su Johnny y otro amigo habían sorprendido a dos miembros de una pandilla enemiga cuando salían de una fiesta y les confrontaron acusándolos de haber baleado a un miembro de la pandilla de Johnny. Se suscitó una discusión y de alguna manera Johnny se hizo de un rifle, y según el fiscal del distrito, Tom Falls, le hizo 27 disparos a ambos, dejándolos sangrando y muriendo en medio de la calle Rockvale.

Tina se desmayó y cayó al suelo.

Allí, comenzó a llorar. Solamente dos semanas antes, supo que su otro hijo, Freddie, huía de la policía por intento de asesinato. Un poco antes de todo esto había perdido a su padrastro. Cuando estaba de vacaciones fue a visitarlo y la recibieron con la noticia de que había fallecido.

Ahora, estaba allí en el piso de la cocina, emocionalmente desecha, destruida, abatida, sin poder creer lo que sucedía.

¿A quién podía acudir? ¿Qué debía hacer?

Ella no podía pensar con claridad. No sabía.

En los días siguientes, Tina tuvo que hacer el papel de la madre fuerte y valiente. En ocasiones no podía contener las lágrimas, pero sus espejuelos de sol escondían sus enrojecidos ojos, especialmente de la vista de Johnny cuando lo visitaba en la cárcel, y más tarde durante el juicio. Él solía decirle: —Mami, puedo soportarlo todo; pero no soporto verte llorar —así que pretendía ser una mole de fortaleza.

Ella, cada vez menos, llevaba sus frustraciones al Señor y en su lugar se concentraba en las carreteras, conduciendo su automóvil a solas durante horas por las complicadas supercarreteras y autopistas de Los Ángeles. Según conducía, golpeaba con su puño el volante y preguntaba: "¿Por qué? ¿Por qué?"

La tensión empezó a hacerse insoportable. Comenzó a tener dolores en el pecho.

Un día, mientras conducía, el dolor se hizo tan intenso que perdió brevemente el conocimiento, pero por la gracia de Dios no tuvo un accidente. En vez de chocar con otro auto, simplemente chocó contra el borde de la acera y allí se detuvo, se quedó sentada descansando hasta recuperar las fuerzas para conducir hasta algún hospital. Allí se le dijo que tenía una obstrucción en el corazón. Ella rehusaba creerlo. Decía que Dios le estaba permitiendo sentir el dolor que Él mismo siente por nosotros, y que su dolor era infinitamente mayor. Él nos ama mucho, más de lo que ella ama a Johnny, aunque su amor es un profundo amor maternal.

El dolor emocional y físico de Tina se intensificó. Ni siquiera la oración aliviaba su frustración y su creciente desesperanza. Entonces hizo algo fuera de lo común.

Comenzó a conducir hasta la casa de Sonny y Julie, pero no entraba, ni tocaba a la puerta. En vez de ello, lo que hacía era estacionar en la calle y recordar las palabras de aliento y apoyo de Julie. Ella dice que hizo esto nueve veces. Pero su tortura aumentaba.

Otro hijo, Michael, fue diagnosticado con cáncer en un pulmón, y el hermano gemelo de Johnny, Orlando, se hirió en un accidente. Mil libras de hierro cayeron sobre sus piernas. Los médicos querían amputárselas. Entonces el fiscal en el caso de Johnny anunció que solicitaría la pena de muerte para el acusado. Los titulares de la prensa anunciaban que Johnny iría a la cámara de gas en el estado de California.

Tina no podía soportar más.

Condujo su auto hasta las afueras de Los Ángeles, a las montañas y escogió un despeñadero. Apretó el acelerador del auto y se preparó para suicidarse. Cuando estaba a punto de llevar a cabo su decisión, se dio cuenta de que no debía quitarse la vida. Se convenció de que si le daba la espalda a Dios en sus últimos momentos, quedaría separada eternamente de su Padre celestial. Decidió que no deseaba correr el riesgo de pasar la eternidad en el infierno. Así que comenzó a conducir hacia el hogar de los Arguinzoni.

De regreso en la carretera comenzó nuevamente a sentir unos impulsos tremendos de quitarse la vida, esta vez volteando el auto hacia el paso de uno de los camiones de 18 ruedas que rodeaban su auto. Batallando con sí misma de pronto vio una carretera de salida y se dio cuenta de que era la que quedaba cerca del hogar de los Arguinzoni. Aminoró la marcha y salió de la supercarretera.

Por décima vez se encontraba frente a la casa de los Arguinzoni sin entrar. Había varios automóviles en el sitio. Tina se sintió abochornada, no deseaba interrumpir un estudio bíblico o una reunión de pastores. Trató de idear una buena excusa de por qué estaba allí.

Se arrastró fuera del auto. A la fuerza, comenzó a caminar lentamente por la acera, no estaba segura de cómo decirle a alguien lo que le sucedía y el tormento que sentía.

Peleando contra el pánico y el temor de sentirse humillada tocó el timbre de la puerta.

La hija mayor de Julie, Doreen acudió a abrir y se disculpó porque se estaba celebrando una reunión y su mamá estaba ocupada en esos instantes.

Tina dio la vuelta para marcharse. Pero Julie escuchó su voz y acudió a la puerta. Tina rompió a llorar.

Sin saber lo que estaba pasando, Julie se le acercó y la abrazó.

Tina lloraba y pedía a Julie que hablara y orara con ella nuevamente.

Preguntó si podía renunciar a su posición en la misión en Pasadena y regresar a la iglesia en La Puente. —Desde luego que sí —le aseguró Julie—, un llamado a evangelizar nunca tiene la intención de forzar a nadie a un exilio.

Súbitamente Tina se desplomó en sus brazos, llorando desconsoladamente. Julie no la conocía muy bien, excepto que había sido designada para ayudar en la iglesia en Pasadena. Ahora, mientras Tina se aferraba a Julie, llorando su dolor insoportable, una gran compasión llenó a Julie.

Ella fue conmovida con una gran preocupación por Tina.

Julie la agarró y se sentó junto a ella, escuchando sus sollozos, consolándola mientras Tina temblaba descontroladamente. Con suavidad, Julie consoló a Tina, buscando qué hacer para calmar aquel herido corazón.

—Tranquila, tranquila —repetía Julie una y otra vez—. Llora sin miedo, está bien llorar, está bien, tranquila...

De repente, Julie fue llena de una gran empatía y una intensa comprensión del dolor de Tina y de su desesperanza. Julie se sintió como si estuviera deslizándose poco a poco hacia la desesperación, tan profunda era la herida y tan grande su miedo.

Julie sentía que debía llevar esta inmensa carga al Señor antes que las aplastara a ambas. Ella tenía que agarrarse de Él y no soltarlo, a fin de hallar descanso, esperanza y paz en medio de esta profunda y aterradora derrota.

Julie comenzó a orar:

Padre celestial, nuestro Padre, Tú solo sabes las profundidades del sufrimiento humano y el dolor, habiendo visto a tu propio Hijo, tú Hijo inocente, aplastado y asesinado por la más cruel muerte, una cruz romana. Estuviste dispuesto a conocer un dolor como éste, no sólo para la redención de nuestros pecados y los del mundo, sino también para que en un momento como este, pudiéramos saber que Tú conoces nuestro dlolor. Gracias, Padre. Nos consuela esto. Nos ayuda en esta situación insoportable. Oh Dios, sostén a Tina firmemente en tus fuertes brazos. Susúrrale tu amor. Trae claridad y sosiego a sus pensamientos para que ella pierda el miedo y la confusión. Ven a este lugar de desesperación y deja que tu consuelo sanador y tu presencia se mueva a través de ella. Llévate su dolor. Te amo, Padre, yo sé que tú harás esto por Tina.

Según oraba, las lágrimas fluían libremente, sin miedo, mientras Julie sostenía a esta madre destruida en sus brazos. Tina necesitaba a Jesús y Él podía ser encontrado allí en los brazos y el corazón abierto de Julie, alguien que le conocía muy bien.

Tina se separó un poco de Julie y le preguntó si estaría dispuesta a ir con ella cuando se dictara la sentencia de Johnny. Julie contestó rápidamente:

—Sí, desde luego, iré contigo —ya ella sabía que de alguna manera, deseaba estar con Tina en este momento de gran dolor, porque era casi como el suyo propio.

»Haremos esto juntas, en Jesús —respondió Julie. Un tremendo descanso y relajamiento que sobrepasa todo entendimiento se posó sobre Tina.

Al llegar la mañana del juicio, Julie y Tina entraron a la sala del tribunal juntas. Mientras esperaban que el juez entrara, Julie sugirió que oraran entregándole cada momento y acontecimiento de este dictamen en las manos del Soberano Dios.

Ellas sabían que por el crimen que Johnny había cometido, la pena de muerte era una posibilidad. Y ahí estaban sentadas una al lado de la otra tomadas firmemente de la mano.

Johnny entró en la sala del tribunal con las dos manos esposadas y con cadenas en sus tobillos. Al Julie mirar al joven, lo reconoció de la iglesia. Era increíble que algo como esto pudiera pasarle a un muchacho que había asistido al grupo de jóvenes de "Alcance Victoria", a las reuniones de oración, y que había asistido a la escuela dominical con los hijos de Julie. Ella no podía evitar pensar cómo en un momento de furia, Johnny había terminado dos vidas y sellado su propia suerte.

Su pensamiento se concentraba en el joven rostro y veía sus cinco hijos preciosos, Debbie, Doreen, Sonny Jr., y Timothy. Todos mayores ya, y Georgianna, quien todavía vivía en la casa. Timothy el hijo de Julie, tenía más o menos la misma edad de Johnny, quien ahora estaba ante el juez, joven y bien parecido, lleno de vida, pero ahora sin futuro.

Por un momento, un sentimiento de temor inundó a Julie mientras pensaba cuán vulnerable era su propio hijo Timmy, solo en un mundo lleno de seducción, de mentiras, de falsas esperanzas y que no perdona a ningún joven. Una rápida y ansiosa oración fue levantada al cielo:

"Oh Señor, protege a nuestro Timothy, y a nuestra Georgianna, nuestra preciosa pequeña".

Cuando los ojos de Julie se volvieron a Johnny, la angustia que sentía su madre en esos momentos, también ella podía sentirla fuertemente y con claridad. Cuán profunda y sinceramente agradecida estaba Julie de que ella y Sonny habían sido protegidos de tal dolor, aunque su ministerio había estado lleno de tragedia y desengaño diario.

—Nicky, cuando tú abres tu hogar a los alcohólicos, los drogadictos y la gente herida —me dijo Julie una vez—, te estás alistando para que te ataquen emocionalmente todos los días. Ellos te van a mentir. Tratarán de manipularte para obtener lo que quieren. Vivirán en tu hogar, pero dirán a todos que tú les odias. Ellos te robarán cosas que son valiosas para ti. Alterarán tu vida tranquila. Y si declinan tu ayuda, rechazando a Jesús y regresando a la muerte de las calles, llorarás por ellos, y tu corazón estará tan roto como si fueran tus propios hermanos, hermanas o hijos.

No, este no es un ministerio fácil.

Las calles son peligrosas. La gente herida allí son duras. Miran a los cristianos como un blanco fácil, una comida, y una cama tranquila lejos del frío, que se pueden ganar fingiendo un poco de arrepentimiento. Todo lo que les importa son ellos mismos y sus lujurias y deseos. Los drogadictos son la personificación de la "generación del yo".

Es fácil endurecerse cuando se trabaja con ellos, y tornarse cínico, desconfiando de aquellos que necesitan desesperadamente que tú les lleves la verdad no merecida, esperanza y fe.

Ahora, según Tina sostenía su mano, Julie se sentía sobrecogida por una humilde gratitud hacia Dios. En medio de sus pensamientos, lentamente se daba cuenta de que Tina iba apretando su mano. El momento de la sentencia había llegado.

La decisión estaba a punto de ser entregada. La vida de un joven dependía de la misericordia y el juicio de un juez de Los Ángeles.

¿Dictaría el juez una sentencia de pena de muerte?

¿Recibiría Johnny cadena perpetua?

—Treinta y cinco años sin libertad bajo palabra —fueron las palabras pronunciadas.

Tina lloraba con gozo y lástima entremezclada. Se le permitiría vivir. Había escapado de la cámara de gas. Se había librado de pasar toda su vida en la prisión.

Pero treinta y cinco años tras las rejas es mucho tiempo. Estaría cerca de la edad de la jubilación para cuando pudiera salir a la calle nuevamente.

Cuando se terminó de anunciar la sentencia, Johnny dio la vuelta para mirar a su madre, y con sus ojos llenos de lágrimas, le dijo a Julie:

—Siento mucho molestarla. Lamento mucho lo que hice. Por favor, ¿puede usted cuidar de mi madre?

Era como otro tiempo, otro lugar, cuando el mismo Jesús expresó tal preocupación, tal compromiso, a su amado discípulo Juan.

Con la voz quebrada por la emoción, Julie dijo:

— Sí, lo haremos, hijo. Jesús te ama, Johnny.

Con la cabeza baja y sus hombros caídos, Johnny fue llevado lentamente entre dos guardias. Un pedazo del corazón de Julie se fue tras él, así como el dolido corazón de su madre.

Cuando uno de nosotros peca, cuántos otros sufren, cuántos otros se duelen.

Las cosas no se arreglan de inmediato ni milagrosamente.

Johnny fue acusado de un intento de fuga y de tratar de asesinar a otro recluso, apuñalándolo cuarenta veces. Sin embargo, Freddy fue absuelto de los cargos en Texas y regresó a California. La pierna de Orlando no tuvo que ser amputada. El cáncer de Michael entró en remisión.

Pero Tina dice que el haber estado Julie allí hizo algo extraordinario en ella. Tina supo que ya no estaría más sola.

Ella sabía que Dios estaba con ella, porque Julie se interesaba y estuvo a su lado en su desgracia pública, su derrota personal y su profundo tormento.

Porque Julie estuvo dispuesta a estar allí, Tina encontró fortaleza. Ella no encontró fortaleza en Julie. Ella encontró fortaleza en Dios. Porque Julie estuvo allí.

En el salón de clases de la Escuela Intermedia La Puente, hago una última pregunta a los jóvenes asesinos:

—¿Es posible existir en el este de Los Ángeles sin un arma?

—Seguro —dijo uno de los muchachos—, quédate en casa.

—Especialmente —añade el otro muchacho—, después que obscurece.

CAPÍTULO 4

Tiroteo en la reunión de la iglesia

Justo después de ponerse el sol alrededor de cien muchachos y adolescentes del vecindario y unos cuantos adultos, se reunieron en la entrada del Parque Harrison, en Pomona, California, lugar dominado por la notoria pandilla de North Side.

Una puerta grande de un garaje iba a ser usada como pantalla para ver la película *The Duke of Earl* que sería presentada por "Alcance Victoria". La trama incluye dos pandillas de barrio que están luchando por el control del tráfico de drogas en las calles, peleando una contra la otra por respeto y territorio. Los miembros de "Alcance Victoria" de San José sirvieron como actores y proveyeron la musica. La película está llena de tiroteos y muertes sangrientas, incluyendo a niños que son víctimas atrapadas en el tiroteo.

Pero de pronto, el tiroteo se volvió real. Desde atrás, la multitud del norte de Pomona fue emboscada por tiros de pistolas disparados indiscriminadamente sobre ellos.

Los tiros que salían de "un auto que pasaba", hicieron eco contra la puerta del garaje. Las personas gritaron. Los adolescentes "que conocen la calle" se echaron al suelo.

59

Un niño de sexto grado llamado Alfred Hernández cayó al suelo herido por una bala con su camiseta roja manchada por la sangre, muchas voces se escuchaban en la obscuridad, declarando con valentía la autoridad de Dios, pidiendo la protección de la sangre de Jesucristo sobre la multitud mientras seguían los tiros.

Entonces cesaron los tiros.

Con un chillido de gomas, el francotirador adolescente se dio a la fuga.

—No hubo ningún aviso —recuerda Manuel Cervantes, director de "Alcance Victoria" en el hogar de rehabilitación de Pomona—. No hubo altercado. No hubo ninguna señal de que fuese a ocurrir algo.

Aquellos que estaban allí nunca podrán olvidar las escenas de terror y el rápido pop-pop-pop de los tiros. Cuatro espectadores fueron heridos, incluyendo a Alfred de 11 años de edad, herido en la espalda.

Los cuatro heridos fueron llevados rápidamente a los hospitales. Mientras tanto, se corrió la voz en las iglesias de "Alcance Victoria". En cuestión de pocos minutos, los fieles de la guerra espiritual comenzaron a orar en las congregaciones, levantando sus voces en fe. *"Señor, salva la vida de ese niño"*.

Alfred, alumno de sexto grado, fue atendido en el hospital y dado de alta. Lo mismo sucedió con los otros.

Un sujeto de 16 años de edad, identificado por la policía como un miembro de la pandilla de Pomona, fue arrestado. Los obreros de "Alcance Victoria" fueron enviados a la cárcel para que le hablasen a él de Jesús.

Después de hablar con el muchacho, Cervantes nos dijo:
—Pienso que fue simplemente para interrumpir y dejar claro el mensaje de que nadie es bienvenido en el Parque Harrison, a menos que sea un miembro de North Side.

La próxima noche, treinta evangelistas callejeros que se esperaban para ir con Cervantes a entregar tratados por las calles, no se aparecieron. Sólo vinieron seis de ellos.

Bienvenidos a la zona de guerra.

Aquí, aun los cristianos se asustan.

—Afuera en la acera de uno de los hogares de rehabilitación de Los Ángeles, alguien estaba disparando esta mañana —observó uno de los empleados, casi de forma casual—. Yo escuché quizás ocho tiros, pero no vi a nadie caer.

En realidad, después de la caída del sol comienzan los tiros en la lejanía, con frecuencia se escucha el rat-a-tat-tat, ruidos que pueden confundirse fácilmente con cohetes o el sonido de automóviles fallando. Pero el tiroteo es real.

¿Qué ha convertido a tantos de nuestros suburbios en "zonas de combate"? ¿Cómo la violencia de algunos distritos urbanos aumenta tanto que cuadras enteras son abandonadas por las autoridades locales? Dentro de las peores áreas, los servicios de la ciudad a penas funcionan porque los trabajadores rehúsan aventurarse a ir por temor de perder sus vidas.

En estos pequeños Beiruts, la vivienda pública se está desmoronando por falta de mantenimiento. Las paredes de bloques y hormigón se están cayendo. Los huecos son los suficientemente grandes entre las escaleras y los apartamentos, que una persona puede pasar a través de ellos. La presión del agua va y viene. La basura llena los solares vacíos porque los camiones de recogido ya no se aventuran a entrar a buscarla. Las ambulancias y casas fúnebres piden escolta de la policía para responder a las llamadas.

Los traficantes de drogas han cambiado algunos complejos de casas en peligrosos bazares de narcotráfico que atrae clientes de todas partes. Patios que se especializan en una droga y otros que alardean con nombres como "El callejón de la cocaína" y "La calle Ángel". Estacionamientos con garajes al aire libre donde los autos robados son llevados y desmantelados.

El laberinto de los edificios promueve el crimen, donde los niños pequeños son un grupo numeroso de jugadores deshonestos y aun mujeres de mediana edad se vuelven hacia la prostitución para sostener sus hábitos devastadores.

En algunas áreas, la cansada policía ya no investiga los asaltos, robos o escalamientos de moradas. Ellos se concentran en homicidios. Algunas fuerzas policíacas se demoran en responder las llamadas al 911[1] sobre guerras de pandillas, esperando de esta forma que los miembros en guerra se maten lo más posibles los unos a los otros.

El mundo entero vio las unidades de policía regresar a lugares seguros cuando el Departamento de Policía de Los Ángeles salió del área central del sur, en los comienzos de los disturbios del año 1992.

Pero en todo el mundo, los líderes civiles, policías y administradores han hecho calladamente, estadísticas de decenas de áreas de crimen crónico, conformándose con que la violencia y las violaciones de la ley en esos lugares no afecten los distritos de negocios o los suburbios.

El antiguo alcalde de Nueva York, Mario Cuomo, se ha quejado de que los problemas en las zonas de guerra de la ciudad de Nueva York han crecido demasiado para los recursos que tiene el departamento de la policía. Él dijo que hay muy poco dinero para todo lo que hay que hacer para solucionar el problema. Así que la policía se ha retirado de forma no oficial de ciertas zonas.

Tales campos de batalla en las ciudades de hoy día fluyen desde vecindarios pequeños hasta vastas áreas como la zona del centro sur de Los Ángeles, la zona del lado oeste de Chicago o la zona del este de Harlem en la ciudad de Nueva York, el sur del Bronx y el sureste de Queens. Algunas áreas tienen apodos como, el *Graveyard* (Cementerio) en Miami, *Little Vietnam* (El pequeño Vietnam) en el este de St. Louis, o el *Wild Wild Western District* (El turbulento distrito occidental) en Baltimore.

Esas zonas peligrosas "tierra de nadie", pueden ser encontradas muy fácilmente en Boston, Philadelphia, Washington, Cleveland, Detroit, Atlanta, New Orleans, Houston, Dallas, y Oakland.

---

1.   Número teléfonico del sistema de emergencias de Estados Unidos.

En Las Vegas, Orlando, Jacksonville, Little Rock, Memphis, Milwaukee, Denver, San Antonio y Seattle, la policía aún se aventura en los barrios donde hay serios problemas, pero el orden de la ley aminora mucho después que obscurece.

Ciudad tras ciudad tolera sus propios Belfasts, sus propios Sarajevos, sus propios Beiruts, donde los francotiradores enemigos desde edificios de apartamentos en penumbra y los inocentes, mueren en los tiroteos cruzados en los barrios bajos de las ciudades. Con tanta tensión las condiciones del combate son tan terribles que la policía local dice que ya no pueden manejar más los problemas. Ellos piden ayuda, de agencias gubernamentales plagadas de deficiencia que se encuentran demasiado extendidas en sus obligaciones e incapaces de ayudar.

Desde estas zonas de guerra, la violencia se extiende hacia las esquinas de las calles de los distritos residenciales de clase alta donde los jóvenes matarán a los conductores que resistan el "secuestro" de sus vehículos, esa forma tan perversa de robar autos donde el ladrón armado fuerza al conductor a entregar su vehículo a punta de pistola, y ocasionalmente se dan a la fuga con niños pequeños que gritan por su mamá desde los asientos dentro del auto.

Desde estos distritos de combate, también salen horrores tales como "los asaltantes ninja" al estilo de Charles Manson, en los cuales las pandillas de jóvenes ladrones vestidos de negro se lanzaron por puertas y ventanas de casas de distritos de clase alta para aterrorizar y saquear, dándose a menudo el sádico gusto de humillar, vejar, saquear y violar a las adineradas víctimas.

En realidad el horror está extendiéndose a las zonas residenciales.

En la zona residencial de Hayward, en California, una congregación de "Alcance Victoria" es pastoreada por uno que fue un niño prodigio, un joven genio llamado Steve Pineda. Él era de buena familia. Su padre estuvo activo en asuntos cívicos, fue obrero de la iglesia y cuando joven participó en programas deportivos.

A la edad de 15 años, era un destacado atleta y también un talentoso cronista deportivo que cubría acontecimientos deportivos para periódicos importantes en el condado de Ventura. Luego, fue contratado por el principal periódico de la costa oeste, el respetable *Los Angeles Times*.

A este joven prometedor, se le pidió que fuese socio de un corresponsal e investigador local a tiempo parcial. Él estaba sorprendido. A la edad de 15 años había alcanzado su mayor sueño, trabajar para *Los Angeles Times*.

Era todo un éxito. Pero tenía un pequeño problema.

—La heroína no discrimina —él recordaba—. El mismo infierno que ocasiona en una ciudad grande, puede duplicarse en una ciudad pequeña.

Aunque creció como niño "modelo" en Santa Paula, una linda y pequeña comunidad de 15,000 habitantes, Steve comenzó a experimentar con las drogas. Él no las veía como una amenaza sino como un simple escape recreativo.

Él estaba en control. Él iba a ser un cronista deportivo famoso como el legendario Ring Lardner o Ernest Hemingway. Había leído que Sherlock Holmes era adicto a la cocaína (algo que los estudiosos de Holmes aún discuten) y sabía que Hemingway era alcohólico.

—Así, en el disfrute de los deleite de la vida —recuerda—, todos mis éxitos juveniles no me satisfacían —Y se dio a la búsqueda de emocionantes aventuras prohibidas en el abuso de las drogas.

—En verdad no puedo decir que "crecí" en Santa Paula —dice con pesar—. En el momento en que una persona comienza en el camino de la drogadicción, allí para de crecer, me parece a mí. Sonny dice que los adultos que dejan el vicio, frecuentemente tienen que pasar tiempo aprendiendo hábitos sociales y desarrollándose emocionálmente, volviendo a "crecer", partiendo desde el momento en su juventud en que se convirtieron en adictos.

Lo que siguió fue una pesadilla cuesta abajo, hacia la oscura seducción de la adicción a los narcóticos. El joven genio era un vicioso desde antes que él pudiera darse cuenta. Tenía que robar para comprar drogas y fue arrestado en múltiples ocasiones, hasta que finalmente tuvo que pasar tiempo tras las rejas.

Su asombrada familia se mantuvo a su lado, tratando de conseguirle ayuda y de que él se ayudara a sí mismo.

—A los 24 años, con una sentencia de prisión suspendida colgando sobre mi cabeza y enfrentando cinco años de probatoria especial —recuerda—, mi padre me llevó a Los Ángeles en busca de algún programa antidrogas donde ingresarme.

El día anterior, la policía de la ciudad, su oficial de probatoria y varios agentes antinarcóticos habían rodeado su casa y le habían entregado a su padre dos órdenes de arresto contra Steve. En una de ellas era acusado de robar en la casa de un agente antinarcóticos, en la cual un número indeterminado de armas fueron robadas.

La otra orden de arresto era por la violación de su libertad bajo palabra, con ocho pruebas positivas de haber usado heroína después de haber salido de la cárcel.

—Mi padre recibió a los oficiales a la puerta de la casa y con lágrimas en los ojos mintió a la policía —recuerda Steve—. Les dijo que yo no estaba en casa. El oficial a cargo le dijo que él estaba convencido de que yo estaba allí porque uno de los informantes se lo había dicho. Pero, el oficial le dijo a mi padre: "Señor Pineda, como usted es un ciudadano ejemplar, presidente de la Junta de Parques y Recreos de la ciudad, presidente de la Pequeña Liga de Santa Paula, y un asiduo asistente a la iglesia, le voy a creer".

Temprano a la mañana siguiente, padre e hijo salieron e hicieron el viaje de aproximadamente 120 kilómetros hasta Los Ángeles en busca de un centro de rehabilitación. En la guía telefónica hallaron el Proyecto para la Prevención de Narcóticos ubicado en la barriada atestada de drogas de Boyle Heights al este de Los Ángeles. Allí, el Señor les llevó a conocer a Sam Arzola, un fornido hombre cuyos brazos estaban cubiertos de tatuajes callejeros.

—Aunque nunca me había visto con anterioridad, me platicó por hora y media acerca del programa de rehabilitación de drogas de "Alcance Victoria" —dice Steve—. Él mismo lo había pasado y lo recomendaba en mi caso.

»Como yo sabía que aquel era un programa cristiano, estaba opuesto totalmente. Yo deseaba ir a uno de esos centros para hombres y mujeres que había escuchado abundaban en Los Ángeles. Pero todos los programas estaban llenos en esa fecha. Así que Sam hizo un pacto conmigo. Me pidió que fuera al programa de "Alcance Victoria" por cinco días y después que hubiera pasado la parte más difícil de romper el hábito, él personalmente iría por mí y me sacaría de allí. Él me prometió que entonces me llevaría a un programa de mi agrado en el condado de Los Ángeles. Me dijo que tenía las conexiones necesarias para hacerlo.

Finalmente Steve accedió.

Cuando subió las escaleras del centro de rehabilitación, recuerda cómo un joven vino y estrechó su mano. Él me dijo: "Dios te bendiga" —y yo inmediatamente le repliqué—: "¿Para qué?"

Sin embargo, a las pocas horas de haber ingresado en el hogar de rehabilitación de "Alcance Victoria", el oficial de probatoria de Steve se enteró dónde estaba. Le llamó y le dijo que dentro de una hora llegaría a buscarlo para llevarlo a la cárcel. "Yo le respondí que estaba cansado de correr —recuerda Steve— y le dije que estaría allí cuando él llegara".

Entonces, una hora después, el oficial le llamó nuevamente para decirle que se podía quedar en "Alcance Victoria" por diez días, pero entonces, tendría que entregarse por sí mismo.

—Cinco días más tarde —recuerda Steve—, después de luchar contra Dios y su amor, le acepté en mi corazón. Instantáneamente, el milagro más grande de mi vida ocurrió. El deseo por la heroína desapareció. Entonces cinco días más tarde, regresé a Santa Paula, listo para entregarme a las autoridades.

Un miembro del personal de "Alcance Victoria" le acompañó a la casa de sus padres, y pasó la noche allí para poder ir con Steve a los tribunales al día siguiente. Se levantaron temprano y oraron. Según oraban, la hermana pequeña, a la cual él había iniciado en el uso de la heroína unos años antes, entró en la habitación, nerviosa y ansiosa, obviamente necesitaba salir a buscar una "inyección".

—Mi hermana vio que yo estaba limpio y sobrio y que ni siquiera deseaba salir con ella a inyectarme —recuerda Steve—. Ella no lo podía creer. Conocía la gravedad de los cargos en mi contra en los tribunales y cuánto deseaban las autoridades verme en la cárcel. Pero cuando le dije que no deseaba inyectarme, que creía que Dios se movería en los tribunales y me permitiría regresar a "Alcance Victoria", ella se sorprendió incrédula.

—Si eso sucediera —dijo ella—, entonces Dios sería real —le dijo a Steve que si el tribunal le dejaba en libertad, que podía regresar a buscarla y que iría con él e ingresaría en el hogar de rehabilitación para mujeres.

Cuando Steve llegó a la sala del tribunal, su oficial de probatoria había enviado a su supervisor a encontrarse con él para evaluar la situación. Cuando llegó el momento de revisar su caso, los oficiales del Departamento del Alguacil, del Departamento de Policía, del Departamento de Libertad Bajo Palabra y varias agencias más testificaron recomendando que su libertad bajo palabra fuera suspendida y enviado a la prisión estatal.

Entonces Rubén Pacheco de "Alcance Victoria" caminó tranquilamente y se colocó al lado de Steve y le dijo al juez estas hermosas palabras:

—Él dijo —recuerda Steve—, "Su Señoría, en estos momentos Steve es parte de nuestro programa de rehabilitación de las drogas en 'Alcance Victoria' y nos gustaría tener la oportunidad de continuar trabajando con él".

El juez cautelosamente pesó la sugerencia. Decidió escuchar algunos de los otros casos, y entonces regresar y decidir si aceptaba o no la petición hecha en el caso de Steve.

—Me dijo que me sentara al lado del oficial supervisor de probatoria. Aquel oficial me había tenido en su lista de casos años antes, pero se había dado por vencido y había entregado mi caso a otro.

A los diez minutos de estar sentado allí en silencio, Steve decidió romper el hielo.

—Me incliné hacia el oficial y muy seriamente le dije: "Jesucristo ha cambiado mi vida y ya no soy la misma persona que usted conoció".

»Al momento se mordió los labios para no reír. El oficial estaba escéptico y con razón. Yo fui el primer adicto con el cual él trabajó y por lo tanto, yo era quien le había enseñado todos los trucos y juegos que los adictos utilizan —recuerda Steve—. Yo había intentado todas las tácticas que pude con él. Así que había una buena razón para sospechar que la "conversión" de Steve no era sino otra jugada.

Entonces el juez volvió a llamar a Steve.

Decidió que Steve podía regresar a "Alcance Victoria" y que terminara de cumplir su condena allí.

—Eso ocurrió hace 20 años —dice Steve—. Nunca volví a usar drogas. Dios intervino y el juez tuvo misericordia de mí. Mi oficial de probatoria se mantuvo en contacto conmigo, y pudo comprobar que yo, efectivamente, había cambiado.

Otros adictos y reclusos del Condado Ventura comenzaron a venir a "Alcance Victoria".

En lo que tiene que ser indudablemente el colmo de las ironías, a Steve se le asignó la tarea de llevarlos a sus citas en los tribunales.

—Comencé, literalmente, a representar a cientos de hombres y mujeres en los tribunales como miembro de "Alcance Victoria".

Su sola presencia, limpio y sobrio, era un increíble testimonio para todos los jueces, muchos de los cuales le conocían bien.

Muchos más adictos tuvieron la oportunidad de terminar sus condenas en "Alcance Victoria".

—Muchos de ellos trabajan tiempo completo en el ministerio hoy día —dice Steve.

¡Qué testimonio!

Hoy Steve es un pastor con éxito, pero nunca se olvida de los viciosos empeñados en inyectarse veneno en las venas, desesperados por darle la espalda a su futuro con tal de experimentar un momento sublime de éxtasis inducido por las drogas. Cuando él invade sus oscuros mundos, viene emocionado y alegre y con una compasión genuina. Anualmente se une al pastor Bob Herrera para marchar por las calles, predicar en las aceras, y presentar obras de teatro en comunidades afectadas. Barriadas estilo "zona de guerra" realmente esperan las "invasiones de la evangelización" que siempre incluyen mucha música, y desde luego, ministrar uno a uno a los necesitados.

Entre los adictos, existe un notable y genuino respeto hacia Steve. He visto mucha admiración por él de parte de líderes comunitarios. Los resultados de sus esfuerzos están vivos y visibles, eficazmente desvía gentes destrozadas de las garras de la muerte hacia una vida de fe y esperanza.

Él es una prueba fehaciente de que Dios puede transformar a los viciosos y pandilleros, así como a niños prodigios de buenas familias de las zonas residenciales.

Las zonas residenciales están bajo asalto también en la actualidad. En el corazón de Norteaméricana están surgiendo como una inundación las drogas, la violencia y el crimen. Las pandillas de Los Ángeles se han extendido hacia Illinois, Texas, Oklahoma, Nevada, el Estado de Washington, Oregon y Louisiana, básicamente siguiendo la red de carreteras de los Estados Unidos.

—No hay duda alguna de que existe actividad pandillera entre los estados —declaró un portavoz de la policía de Phoenix, Arizona.

Ellos se mudaron a Minneapolis desde Chicago en los años 80 y han estado creciendo desde entonces. Se corrió la voz de que Minneapolis era un lugar fácil: "Dineroápolis".

Los *Crisps* y los *Bloods* comenzaron en el sur de California a finales de los años 60 y comienzo de los 70, pero hoy día cuentan con capítulos afiliados en 32 estados y 113 ciudades, de acuerdo a la Associated Press (Prensa Asociada).

En Austin, Texas, en las pandillas ha crecido el número de miembros de 200 hace cinco años a más o menos 2,800 hoy día, de acuerdo a la revista *Newsweek*. El temor a la justicia criminal está ausente en la vida de estos adolescentes porque ellos se han dado cuenta de que los tribunales están atestados de trabajo y los reformatorios juveniles carecen de eficacia.

En Austin, los pandilleros muy jóvenes se conocen como "minutemen" porque sólo pasan minutos en la cárcel. En parte por esta razón, el tráfico de drogas atrae a muchos jóvenes también. Los adultos los reclutan para llevar y traer drogas porque las condenas son débiles cuando los agarran.

—Pero esto no es nada nuevo —dicen los trabajadores de "Alcance Victoria". Gilbert Alcala, pastor de "Alcance Victoria" de San Francisco, estaba traficando drogas cuando tenía seis años de edad.

El pastor Tony Guzmán de "Alcance Victoria" de San Diego vendió drogas por primera vez a la edad de nueve años.

—El tráfico de drogas era tan normal para mí como un juego de béisbol de las Pequeñas Ligas —recuerda.

CAPÍTULO 5

Los hijos de los traficantes de la muerte

Sólo deseaba ser un mejor traficante de drogas cuando creciera —él recordaba.

Hoy, Tony Guzmán es el pastor de "Alcance Victoria" en San Diego que cuenta con 800 miembros, y supervisa las congregaciones satélites de "Alcance Victoria" a lo largo de la frontera de México.

Él se drogó por primera vez cuando era un niño pequeño, supervisado por sus hermanos mayores. Probó su primera marihuana en la casa.

—Toda mi familia estaba involucrada en la venta de heroína, marihuana, pastillas y todo lo demás —él cuenta—. Yo fui criado en toda esa locura.

La primera vez que él traficó drogas para sus hermanos —quienes eran grandes usuarios de ella—, a lo largo de la frontera de Estados Unidos con México fue a la edad de once años. Ellos traían las drogas, luego se las daban a Tony y lo enviaban a él para que pasara la inspección de aduana en la frontera, sabiendo que las probabilidades de que lo inspeccionaran eran menores. El proceso judicial también sería mucho más leve para él.

—La mayoría de las veces yo pasaba las cosas por la frontera para mis hermanos —dice Tony—. Pero cuando ya yo tenía 13 años, estaba traficando marihuana para mi uso y para vender — él era también un ladrón habilidoso.

—¿Cómo afectó todo esto su trabajo escolar?

—¿Mi trabajo escolar? —él pregunta—. Usted no entiende cómo era mi infancia. Yo estaba teniendo puras F[1], mucho antes de comenzar en el contrabando. Yo tuve F, después también. La escuela no tenía significado para mí. A mis padres simplemente no les importaba.

Su hogar era loco y violento. Él nunca sabía si iba a ser encerrado, si tendría algo para comer, si sus hermanos o su padre estarían en la cárcel, o si agentes encubiertos de narcotráfico entrarían y se llevarían a todos, y teniendo él que correr y esconderse para evitar que se lo llevasen a vivir con una familia adoptiva.

—Sabía que yo no le gustaba a mi mamá —él dijo—. A ella no le gustaba nada de mi persona.

A la edad de 15 años, Tony era el líder de la pandilla más grande de su pueblo. Pero el estar viviendo en una familia que sobrevivía de la sangre de los adictos tuvo sus consecuencias.

—Imagínese estar siempre seduciendo a los amigos para que usen la droga porque tus mejores clientes siempre están agonizantes, asesinados por la maldad que tú has puesto en sus venas.

»Piensa cómo debe ser cuando tus clientes más fieles están desesperados, dispuestos a vender sus cuerpos o robar para poder conseguir las drogas, incluso dispuestos a robarte y hasta matarte, si es necesario.

---

1.   Calificación de desaprobado en las escuelas.

Su enojado y violento padre decía que iba a matar a su mamá, y le gritaba al pequeño Tony que nunca la volvería a ver.

—Recuerdo que mi padre me decía que la próxima vez que regresara a casa, mi madre estaría muerta.

Cuando cumplió los diecisiete años ya había estado preso trece veces. Su madre no lo apoyaba en sus años de adolescencia. Recuerda que ella le gritaba que él estaba loco.

Era fácil creerle.

Cuando cumplió los dieciocho años, él se despertó desnudo y solo en el Hospital Estatal Patton para dementes. Estuvo recluido allí durante 22 meses, declarado como loco criminal por un juez. Él recuerda:

—Yo estaba a punto de llegar a estar catatónico. No deseaba continuar viviendo.

Era más fácil y mejor esconderse en la obscuridad y huir de la locura de la realidad.

Pero la obscuridad tiene sus propios demonios también, que están burlándose, acusando y atormentando a aquellos que se esconden en sus sombras. Un día, después de haber peleado a los puños con otro paciente, Tony decidió matarse. Él pensó hacerlo tirándose en una maquinaria pesada.

Pero ya a punto de suicidarse, el joven Tony clamó al Dios que no conocía, preguntando si había alguna esperanza. Tony recuerda que escuchó una voz que calmaba sus nervios destrozados con las palabras: "Hay esperanza para ti, Tony. Hay esperanza para ti".

Sí, pero él no sabía dónde encontrarla.

—¿Dónde? —se preguntó—. ¿Dónde hay esperanza? ¿Dónde?

No escuchó respuesta.

Fue dejado en libertad en 1975, declarado sano por un sistema que no quería lidiar más con él. Nuevas normas habían sido dadas a las organizaciones de salud mental en toda la nación. Los locos debían ser "regresados" a la sociedad. Para muchos significó ser echados a la calle.

Por primera vez, los barrios bajos de los Estados Unidos se llenaron de las víctimas endemoniadas de los hospitales para dementes, a los que no les habían podido dar una verdadera respuesta ni esperanza alguna.

Mujeres vagabundas aparecieron en las calles de Nueva York, Chicago, Houston y Los Ángeles, refunfuñando, cargadas de desechos de una sociedad que las había desechado a ellas también.

Tony estaba sentado en la banca de un parque, mirando a la lejanía cuando los evangelistas callejeros de "Alcance Victoria" se tropezaron con él. Ellos le invitaron al hogar de rehabilitación de San Bernardino. Él no aceptó.

—No era para mí —dijo—. Yo había escuchado cosas religiosas antes y no estaba interesado. Pero, unas semanas más tarde, decidí detenerme y visitar a esos muchachos. Me aparecí un viernes en la noche, cuando estaban teniendo un servicio. Escuché el sermón, pero yo sabía que no era para mí. Sin embargo, cuando hicieron el llamado al altar, era obvio que todo el sermón había sido dirigido a mí.

»Quiero decir, yo era la única persona allí que no era salva. Así, que por no ser mal educado, fui adelante. Mayormente por ser educado, tú sabes. Pensé que sólo me iba a arrodillar, después me levantaba y regresaba a mi silla. No obstante, en el momento que mis rodillas tocaron el suelo, escuché la misma voz que había escuchado antes.

—Tony —me dijo la voz—. ¿Recuerdas cuando me preguntaste si había esperanza? ¿Recuerdas lo que escuchaste? Ese era yo.

Tony estaba lleno de un gozo indescriptible. Una esperanza. Finalmente, *una esperanza*.

La esperanza que él buscaba era Jesucristo.

Mientras se arrodillaba, era como si se encontrara a los pies del Señor que él nunca había conocido, pero que había añorado encontrar. De pronto, su mente se volvió clara y aguda.

De rodillas allí en el altar, era como si hubiese sido tocado personalmente de forma sobrenatural por el poderoso

Creador. A medida que Tony miró a los ojos de su Señor Todopoderoso, él encontró su esperanza.

Con el toque de Dios, todo adquirió claridad.

El mensaje del evangelio tenía un sentido perfecto.

Tony temblaba con vehemente alivio. Las escamas cayeron de sus ojos. El peso fue levantado de su cabeza. El mundo entero entró en foco.

Sí, había una maravillosa esperanza. El mundo tenía sentido. Tony aceptó a Jesús en ese momento.

Lo que un equipo de doctores del gobierno no pudieron hacer con camisas de fuerza, sedantes y terapia de grupo, el Señor lo hizo con un solo toque.

Tony lloró de gozo.

A la mañana siguiente, un equipo del centro de rehabilitación le invitó a salir a testificar con ellos.

—Fuimos a este parque donde yo vendía drogas, y donde las personas me conocían —recuerda Tony—. Comenzaron a tener un avivamiento allí mismo.

En el parque, él se convirtió en un predicador aquel primer día de su vida cristiana.

—En esta improvisada reunión callejera —él recuerda—, alguien me alcanzó un micrófono y me dijo: "Toma, diles lo que te sucedió anoche".

Él contó su historia. Mientras varios drogadictos caminaron hasta el altar, él pudo apreciar algo del futuro que le esperaba.

¿Por qué pasó por momentos tan terribles, particularmente por una niñez tan infernal? —Me ha dado compasión —él dice—. Yo comprendo lo que los drogadictos pasan. He estado allí. Yo fui un esclavo de las drogas.

Realmente, yo nunca he visto tal compasión por los borrachos y drogadictos en un pastor. Recientemente, visité la iglesia del pastor Tony que se encuentra en el centro comercial de la ciudad, frente al famoso Parque Balboa en San Diego.

—Nicky —me dijo—, deseo mostrarte algo.

Entramos en su auto y me llevó a una de las partes más malas del pueblo, a lo que parecía algo así como una bodega vieja y acabada. Con orgullo Tony me miró.

—¿Qué piensas? —me preguntó.

—Bueno —le dije—, es un barrio malo...

—¡Exactamente! —exclamó Tony—. Nicky, yo sé que tengo que regresar al barrio. Nuestra localización actual es hermosa, pero no es donde está nuestro pueblo. Tenemos que regresar a las calles.

Realmente mi amigo Tony tiene un lugar especial en su corazón para los no amados, los no deseados. Me dijo:

—No me asusta lidiar con los adictos a las drogas. Todos mis hermanos eran adictos. Dos de ellos aún lo son. Mi padre está aún allá afuera. Pero uno de mis hermanos ha venido al Señor, gloria a Dios. Ese hermano ha sido un drogadicto por veinte años.

»Mi mamá se entregó a Jesús 13 años después que yo me convertí en cristiano —dijo Tony—. Luego murió tres años más tarde. Fue en la víspera de Año Nuevo, en 1990, veinte minutos antes que yo comenzara a predicar —se detuvo recordando—. Yo sabía que se suponía que continuase y diera mi mensaje de esa noche. ¿Sabes?, él único momento que yo le causaba gozo a mi madre era cuando predicaba. Recuerdo que me miraba en sus ojos cuando yo estaba en el púlpito. Finalmente se sentía orgullosa de mí.

Tony es increíble. Él es en realidad un tesoro que ha sido reclamado de las tinieblas. Su corazón es tierno con los drogadictos que están locos por la droga. Este predicador se siente en su casa en los lugares donde no hay otra cosa que adictos, tiroteos, locos, apuñalados, y niños sin hogar que se venden por sexo. ¿Por qué él se ocupa de ellos?

—Bueno —él responde, meditando en la pregunta—. Al menos es por gratitud. El Señor me tomó cuando yo era desagradable, estaba destrozado y no se podía confiar en mí. Él me limpió, me curó mi mente atormentada y me sanó por completo.

»¿Cómo puedo mantenerme en silencio en cuanto a eso? Yo tengo que decírselo a otras personas que no han llegado aún a estar tan mal, o a aquellos que están tan desesperados como yo lo estaba.

»Sabes —añadió Tony—, las cosas están cambiando, y están empeorando.

En realidad, las pandillas y el negocio de las drogas están alcanzando a toda la nación.

—El problema con las pandillas en Arizona —dice un agente allí—, es que, aunque se organizan en pequeños vecindarios para protegerse contra los de afuera, las pandillas han evolucionado en bandas de jóvenes criminales motivados por la intimidación, las drogas, el alcohol y el poder de armas exóticas.

—Lo que estamos viendo es mucha violencia —dijo Paul Ferrero, un sargento de la unidad de pandillas, del Departamento de la Policía en Phoenix—. Hay más tiroteos y apuñalados y muchas más personas están siendo heridas.

A lo largo del país los funerales de adolescentes se han convertido en algo casi común. En pueblos tan pequeños como Pueblo, Colorado y Little Rock, Arkansas, los noticieros nocturnos transmiten reportes de tiroteos juveniles desde autos.

Sonny opina que Dios le está llamando a él y a un ejército de cristianos dedicados, a entrar en las zonas de guerra de las grandes ciudades del mundo.

—Es un terreno de misión vital —él dice—. A menos que los barrios bajos de las ciudades sean reclamados, él cree, que la civilización moderna está en riesgo. La democracia sobrevive solamente en sociedades donde la población consiente a ser gobernada. Las leyes funcionan solamente cuando estamos de acuerdo en obedecerlas.

La policía no puede forzar a nadie a obedecer la ley. Tampoco lo pueden hacer las cárceles. Tan sólo un cambio del corazón puede hacerlo.

Por otro lado, la anarquía destruye la democracia, gobernado por el gobierno, y fuerza a las sociedades de mente más democrática a recurrir a la ley marcial, y con ella la pérdida de la libertad que tantos atesoramos. La ley marcial es cuando la milicia tiene que intervenir y cerrarlo todo para restaurar el orden.

Hoy, muchas de las zonas de guerra de los barrios bajos de nuestras ciudades, son buenas para tales tácticas. Cuando el presidente de los Estados Unidos envió las tropas del Ejército, la Marina y la Guardia Nacional como respuesta a los disturbios de 1992 en Los Ángeles, eso fue una ley marcial.

—Piensa en esto, tropas federales que entraron en el estado de California y ocuparon una ciudad —dijo el jefe de la Policía de Los Ángeles, Daryl Gates—. Para mí, de forma filosófica, esto va en contra de mis principios. Pienso que es una acusación horrible a nuestra civilización.

Afortunadamente fue breve.

Pero con ella, grandes porciones de Los Ángeles, la segunda ciudad más grande de los Estados Unidos, experimentó toque de queda militar y restricciones contra reuniones públicas o la compra de gasolina o posesión de armas de fuego.

Hoy, mientras visita áreas afectadas de su propia ciudad, pregúntese cuán lejos está su ciudad de un disturbio.

En Los Ángeles, algunos activistas dicen que el disturbio de Rodney King no fue un disturbio, sino una rebelión armada, una revolución, con intención de derrotar el gobierno existente y la forma en que se gobierna a Los Ángeles.

En Compton, cerca de "Alcance Victoria" en la zona central del sur de Los Ángeles, agentes civiles han sugerido mantener la Guardia Nacional para acordonar y patrullar sus peores barrios, al igual que Irlanda del Norte ha tenido que hacer en secciones de Belfast y Londonderry durante años.

En nuestras grandes ciudades, los programas de noticias nocturnos llenaron en una época nuestras salas con el horror de la Guerra de Vietnam. Ahora ellos nos brindan, en vivo y a todo color, imágenes de niños ensangrentados, familiares dolidos y agentes de la policía heridos durante una balacera.

El Hospital Martin Luther King en la zona central del sur de Los Ángeles, justo al doblar de la esquina de "Alcance Victoria", tiene detectores de metales en las puertas de sus salas de emergencias para prevenir que los miembros de las pandillas que entran heridos, lleven sus armas, después de su última confrontación.

El hospital tiene dificultades para cubrir las casi cien plazas de su gran equipo de enfermeras, mayormente debido a la tensión que ofrece trabajar con víctimas baleadas cuyos asesinos pueden entrar a la sala de operaciones para terminar su sangrienta misión.

Conocido irreverentemente como "El rey asesino", el hospital apareció en la edición del 22 de julio de 1992 de la revista *Journal of the American Medical Association,* que informó que la sala de emergencia atiende a tantas víctimas de balas que el ejército de los Estados Unidos envía a sus cirujanos allí para prepararse para el combate.

El doctor Kelvin Spears del hospital, confirma que el hospital frecuentemente recibe equipos visitantes de cirujanos del ejército, enviados para recibir entrenamiento práctico, de la vida real, de cómo tratar heridas relacionadas con el combate.

En el "Rey", los doctores de la Fuerza Aérea, el Ejército y la Marina, adquieren experiencia de primera mano de cómo preparar de improviso una sala de "emergencia" durante una catástrofe, cuando los tiroteos surgen en varios barrios y los empleados tienen que decidir cuáles son las heridas graves que deben ser tratadas primero, y cuáles de los jóvenes heridos tienen que esperar, ya que simplemente no hay suficiente salas de operaciones ni doctores para atender a todos a la vez.

Sonny dice que el Señor le ha mostrado que estas zonas de combate brutales son terreno de misión listos para la ciega. En ellos hay millones de personas heridas y desesperadas a quienes cubre tan efectivamente el verso de Juan 3:16 igual que cubre a las personas en los seguros barrios de clases media y alta. Estas personas de los barrios bajos de la ciudad, abandonadas y rechazadas, están hambrientas de la verdad de Jesús que da vida.

También los agentes le dan la bienvenida a cualquiera que ofrezca esperanza.

Poco tiempo después de los disturbios de 1992, el alcalde Daniel H. Young de la zona residencial Santa Ana en Los Ángeles, se reunió con el pastor Bruce Bernal de "Alcance Victoria" del condado Orange. El alcalde ofreció "el apoyo de la ciudad en lo que se ha convertido en una lucha crítica contra el brote de actividades pandilleras", de acuerdo al periódico *Los Angeles Times*.

El periódico citó al pastor Bruce que dijo: "Es claro que este tema está cercano al corazón del alcalde y que el apoyo de la ciudad es muy importante para nosotros. Estamos enfrentándonos a una epidemia, y tenemos que hacer algo ahora a menos que deseemos tener otro disturbio como el de la zona central sur de Los Ángeles en nuestras manos.

»Los puntos prominentes de las conversaciones tomaron mayor relieve al llegar menos de 48 horas después de unos de los peores ataques de pandillas en la historia del condado —reportó el periódico—. Un tiroteo desde un auto en marcha en Garden Grove, se cree que haya sido la obra de los miembros de una pandilla de Santa Ana, dejaron a un rival de 17 años y a un niño de 4 muertos, y a otros seis heridos".

—El mortal asalto, ilustra la necesidad de tener este tipo de cooperación y de buscar una mejor solución a largo plazo —dijo el capitán Jim Dittman de la Policía de Santa Ana, después de asistir a una reunión con "Alcance Victoria".

El alcalde Young no hizo promesas de sufragar gastos y "Alcance Victoria" tampoco pidió nada. Pero el alcalde sí ofreció prestar servicios —como las facilidades gratuitas de la ciudad y vehículos para el uso de "Alcance Victoria" en sus reuniones antipandillas en Santa Ana, que los agentes dicen es un centro de actividad pandillera en el condado Orange.

El alcalde instruyó a la policía de la ciudad a trabajar con los organizadores de "Alcance Victoria", a darle acceso a la información de las pandillas y lugares problemáticos e inclusive llevarlos a patrullar entre las pandillas para ayudar a aminorar las tensiones.

—Estos son los muchachos que van a hacer la diferencia —dijo el alcalde Young refiriéndose a los antiguos miembros de pandillas que ahora están trabajando como predicadores en las calles para "Alcance Victoria"—. Hay muchas personas afuera en la comunidad tratando de hacer buenas cosas, pero ellos no tienen afinidad con estos muchachos.

—Por otro lado, "Alcance Victoria" —dice el alcalde—, tiene una larga trayectoria.

—Nosotros vamos a los callejones de las pandillas donde aún los policías no entran —dijo Jesse Saucedo, un antiguo miembro de la pandilla Orange Barrio Cypress, quien ahora participa en visitas, tres veces por semana, con "Alcance Victoria", a zonas infestadas por pandillas en el condado Orange.

—Nosotros vamos a donde no va la policía.

CAPÍTULO 6

¿Qué hace funcionar a "Alcance Victoria"?

H acia las tinieblas de la vida en las pandillas juveniles se lanzó una muchachita que llamaremos Ángela. A los 13 años de edad había comenzado a mentirle a su madre, divorciada, que recibía ayuda pública, a quién llamaremos Teri, la cual se había divorciado después de dos matrimonios plagados de abuso. La madre, la hija y cuatro otros hijos pequeños vivían en una barriada difícil.

Una noche, la pequeña Ángela le mintió a su madre diciéndole que iba a pasar la noche en casa de una amiga. La estudiante de secundaria había logrado engañar a la madre en ocasiones anteriores diciéndole que iba a dormir en casa de una amiga, pero en lugar de eso lo que hacía era pasar la noche en la calle en fiestas de pandillas callejeras y usando drogas.

Sin embargo, esta noche no sería como las demás. Fue traída de regreso a su casa a altas horas de la madrugada, gritando histéricamente. Había sido sacada de una fiesta callejera y violada sexualmente en un automóvil, robándole su virginidad un adulto de 40 años de edad, sádico traficante de drogas y jefe de una pandilla de mafiosos chicanos[1] quien era conocido como Jug Head.

Confundida y conmocionada, Teri pasó las horas siguientes tratando de consolar y tranquilizar a su joven hija, quien rogaba a su madre entre sollozos y gritos que buscara una pistola y matara a sus asaltantes. Finalmente, la pequeña Ángela se tranquilizó y ambas decidieron llamar a la policía.

Mientras la joven estudiante de octavo grado contaba a la policía los detalles del asalto, se presentó ante ellas un detective. Él le dijo a la madre y a la hija que Jug Head era buscado por varias agencias policíacas por tener una larga lista de crímenes, y que el testimonio de Ángela podría ser crucial para llevarlo tras las rejas.

Sin embargo, el detective les advirtió que, por causa de sus vínculos con los altos círculos del crimen organizado, Ángela, Teri y los demás hijos tendrían que desaparecer. Serían colocados en el programa de protección a los testigos y relocalizados a otra ciudad con nuevos nombres.

Con cierta reserva, Ángela y Teri decidieron presentar cargos y testificar en contra del hombre que la violó.

Pero pronto se corrió la voz desde la estación de policía. La noticia llegó a las calles. Se estableció un contrato sobre la vida de Ángela. Un "ataque" fue planeado, de modo que pareciera un tiroteo rutinario entre pandillas. Habría de ocurrir el 14 de ese mismo mes. Sin embargo, la noticia del ataque y del contrato llegó a oídos del detective y la familia fue sacada de la ciudad el día 12. Se les enseñó los pormenores de su nueva identidad, se les advirtió no ponerse en contacto con amigos o familiares y se les dijo que comenzaran una nueva vida.

Ángela regresó para testificar, lo cual hizo convincentemente y con lágrimas en los ojos. El juez descargó todo el

---

1   Se llama *chicanos* a los mexicoamericanos que residen en California.

peso de la ley sobre Jug Head. Fue sentenciado y enviado a prisión. Pero aun allí, planeaba la forma de encontrar y matar a Ángela.

La vida en la nueva casa no era fácil. Ángela comenzó a andar con otra pandilla juvenil y se convirtió en adicta a la heroína. Una noche la pandilla la convenció para que hiciera una emboscada al novio de su mamá, a quien llamaremos Tennyson. El plan consistía en sorprenderlo y robarle.

Ella lo convenció de que saliera con ella al pasillo de su casa de apartamentos, donde otros pandilleros esperaban. Tennyson fue robado y golpeado salvajemente. Tuvo que ser hospitalizado.

Allí se le informó de la traición de Ángela. Por primera vez, Teri se dio cuenta de que su pequeña hija tenía necesidad urgente de ayuda. Teri la llevó a un centro público de prevención contra el abuso de drogas. Bajo protesta Ángela fue internada allí.

Sin embargo, cuando salió del programa, lo primero que hizo fue buscar una inyección de heroína. Estaba adicta no sólo física sino psicológicamente. No quería hacerle frente a la vida sin la heroína. Este estilo de vida es duro. Ángela contrajo gonorrea.

Fue arrestada en varias ocasiones por posesión de drogas y finalmente llevada a una cárcel del estado para muchachas jóvenes. Allí fue abusada sexualmente otra vez, pero por lesbianas de su misma edad. La joven comenzó a pensar que ella también era lesbiana.

Al salir del reformatorio, la madre apenas podía reconocerla. Había comenzado a usar ropas de hombre y fingía ser varón. Se hizo perforar las orejas varias veces, más tarde la nariz. Su cuerpo estaba marcado por vulgares tatuajes.

Se mudó con varias amantes lesbianas y comenzó nuevamente a hundirse en la adicción a la heroína. Lucía tan ruda que mucha gente pensaba que la joven adicta era un varón adolescente.

Mientras tanto, la vida de Teri era igualmente difícil. Ella y Tennyson también cayeron en el vicio de la heroína y comenzaron a venderla desde su casa. Él estaba opuesto al matrimonio. Teri no deseaba casarse por tercera vez, así que vivían juntos, drogándose y vendiendo estupefacientes.

Tennyson le enseñó a los hijos menores de Teri cómo vender drogas a sus amigos. Recibían gran cantidad de dinero que era malgastado en drogas. Sin embargo, la violencia y las discusiones llenaban este infeliz hogar. Un día, por ejemplo, Teri se enojó con Tennyson, fue al banco y cerró la cuenta que ambos tenían y abrió otra bajo su nombre solamente.

Después regresó a la casa y tomó su valiosa porción de marihuana de alta calidad y la regaló. Cuando Tennyson regresó a la casa se enojó y comenzó a golpearla violentamente. Su pelea los llevó a la cocina donde ella agarró un cuchillo de carnicería y le hirió en los brazos. La policía fue llamada y ambos fueron a parar a la cárcel por varios días.

Una vez que fue puesta en libertad, Teri comenzó a vender drogas de nuevo con la idea de hacerse de mucho dinero para volver a comenzar su vida. Pero, en lugar de eso, se encontró clamando a Dios.

—¿Por qué? —ella le preguntaba—. ¿Por qué mi vida es como una historia de horror? Por favor, ayúdame.

Comenzó a visitar la congregación local de "Alcance Victoria" y convenció a Tennyson de que asistiera con ella. Teri comenzó a ser cambiada por el amor del Señor. Él comenzó a ablandar su corazón y a limpiar su alma.

Tennyson, por otra parte, continuaba de fiesta y en el uso de las drogas los sábados por la noche y acompañándola a la iglesia el domingo en la mañana.

La víspera de Año Nuevo, Teri le presentó un ultimátum:

—He decidido servir a Dios. O cambias, o todo ha terminado entre tú y yo.

Él se sorprendió un poco, pero la realidad de sus palabras le sacudieron. Ingresó en el programa de rehabilitación para hombres de la congregación. Allí, aceptó a Jesús como su Salvador personal. Al terminar el programa de rehabilitación, le pidió a Teri que se casara con él. Ella accedió y se casaron en una hermosa ceremonia ante sus hijos y sus nuevos amigos de la iglesia y del centro de rehabilitación.

Tennyson encontró un buen empleo, lo cual fue un milagro. Trabajó duro y fue ascendido. La pareja se convirtió en evangelistas discipuladores, hasta adoptaron a un niño desamparado como propio. Él y los cuatro hijos dedicaron sus vidas a Dios. Su hogar se convirtió en un hogar cristiano modelo.

Solamente por un tiempo dependieron de la ayuda económica pública, la cual es una de las metas que "Alcance Victoria" promueve activamente entre todos sus miembros.

—No puedes volver a tener tu dignidad cuando dependes del sistema de ayuda económica pública —dice Sonny—. Es algo tan notable ver lo que sucede cuando familias que han estado por años recibiendo ayuda pública comienzan a trabajar, a ahorrar dinero, a diezmar en sus iglesias, a comprar sus propios automóviles y a valerse por sí mismas. Se despojan de la vergüenza que conlleva recibir ayuda económica pública y que los trabajadores sociales se inmiscuyan en sus vidas y les digan qué hacer y cómo disciplinar a sus hijos.

Hacer que los hijos den cuenta de sus acciones por sí mismos es algo que se enfatiza mucho a los miembros de "Alcance Victoria". Esto es difícil de hacer cuando se teme que un trabajador social les acuse de abuso a los hijos por disciplinarlos corporalmente.

El castigo corporal, las nalgadas, no se requiere de los padres de "Alcance Victoria". Ningún oficial de la iglesia reparte entre la congregación palos o tablas, ni ayuda a echar demonios a golpes de los muchachos como sucede en algunas sectas. Pero allí se enseñan principios bíblicos: disciplina firme, amorosa, la cual incluye el castigo corporal en casos extremos, hecho con amor y frecuentemente con lágrimas en los ojos de los padres y de los hijos. Cuando se disciplina con calma, sabiamente y con amor, la disciplina trae verdadero arrepentimiento, no resentimiento.

Un día, Ángela se presentó en la casa y pidió permiso para regresar.

Con gozo, Teri la recibió, pero le expresó su inquietud en cuanto a que todavía usaba ropa de varones y andaba con amigas lesbianas.

—Pareces un varón, un tipo de las pandillas de la calle —dijo Teri—. Te van a confundir con algún muchacho y te van a balear.

Ángela no prestó atención a las palabras de su madre. Se negaba a asistir a la iglesia con la familia. Era obvio que usaba todo tipo de drogas. Ella pasaba la noche fuera de casa, entonces regresaba temprano en la mañana con una amante lesbiana que había conocido en una fiesta y se enfurecía porque su madre y su padrastro no las dejaban dormir juntas en su hogar cristiano.

Teri, con tristeza, la echó de la casa.

Ángela regresó a su viejo barrio y se mudó con una amiga. La comunidad se había vuelto peor, y el contrato de matarla estaba vigente aún. Una noche en la puerta contigua, dos pandillas pelearon, las balas volaban hacia todas las direcciones. Ángela se encontró clamando al Señor, pidiéndole ayuda para enderezar su vida. Ella inclusive asistió a un estudio bíblico.

Dos días más tarde, Ángela salió, aún vestida como un varón. Cuando prendía un cigarro, pasó un automóvil y se escucharon disparos. Ocho tiros fueron disparados. Uno de ellos le atravesó el corazón.

¿Fue un tiroteo desde un auto que pasaba? ¿Fue un golpe de la mafia? Teri no lo sabe.

Ángela no murió inmediatamente. Ella luchó por entrar al edificio y luego cayó en las escaleras que conducían al apartamento de su amiga. Allí sola, murió.

Su familia quedó destrozada cuando recibió la noticia. Justo la noche antes, la hermana pequeña de Ángela le había pedido a la familia que orara para que ella encontrase al Señor y le pidiera que cambiara su vida.

Teri cree que mientras Ángela luchaba por llegar a las escaleras, tuvo tiempo de clamar al Señor y de recibir salvación.

Ella cree fervientemente que Ángela aceptó al Señor en los momentos finales.

Teri encuentra paz en un poema que Ángela dejó escrito, que dice así:

Cuando me vaya, déjame libre, déjame ir,
Tengo tanto que ver y hacer.
No debes atarte a mí con lágrimas.
Alégrate de los muchos años que tuvimos.

Yo te di mi amor, tan sólo puedes imaginar.
Cuánto amor me diste con alegrías.
Les doy las gracia por el amor que cada uno me ha mostrado,
Pero ahora es el momento de dar el viaje sola.

Así que puedes sentirte triste por mí un tiempo,
si tienes que hacerlo.
Luego deja que tu tristeza sea consolada por la confianza.
Es tan sólo por un tiempo que estaremos lejos,
Así que bendice los recuerdos dentro de tu corazón.

Yo no estaré muy lejos, porque la vida continúa.
Aunque no puedas verme o tocarme, yo estaré cerca.
Y si escuchas con tu corazón, podrás oírme
Todo el amor alrededor tuyo, suave y claro.

Y entonces, cuando tengas
que venir por este camino a solas
Yo te recibiré con una sonrisa
Y te diré: ¡Bienvenida a casa!

Sufrieron mucho, pero poco tiempo después de la muerte de Ángela, Teri y Tennyson quedaron convencidos de que ella hubiera deseado que la recordaran dando una contribución en su memoria para el fondo del edificio de su pequeña congregación.

Al igual que con cualquier familia numerosa, especialmente una que ha tenido que lidiar con gastos inesperados para enterrar a un ser querido, ellos no tenían mucho dinero para dar. Sin embargo, tomaron el cheque de las vacaciones de Tennyson de $1,000.00 y en vez de usarlo como depósito para un nuevo camión, se pararon en fe y lo dieron para la obra del Señor. Sintieron fuertemente que eso era lo que Ángela hubiese deseado.

Teri me dice que el Señor bendijo su dádiva. Su fe ha sido recompensada financieramente. Ellos sienten que este regalo en su nombre fue una inversión en el Reino de Dios, así que con este testimonio, muchas personas podrán ser rescatadas del estilo de vida que arrebató la de Ángela y de la que ellos han sido librados.

Hoy día, Tennyson y Teri tienen esperanza de comenzar la obra evangelística a tiempo completo.

Se extraña a Ángela, pero su recuerdo sigue vivo.

—La principal responsabilidad de la iglesia —dice Sonny—, fue descrita cuando Jesús dijo: "Ve a todo el mundo y predica el evangelio a toda criatura". Eso también significa las calles peligrosas de las zonas de guerra y a través del evangelio cambiar familias enteras como la de Ángela.

—Hay personas que ponen el evangelio en el último lugar, pero nosotros luchamos por tenerlo en el primero, para poder obedecer la voz de Dios que nos llama a predicar también en los barrios bajos más deprimidos y peligrosos —dice Sonny—. Nos ha llamado a hacer discípulos en esos barrios. Esa es la misión de "Alcance Victoria", y se enseña a sus miembros a evangelizar en los barrios marginados.

—Los creyentes —dice Sonny—, son llamados por Dios a ganar a otros para Él, en las peores partes de las ciudades violentas y atormentadas.

Los miembros de "Alcance Victoria" son enseñados a ser discípulos en los barrios bajos marginados. El cristianismo es un estilo de vida, no un pasatiempo, particularmente cuando estás bajo fuego en la zona de guerra.

—Más que ser tan sólo discípulos —dice Sonny—, somos llamados a hacer discípulos en los barrios bajos marginados. Debemos inculcar este estilo de vida en aquellas personas que vienen a Jesús.

El término "discipular" surge constantemente en "Alcance Victoria", ya sea en la iglesia original de La Puente o en la congregación de más de 500 miembros de "Alcance Victoria, en San José o San Diego, o en las misiones más pequeñas de 50 a 100 miembros en lugares como el Club de Niños y Niñas en las peores partes de Washington, D.C., o un garaje renovado en Tijuana, México.

Los pastores y los miembros son igualmente llamados a "discipular" a los perdidos a su alrededor.

—¿Qué significa discipular a alguien? Significa que tienes que amarlos —dice Sonny—. Tú no puedes sólo orar por su salvación, luego darles la mano y desearles una vida muy feliz.

Sonrío, recordando lo que me contó un amigo sobre un encuentro que tuvo en la universidad con un grupo de cristianos ansiosos por "cazar cabezas". Ellos habían sido entrenados con un discurso de venta memorizado, que incluía convencer al no creyente de sus pecados, mostrándole versos clave de la Biblia, y luego dirigiéndolo en una oración de arrepentimiento.

Mi amigo me contó cómo él escuchó el discurso y se convenció de que tenía que entregar su vida a Jesús.

Sin embargo, una vez que oró con los "cazadores de cabeza", la misión de los jóvenes universitarios no tuvo nada más que ver con él.

Se dieron las manos y mi amigo siguió su camino, un poco sorprendido por el trato tan frío. En realidad, se quedó tan irritado, que ni siquiera regresó a ninguna de las actividades que este grupo impartía en la Universidad acerca de "Evangelistas Universitarios".

Este tipo de tácticas raras de evangelización son frecuentes, y pueden herir más de lo que ayudan. Sonny dice acerca de los que hacen discípulos:

—Hay que amar absolutamente al nuevo convertido —el profesionalismo clínico y esterilizante no tiene lugar en la evangelización. Jesús fue cálido, dadivoso y sacrificado, y así tenemos que ser todos nosotros.

En los barrios bajos marginados, la evangelización de la calle es posible que ayude al nuevo convertido a encontrar un lugar donde vivir, que puede significar traerlo a casa —como Teri y Tennyson lo hicieron con el niño que ellos finalmente adoptaron. El que discípula tiene que estar dispuesto a pasar tiempo de calidad con el convertido y a ser completamente honesto con él o ella, dándole al discípulo una visión realista de la vida del creyente y de lo que una relación cristiana es en realidad.

El ganar a alguien para Jesús puede que signifique mostrarles tu vida cambiada día a día. Puede significar sacrificio personal. Ciertamente significa cuidar a la persona, no considerarla un objeto de obligación cristiana, o alguien que puede ser "manejado" de acuerdo a algún procedimiento de operación promedio.

Esta es una razón por la que el ganar almas no puede ser dejado simplemente a los pastores. Lo ideal sería que ellos pudieran pasar tiempo con cada uno de los nuevos convertidos, pero esto es imposible, por tanto los cristianos comunes tienen que ponerse a disposición de los nuevos creyentes.

—Tú tienes que estar disponible —confirma Sonny—. Tienes que orar y pasar tiempo con ellos. Eso puede que incluya llamarlos por teléfonos, escuchar sus necesidades, apoyarlos, animarlos y enfrentarlos con el pecado no confesado si es que lo disciernes.

»Debes esperar compartir tu vida con ellos, aun darles cosas que tienes y que ellos necesitan. Ciertamente primero debes buscar de la sabiduría del Señor para saber cómo puedes ayudarlos a suplir sus necesidades.

»Tampoco puedes ministrarle solamente a sus necesidades espirituales. El evangelio de Lucas 2:52 muestra que Jesús creció en cuatro áreas diferentes, sabiduría, estatura en favor con Dios y en favor con los hombres. ¿Qué significa esto para un nuevo cristiano? Ellos necesitan la ministración para crecer mental, física, espiritual y socialmente.

»El que discipula tiene que pasar tiempo con el que es discipulado —repite Sonny—. Eso significa ir juntos a la iglesia, a las actividades y a estudiar, sólo para nombrar algunas.

»Nicky, hemos aprendido por experiencia que no se puede esperar de un nuevo cristiano que haga esto solo. Él o ella necesita compañerismo; necesitan ser animados.

Sonny tiene razón. Mi opinión es que una de las razones de que tal disciplina no se enseña en la mayoría de las iglesias, es porque los verdaderos convertidos son tan escasos que el pastor tiene suficiente tiempo para hacerlo él mismo.

Sin embargo, en una congregación donde cientos de personas entran a través de conversiones reales, no por transferencia de una congregación a otra, no aquellos que se bautizan y dedican su vida una y otra vez, el pastor no puede estar allí para todo el mundo.

Esto quiere decir que el convertido necesita estar cerca de la persona que le llevó a Jesús, el tiempo suficiente para ver a los cristianos como humanos que se equivocan también.

Sé honesto, no trates de sentirte superior a tu convertido, o te creas mejor que él, el cristiano "perfecto". El cristiano realmente debe, con la rutina de la vida diaria, ser el modelo que ayude a su convertido.

Ellos podrán ver cómo tú manejas las tensiones, frustraciones, dificultades financieras y confrontaciones personales.

Podrán ver cómo manejas la lujuria cuando una persona atractiva del sexo opuesto te pasa por el lado. Ellos podrán ver cómo manejas el orgullo a medida que compartes tu vida; ¿eres un "machista" mentiroso o un siervo humilde?

—Si permites que tu convertido te conozca tal y como eres siendo honesto con él —continúa diciendo Sonny—. Esto será un verdadero lazo de unidad entre tú y él, una verdadera hermandad. Hay que ser honesto, y dejar que Dios sea Dios en tu vida.

»Él o ella aprenderá realmente cómo es un seguidor de Jesús mientras te observa a ti, y así habrá una mejor relación entre ustedes. Y aquí hay algo más: quizás te encuentres considerando a tu discípulo como a un amigo en vez de verlo como un "proyecto".

Eso es realmente importante —yo lo sé—. No hay nada más triste en la vida que darse cuenta de que a uno lo tratan como parte de un programa porque es un "deber cristiano" y no como un ser humano con sus necesidades.

Tan desilusionante es para el nuevo convertido ver la hipocresía, como sorprender a un cristiano diciendo una mentira o siendo deshonesto, particularmente si el supuesto cristiano "maduro" luego trata de salirse del asunto con más mentiras.

—Ninguno de nosotros es perfecto —dice Sonny—. Así que si cometes un error, más vale que te prepares para admitirlo, y puedas pedir perdón y lidiar con honestidad con tu pecado. Es humillante, pero tú tienes a alguien muy importante que lo está asimilando todo, un bebé cristiano cuya alma mortal está en juego.

»Y la Biblia dice que Jesús enseñó a Sus discípulos que es mejor atarse una piedra de molino y tirarla al mar que causar que un bebé cristiano se pierda. Todos nosotros somos humanos, y no tiene sentido pretender ser otra cosa.

Sonny dice que el personal de "Alcance Victoria" ha sido llamado a ministrar "con el mensaje de esperanza de Jesucristo a las personas heridas del mundo", particularmente las personas de los barrios bajos marginados.

Tal función pudiera parecer más fácil si los miembros de "Alcance Victoria" viniesen de trasfondos religiosos, siendo transferidos de otras congregaciones, trayendo con ellos experiencia en enseñanza de escuela dominical y de cómo llevar un programa de jóvenes.

Pero en "Alcance Victoria", la mayoría de los miembros nuevos vienen de cárceles, barrios pobres, familias no religiosas, centros de tratamientos de adicción a las drogas, las calles y casas de cocaína.

Muchas veces, los convertidos de "Alcance Victoria" no tienen un lugar donde vivir. Ellos necesitan a alguien que les cuide, particularmente mientras ponen sus vidas en orden, se libran de las drogas y entran de nuevo en la fuerza laboral.

Necesitan experimentar un sentido de pertenencia. Quizás esa necesidad de pertenecer es por lo que en "Alcance Victoria" están constantemente llenos de actividades.

Estas iglesias no cierran los domingos en la tarde para luego abrir el miércoles en la noche para una reunión de oración, y luego quedarse de nuevo en silencio hasta el domingo en la mañana.

Estas iglesias son un centro de actividades, que van desde tardes de deportes auspiciadas por la iglesia, hasta reuniones en la calle que se convierten en eventos musicales en vivo o simplemente repartir tratados por aceras congestionadas.

La mayoría de las congregaciones tienen al menos una casa de "rehabilitación" para hombres y otra para mujeres. Muchos miembros de "Alcance Victoria" tienen al menos una persona necesitada viviendo temporalmente con ellos. Es aceptada dentro de la familia.

Muchas de las congregaciones tienen hogares temporales para los graduados de los centros de rehabilitación, casas especiales para ex adictos y ex criminales que han conseguido trabajos y están experimentando ahora su regreso a la sociedad.

Muchos miembros de "Alcance Victoria" dicen que ellos habían ingresado en las pandillas en busca de familia y un sentido de pertenencia que no podían encontrar en ninguna otra parte. Ahora, aunque están libres de las drogas y cumpliendo la ley, necesitan continuar sintiendo el sentimiento familiar, de pertenencia, y ellos dicen que esto lo encuentran en "Alcance Victoria".

Allí también encuentran la dignidad que es tan necesaria. La necesidad de dignidad puede parecer algo basado en la cultura, pero en realidad es algo universal.

Aun la prostituta que se inyecta heroína en la calle, o el vagabundo que duerme en el callejón anhelan sentirse dignos, poder sostener su cabeza en alto, sentirse orgullosos de sí mismos, y saberse amados, sólo por medio del poder de Jesucristo lo lograrán.

"Alcance Victoria" busca otorgarles un sentido de familia. Las congregaciones sirven como extensiones de familias donde se comparten alimentos, ropas de segunda mano, y oportunidades de trabajos, y donde las madres con niños pequeños cuidan de aquellos otros, cuyas madres tienen que salir a trabajar afuera.

Con el constante enfoque de alcanzar y discipular, hay un sentido de propósito común. Todo el mundo está tirando juntos por una causa en la cual todos creen.

Sonny ha visto los efectos contraproducentes de la asistencia social, los degradantes efectos sobre la autoestima de los que residen en los barrios marginados, cuando han sido criados en la creencia de que la ayuda del gobierno es un derecho y no una ayuda pasajera.

Así que los miembros de "Alcance Victoria" son fuertemente animados a no solicitar ayuda del gobierno por largo tiempo, sino a trabajar. Siguiendo el ejemplo de autosuficiencia de los Puritanos norteamericanos (Amish), los miembros de "Alcance Victoria" se ayudan unos a otros. Cuando un miembro de la congregación se muda, no es un camión de mudanza el que viene a mudarlo. En vez de eso es una caravana de camiones prestados y una cuadrilla de trabajo compuesta por muchachos adolescentes, abuelos con tatuajes, entusiasmados residentes de los centros de rehabilitación que cargan cajas vacías obtenidas en los supermercados y un grupo de damas de la iglesia cargadas con periódicos viejos para envolver las piezas delicadas.

"Alcance Victoria" todavía no ha celebrado un día de trabajo para reconstruir el granero quemado de alguno de sus miembros, pero ellos se ayudan entre sí reparando automóviles, arreglando techos de casas, prestando una mano en problemas de plomería de emergencia, y se ayudan cuidando los hijos pequeños de los demás, tal y como sucedería en una comunidad rural donde todo el mundo está emparentado con los demás miembros de la comunidad.

Al igual que una familia numerosa, ellos se ayudan unos a otros a ponerse en pie y a sobrevivir en un mundo que nunca ha estado comprometido en ayudar al caído que desea levantarse.

La primera impresión que uno recibe al ver el numeroso personal de "Alcance Victoria", es cuando cada nuevo convertido es puesto en la nómina de empleados de la iglesia. Cada congregación parece tener varios directores de esto, gerentes de lo otro, supervisores de personal, coordinadores de aquello, que dan la impresión de que la iglesia es un enorme proyecto en marcha. De hecho, muchas iglesias tienen equipos de seguridad, personal de guardería infantil, jardineros y conserjes de limpieza.

Sin embargo si te fijas bien, notarás que casi todo el mundo es virtualmente voluntario. Se le da una enorme importancia a los títulos y a la responsabilidad que ellos conllevan. La atmósfera informal de la cadena de mando en "Alcance Victoria" tiene una eficacia poco menor que la de una organización militar, pero la delegación de autoridad es clave en su sistema de organización. La gente toma muy en serio sus trabajos y tienen que responderle a un superior voluntario si no lo realizan bien.

El gran ausente es el sistema de "discipulado" autoritario que se puede ver en otras organizaciones religiosas. Un ujier le rinde cuenta a un jefe de ujieres en asuntos relacionados con ser ujier, pero no en asuntos personales, excepto en la forma en que los miembros de la familia se aconsejan y oran los unos por los otros. Nadie pide permiso al pastor para comprar un automóvil, o para tener hijos, aunque desde luego, como en toda estructura social dinámica, alguien puede ser contactado para discutir tales temas si fuere necesario.

Casi nadie recibe sueldo por trabajar en "Alcance Victoria". En la mayoría de los centros de rehabilitación a los directores se les da comida y vivienda. Muchas veces en las congregaciones pequeñas los pastores viven en la pobreza, dependiendo en el Señor diariamente para poner alimento sobre sus mesas.

Más aun, la mayoría de los miembros de "Alcance Victoria" donan generosamente de sus precarios ingresos, y con entusiasmo testifican cómo Dios bendice sus sacrificios, tal como proveyendo la manera de comprar una casa cuando lógicamente no debía existir ninguna posibilidad. Los ex adictos, con un historial de dependencia de la ayuda del gobierno, rara vez tienen buen crédito.

Consecuentemente, los miembros de "Alcance Victoria" parecen prosperar económicamente. A ellos no se les enseña algún "evangelio de codicia", su Dios no es un ancianito bonachón que anda en un automóvil Cadillac repartiendo billetes de $100. Su Padre celestial es un amoroso, omnisciente Proveedor y Protector que escucha sus oraciones, se interesa por sus quebrantos, y promete que sus necesidades serán suplidas cuando viven dentro de los principios bíblicos para la vida diaria.

Los miembros también donan de su tiempo. ¿Cómo puede una iglesia poner a cientos, o a miles de voluntarios a trabajar eficazmente?

—Fácilmente —dice Sonny—. Comenzamos con cualquiera que viene a Jesús en el final de la cadena de autoridad. Le llamamos a este nivel el "Nivel de entrada". Les hablamos y averiguamos si son nuevos convertidos, o alguien que no es cristiano, indagamos si vienen de otra iglesia, si necesitan rehabilitación, etcétera.

»Segundo, trabajamos con ellos en lo personal, los encaminamos hacia el "Proceso de identificación", descubriendo sus talentos y dones y viendo si tienen algún llamado del Señor. Esto lo hacemos en el Primer Nivel de nuestro curso de los miércoles llamado Reto al ministerio.

»Tercero, van a un Nivel II, "Adiestramiento y desarrollo", en el cual tratamos de equipar a cada persona de acuerdo con sus inclinaciones y habilidades.

»Finalmente, aquellos que expresen el deseo de continuar hacia un ministerio de tiempo completo, que son responsables, que son flexibles y quienes se han abierto con el Señor, ingresan al Nivel III de adiestramiento, preparándose para ministerios satélites, y establecer nuevas iglesias.

Pero con tantos discípulos vienen nuevos retos. A medida que "Alcance Victoria" comenzó a crecer, Sonny se dio cuenta de que él no podía disciplinar personalmente a cada predicador callejero, cada capellán voluntario de casas-cárceles, ni siquiera cada nuevo pastor que salía de "Alcance Victoria" a otras partes del mundo.

Una solución fue el curso de un año de duración: "Reto al ministerio", un programa de entrenamiento para líderes de tres niveles. El Nivel I cubre temas como "Dejarse enseñar", "Luchando por la fe", "Mayordomía" y "Administración: Aprenda cómo usar su tiempo, talentos y dinero para el reino de Dios".

"Luchando por la fe" habla entre otras cosas, de cinco valores que Sonny opina que "Alcance Victoria" tiene que recordar en los años venideros:

- Relaciones

- Discipulado

- Calidad

- Equilibrio doctrinal, y

- Unidad de la visión.

—En cuanto a "Relaciones" —dice Sonny—, tenemos que recordar, que primero que nada somos una familia, y no tan sólo una organización. Nosotros tenemos que continuar tratándonos unos a otros con amor fraternal. Cuando este ministerio comenzó, nuestros primeros convertidos eran un puñado de renegados. Pero una cosa que ellos tenían inculcado era lealtad. Ellos aprendieron a ser leales a la casa, a medida que iban creciendo cuando se hicieron miembros de una pandilla.

»Así, que cuando se les presenta el evangelio, no hay que elaborar mucho en esto. Ya lo conocían. Ellos estaban dispuestos a dar sus vidas para salvar la de un miembro de su pandilla. Tienen fuertes lazos de compañerismo y son capaces de morir los unos por los otros.

»Así que a medida que dieron su vida a Cristo, su lealtad fue transferida de las pandillas a Cristo. Entonces, continuamos firmemente en el amor los unos por los otros, como hermanos y hermanas leales y confiables en Cristo.

»Discipulado —continuó diciendo—, es la transferencia del uno al otro. Practiquemos y comprendamos que lo que somos, se lo impartimos a los demás. El verdadero cristianismo es contagioso, una infección gloriosa del alma y del espíritu.

En cuando a la "Calidad", Sonny enseña: —Tenemos que continuar adquiriendo calidad en todo lo que hacemos. Esto significa el mantenimiento y la apariencia de nuestras iglesias. También significa, que ponemos la mayor preparación, esfuerzo y oración en nuestra alabanza y cómo conducimos nuestros servicios. Por causa del trasfondo de la mayoría de nosotros, nuestros estilos de vida irresponsables, sin disciplina y sin importarnos los demás, muchas personas tienden a creer que estos rasgos son cristianos y quedan con nosotros hasta el fin. Pero no es así, somos nuevas criaturas en Cristo y tenemos que luchar por hacer lo mejor para Él, recordándoles a aquellos que nos siguen, que hagan lo mismo.

»El equilibrio doctrinal es absolutamente vital —dice Sonny—. Debemos continuar teniendo el mayor respeto y amor por la Palabra de Dios. A través de los años, hemos visto a muchos maestros pasar frente a nosotros. Muchos de ellos eran muy buenos, pero siempre tenemos que preguntar: ¿Qué dice la Palabra de Dios? Tenemos que ser astutos y estar alerta.

»En 2 Timoteo 2:15, se nos exhorta a estudiar para presentarnos a Dios aprobado, como obrero que no tiene de qué avergonzarse, que usa bien la Palabra de verdad. Bueno, antes de poder usar debidamente la Palabra, tenemos que saber qué dice la misma.

La quinta cosa de valor que enfatiza Sonny es "Unidad de la visión". ¿Qué es eso? Isaías 45:2-3 nos dice:

Yo iré delante de ti, y enderezaré los lugares torci-
dos; quebrantaré puertas de bronce, y cerrojos de
hierro haré pedazos; y te daré los tesoros escon-
didos, y los secretos muy guardados, para que
sepas que yo soy Jehová, el Dios de Israel que te
pongo nombre.

—Debemos mantenernos impulsados por el Espíritu Santo para alcanzar los barrios bajos marginados y llenos de pecado para Dios. Tenemos que seguir alcanzando a las prostitutas, los drogadictos, los miembros de las pandillas, los vagabundos que andan por las calles, y los asesinos, lo peor de la sociedad, y cuando hacemos esto, ¡glorificamos a Dios!

»Uno de nuestros ministerios más fuertes han sido los hogares que proveemos para las personas que necesitan rehabilitación. Es vital que continuemos estas "barracas de discipulado". Esta fase de nuestro ministerio no es para proveerle un hogar al que no tiene, sino un lugar donde sucede una verdadera liberación y comienza el proceso de discipulado.

»Sobre todo, tenemos que recordar cómo hemos sido llamados y escogidos por Dios. Nuestra característica más fuerte ha sido la habilidad de escuchar el susurro del Espíritu Santo de Dios. Tenemos que continuar siendo sensitivos a Su voz y a la guianza de Su Espíritu.

Hay mucho más sobre ganar almas que inscribir deprisa más nombres en el directorio de la iglesia.

"Alcance Victoria" hace discípulos y creadores de discípulos.

En uno de los peores vecindarios de Albuquerque, Nuevo México, encontrarás un ejemplo dramático de esta verdad. Danny Sánchez comenzó a usar drogas cuando aún estaba en el colegio. Cuando fue sorprendido por su padre, el niño tuvo una excusa irrefutable. —Tú no puedes decirme que no use drogas, ¡tú eres un drogadicto! —le gritó el niño—. ¡Yo sé que estás usando heroína! ¡Así que déjame tranquilo!

Cierto, una vez, cuando cursaba el quinto grado, Danny regresó a casa y se encontró que todos los muebles de la familia habían desaparecido, los habían vendido para pagar la adicción del padre. En otra ocasión, su padre abrúptamente vendió hasta la casa; de nuevo para pagar las drogas.

A los 13 años, Danny estaba vendiendo drogas. A los15 ya tenía su propio apartamento y un auto de lujo. Podía ganar mucho dinero. Era tan fácil. No le era muy difícil vender su mercancia y al mismo tiempo mantuvo buenas notas. En realidad, él pudo haberse graduado antes. "Pero no quise ya que la mayoría de mis clientes de drogas eran de la escuela. Habría dejado de ganar mucho dinero —explicó Danny".

A la edad de 22 años, casado y padre de cuatro niñas preciosas, él aún vendía drogas, pero nunca había sido arrestado y no había pasado un solo día en la cárcel, ni siquiera había estado cerca de algo semejante, nos dice.

—Yo debía haber estado muerto o en prisión, pero el Señor tenía planeado algo diferente conmigo.

Varios miembros de su familia comenzaron a asistir a las reuniones de "Alcance Victoria" y se convertían en creadores de discípulos cristianos. Por insistencia de su madre, su padre aún adicto fue a una reunión donde Sonny dio su testimonio.

El padre de Dan se burló en voz alta cuando Sonny dijo que había sido un callejero adicto a las drogas. Sonny invitó a cualquiera que tuviese duda a venir e inspeccionar sus brazos. El padre de Danny corrió al frente y se asombró de que el predicador realmente tenía las cicatrices de agujas de uno que ha usado heroína.

Él se arrodilló. Luego de décadas de adicción aceptó a Jesús, entró en un centro de rehabilitación, dejó el hábito, ¡y pronto comenzó a testificar en todas partes! Él entró al ministerio.

Era cuestión de tiempo para Danny.

Un día en el baño de su casa Danny comenzó a llorar y le pidió a su esposa que orase por él. Ella era un miembro activo en "Alcance Victoria" de Albuquerque.

Ella oró. Él le pidió a Jesús que entrase a su corazón.

Danny llora mientras cuenta que él ha visto la maldición generacional rota sobre su familia. Sus hijas no son adictas a las drogas. En su lugar, ellas están viviendo para Jesús.

Hoy día, puedes encontrar a Danny en una famosa intersección de Albuquerque que se llama Five Points. El nuevo "Alcance Victoria" en ese lugar, está lleno con creadores de discípulos.

Creadores de discípulos en camino a los peores barrios de Londres, Los Ángeles, San Francisco, Chicago, y aun la ciudad de Nueva York, la ciudad de mi juventud.

CAPÍTULO 7

El hijo del diácono:
Adicto a las drogas

Sonny es nativo de la ciudad de Nueva York, aunque no puedes notarlo cuando le escuchas hablar. Las décadas que ha pasado en el sur de California han ido desapareciendo su acento "neoyorquino".

De muchacho, él vivía cerca de mí, en la sección mala de Williamsburg en Brooklyn. Asistía a la Escuela Pública 37, donde era un estudiante del cuadro de honor hasta alrededor del sexto grado. Él provenía de una buena familia. Su padre era diácono y superintendente de la escuela dominical de una pequeña iglesia hispana tradicional, estricta, que no permitía bailar, jugar billar, jugar cartas o asistir al cine, mucho menos fumar y tomar.

—Mis padres estaban tan metidos en la iglesia que era todo lo que mi familia hacía —recuerda Sonny—. No había en realidad ninguna otra actividad. Cada noche había algo en la iglesia.

Sonny lo soportaba pero no le gustaba. Por alguna razón, casi no había nada para los niños. La mayoría de las veces, él tenía que quedarse sentado y callado durante los servicios para adultos que duraban hasta tarde en la noche. Segundo, todo era en español, idioma que él no hablaba muy bien.

En la escuela sólo se hablaba inglés, y en esos días saber hablar español conllevaba un estigma social. No era algo popular en la mente de un tímido niño de once años.

—Yo iba a la iglesia y no recibía nada de ella —recuerda—. Me sentaba allí, pero no me sentía realmente parte de ella. Era algo que ellos hacían. Yo estaba allí porque debía ser así.

»Entonces entré en la escuela intermedia. Era una escuela muy difícil. Muchos muchachos estaban involucrados en las drogas y había miembros de pandillas, mucha violencia en las clases, muchachos portando armas y cuchillos, y había peleas afuera de la escuela cada vez que salías.

¿Se darían cuenta los padres bajo la presión que él se encontraba?

—Sí, se dieron cuenta —recuerda Sonny—. Pero ambos estaban ocupados trabajando. Llegaban a la casa cansados.

»Ellos no creían en que podían ir a la playa o que la mujer se cortase el pelo. Las mujeres tenían que usar ciertas ropas. Yo recuerdo la primera vez que me escapé y me fui a un cine. Pensé que recibiría el juicio de Dios. Estaba muerto de miedo. Era una buena película, no me acuerdo cuál. Debido a la manera en que había sido enseñado tenía tanto temor que pensaba que un rayo me iba a caer encima. Pero no me cayó un rayo.

Sonny, el niño de once años, se volvió más atrevido en su rebelión.

—Comencé a merodear en la planta baja. El encargado de nuestro edificio tenía unos hijos de mi edad. Su hogar era muy abierto. Ellos tomaban, bailaban, jugaban juegos de dados, así que comencé a visitarlos y a jugar dados, tomar, y estar con ellos. Me gustaba mucho. Allí todo el tiempo estaba sucediendo algo.

¿Cómo un niño rebelde de séptimo grado podría tener alguna relación con el Señor?

—Mi padre me dejaba libros —recuerda Sonny—. Me traía libros de testimonio de Oral Roberts. Libros que me tocaron. Él también me llevaba a reuniones bajo carpas. Me gustaba asistir a ellas solamente porque me gustaba ver los milagros. Era emocionante ver cómo él llamaba a las personas al frente y las sanaba allí mismo.

»En algunas de estas reuniones, me sentía como si de verdad deseara darle mi corazón a Dios porque sentía una convicción de pecado real. También pensé que uno de esos días Dios tenía algo para mí. Lo sentí. Hubo ocasiones en las que fui al altar. Recuerdo a un evangelista realmente poderoso que predicó sobre el juicio de Dios y el infierno. Me asusté mucho.

»Yo respondí al llamado al altar, pero al día siguiente no lo pude hacer. Sabía que estaba hiriendo a mis padres y que lo que estaba haciendo era malo y deseaba cambiar, pero no podía. Yo deseaba ser bueno, pero no podía hacerlo. Finalmente me di por vencido. Me gustaba más divertirme con mis amigos que ser un buen cristianito.

Estaba dividido en dos.

Aun cuando desistió de vivir una vida cristiana, él siguió sintiendo convicción de pecado.

—Yo me sentía peor que los otros muchachos porque ellos no conocían nada mejor. Yo sabía que si moría, me iba directo al infierno porque no estaba bien con Dios. Eso estaba siempre en mi mente. Tuve un amigo que procedía también de una familia cristiana.

»Siempre que usábamos drogas juntos, eso era de lo único que él hablaba. "Hombre —él decía cuando había usado mucha droga—, Sonny si nos morimos ahora mismo, ¿sabes a dónde vamos? Nos vamos al infierno, porque somos pecadores, estamos muy mal".

»Yo me molestaba y le contestaba: —¡No quiero escucharte! ¿Qué te pasa a ti?

»Mi madre se dio cuenta la primera vez que yo llegué a mi casa drogado. Ella lloró y me dijo: "Yo no deseo que llegues a la casa de esta forma. Tienes que respetar esta casa.

¡Mira qué aspecto tienes! Nosotros no somos así, tu padre y yo, somos personas de iglesia, vamos a la iglesia. ¡Este es un hogar cristiano!"

»Fue algo muy malo. Comencé a llorar. Yo era el bebé de la familia. Recuerdo que ella lloró. Mamá trató de abrazarme, pero la empujé. Salí corriendo de la casa y me sentí terriblemente mal. Sabía que hacía mal. Ahí estaba yo, sin respetar a mis padres quienes me amaban. Me sentí muy mal por la forma en que la había empujado.

Luego se enredó en la emoción de robar autos.

—La primera vez que robé un auto tenía 12 años de edad. Así fue como aprendí a manejar. Yo en realidad deseaba aprender, así que comencé a mirar los autos y puse atención cuando mis amigos comentaban cómo encender un auto sin la llave.

»La primera vez estaba algo nervioso y salí con mi amigo Franky. Él creció en el barrio y fue a la misma escuela que yo. Usamos drogas juntos muchas veces, fumamos marihuana y tomamos vino. Esa vez, yo entré al auto y me fui mientras Franky se quedó vigilando. Teníamos que hacerlo rápido y era algo realmente emocionante.

»Me envicié a eso. Robé otro, y otro hasta que tuve un accidente. Un día vimos un hermoso Cadillac a unas cuadras de la calle donde nos reuníamos, la calle Principal Sur, lo avisté a unas dos cuadras de distancia. Ya habíamos usado un poco de droga. Le dije: "¡Veo un auto lindo!" y me adelanté a Franky y a otro amigo nuestro y robé el auto y los recogí.

»Salimos conduciendo alocadamente ya que estábamos drogados y era un auto muy bueno. Manejamos alrededor del barrio, gritándoles a todos nuestros amigos para que nos vieran en ese Cadillac, y luego salimos a la autopista de Long Island. La superficie de la carretera estaba resbaladiza y yo no tenía mucha experiencia como conductor.

»Era un poco estrecha. De pronto, le di al muro del lado y choqué. Tuve que haberme quedado inconsciente por un minuto, porque cuando abrí los ojos vi a un muchacho frente a la ventanilla que me dijo: "¡Quédate ahí que estamos buscando una ambulancia!"

Sonny recuerda que buscó con la mirada en la parte de atrás donde estaban sus amigos. Ellos no se movieron.

—Pensé que estaban muertos o algo parecido, había tanta sangre. Yo me levanté y ni me di cuenta de que estaba herido.

»No sentía ningún dolor. Abrí la puerta, estaba abollada, pero pude abrirla, y salí corriendo.

»De alguna forma llegué a la casa y entré a hurtadillas sin despertar a mis padres. Me miré en el espejo del baño y noté que tenía un poco de sangre. Pero no era mucha, así que me fui a acostar.

»Dos horas después tocaban a la puerta de mi casa, eran los detectives. Mi mamá abrió la puerta y todos entraron en mi habitación. Estaban parados a los pies de mi cama, cuando me despertaron. Mi mamá me vio y se quedó impresionada cuando vio la sangre.

»Lo que sucedía era que tenía una conmoción cerebral y estaba sangrando profusamente, así que hubiera muerto si ellos no hubiesen venido.

»Esa fue la primera vez que estuve en la cárcel. Los policías me dijeron que mis amigos que estaban en el auto chocado, les habían dado mi nombre y dirección. Sin embargo, no me enojé. Me alegré de que Franky estuviese vivo. Los policías me llevaron al Hospital de East County en Brooklyn y me pusieron en la sección de los presos. Estuve allí quizás un día o dos y luego me cambiaron a la cárcel de la calle Old Rain en Brooklyn. Ya la demolieron, era de la época de la guerra civil. Tenían una sección para delincuentes jóvenes, donde ponían un solo preso en cada celda.

—¿Daba miedo?

—Sí —recuerda Sonny—. Mucho miedo, para un muchachito como yo era en ese entonces. No sabía qué esperar. No sabía lo que iba a sucederme. Luego vi un grupo de muchachos del barrio que me ayudaron de verdad. Ellos conocían las cosas y me dieron cigarros y pasaron la voz de que nadie podía meterse conmigo, que yo estaba protegido.

»Yo no sé qué habría pasado si no hubiera tenido a mis amigos. Hoy día escuchas que cuando ponen a un jovencito en la cárcel le llaman "rata cruda", sabes, una presa fácil para todo el loco del lugar.

Sin embargo, el lugar de reunión de los jóvenes era virtualmente una academia del crimen.

—Aprendí el mecanismo de varios crímenes en ese lugar —recuerda Sonny—. Los otros muchachos de diferentes barrios hablaban sobre los cargos por los cuales estaban presos, y particularmente lo que hicieron mal. Por ejemplo, todos me aconsejaron cómo robar mejor un auto para que no me atraparan la próxima vez. Luego los muchachos que estaban en robos o allanamiento de morada o extorsión o vendiendo drogas me decían cómo ellos lo hacían, así que recibí una buena educación. Me abrió todo tipo de horizontes.

Cuando él regresó a la casa, descubrió que su notoriedad lo había hecho una celebridad en el barrio. Antes, él había sido el niñito del diácono. Ahora era un muchacho duro que había estado tras las rejas.

Impresionado con su nuevo nivel y fama, el pequeño Sonny anunció a sus padres que no regresaría más a la iglesia.

—Estaban enfurecidos con eso —él recuerda—. Mi padre me gritó: "¡Tú estás en mi casa y vas a hacer lo que te diga!"

»Yo le mire fijamente y le dije: "¡Simplemente no volveré a ir!" Entonces ellos tomaron una decisión. ¿Me votarían o qué? Razonaron que si me votaban yo me pondría peor. Así que no regresé a la iglesia.

Él tenía 12 años de edad.

CAPÍTULO 8

Una "estratagema" del Espíritu Santo

Cuando Sonny tenía 12 años de edad y dejó de ir a la iglesia fue cuando realmente comenzó a drogarse y a meterse en problemas en el colegio.

—Mis notas llegaron a ser muy bajas —recuerda.

Pero él no perdió todo su interés en la religión. Le gustaba asistir a cruzadas efectuadas por sanadores pentecostales que profesaban la fe de antaño.

—Mi papá sólo lograba que yo fuera a la iglesia cuando esos evangelistas venían al pueblo —dice él—, así que, fuimos a ver a muchos de ellos. En las cruzadas yo de verdad sentía que quería cambiar, y cuando regresaba con mis amigos, todo se desvanecía.

En el octavo grado, abandonó los estudios por completo. Él se unió a una pandilla, pero no de las violentas.

—Sí, Nicky —recuerda Sonny con una sonrisa—. Tú eras uno malo. Tú tenías la reputación de querer meterte en peleas callejeras, de ser un peleador de la calle. En mi barrio teníamos pandillas, pero más del estilo social, cosas de jóvenes, no éramos criminales.

Los dos estábamos en Brooklyn, pero íbamos a colegios distintos y teníamos diferentes amigos.

Sonny estaba en una pandilla parrandera en Williamsburg, los "Viceroys". Yo estaba en la pandilla de peleas callejeras en Fort Green, los malvados "Mau Maus".

—Los "Viceroys" alquilamos un apartamento en un sótano —recuerda Sonny—. Nosotros lo decoramos y fue como un club social. De vez en cuando peleábamos, pero mayormente era sólo una cuestión de drogarnos y reunirnos, apostar, beber y fumar yerba.

»No usábamos heroína. La policía venía algunas veces y hacía una redada y registraba todo, también a nosotros. Algunas veces había peleas ahí adentro y la policía tenía que venir. Algunos tipos venían de otras pandillas, entraban y trataban de colarse en la fiesta. Pero comparado a ustedes los "Mau Maus", nosotros éramos bastante mansos. Solamente nos gustaba tener fiestas.

En su barrio, la pandilla que buscaba peleas en la calle era los "Hell Burners" (Los quemadores del infierno). Nosotros acostumbrábamos pelear con ellos, pero no recuerdo nunca haber visto a Sonny cuando buscábamos pleito con los "Viceroys".

—Nosotros éramos parranderos —dice Sonny—. No nos interesaba salir allá afuera y que otros nos volaran las cabezas por una simple disputa de territorio.

No dejes que él te engañe. Sonny peleaba y lo hacía bien. Pero cuando se metió en las drogas, empezó a dar excusas. Sonny entrecierra los ojos y recuerda:

—Nosotros nos metimos en unas cuantas peleas callejeras. Sí, nos metimos en algunas con los "Dragons" (Dragones) de la parte baja del este de Manhattan. Ellos estaban golpeando a muchachos nuestros que entraban en su área, así que empezamos a golpear a los que entraban en nuestro territorio.

»Me acuerdo que tuvimos una pelea en el puente con palos y cuchillos, pero yo no fui herido. Dos muchachos fueron apuñalados. Algunos tipos fueron golpeados en la cabeza. A mí me dieron en el brazo y yo le di a un tipo en la cabeza y estaba sangrando.

¿Se sintió mal por eso Sonny?

—No —admite—. Me sentí eufórico, tú sabes, Nicky. Tú te acuerdas. Es como si estuvieras todo excitado, así que estás simplemente golpeando a tipos, y sucede bien rápido. No dura mucho. Recuerdo que oí que la policía venía y nos fuimos.

¿Cómo se comparan las pandillas callejeras de entonces con las que Sonny trata hoy día en Los Ángeles?

—Son iguales en muchos sentidos —dice él—. Algunas son peleadoras. Otras están metidas en la venta de drogas. Otras en extorsión. Algunas sólo les gusta festejar. Era igual en ese entonces.

Ya para los 15 años, Sonny se estaba convirtiendo en un drogadicto fuerte, usaba mayormente marihuana.

Sus padres estaban preocupados, igual que los míos. Si alguna vez has leído uno de mis dos libros autobiográficos *Corre Nicky, corre* o *Rompiendo la maldición*, o si has visto la película *La cruz y el puñal*, te acordarás de cómo mi padre me mandó lejos de la casa.

Me puso en un avión cuando yo tenía 15 años y me envió, de mi casa en Puerto Rico en la zona rural, a quedarme con mi hermano en Nueva York.

Con Sonny, en Nueva York, era lo opuesto. Sus padres le pusieron en un avión a Puerto Rico. Hicieron arreglos para que él se quedara con la hermana de su mamá.

—Recuerdo que mi mamá le suplicaba —dice Sonny—. "Si Sonny se queda aquí en Nueva York —le decía—, va a morir, lo van a matar o algo parecido".

Enviar a Sonny exiliado de Nueva York a Puerto Rico, no puso fin a su deslizamiento hacia el crimen al igual que enviarme a mí, de Puerto Rico a Nueva York, no me puso en el buen camino.

Los dos simplemente nos metimos en más problemas.

Cuando un muchacho de 15 años está decidido a meterse en problemas, hay muy poco que un padre pueda hacer, excepto orar fervientemente y pedir al Señor que su corazón cambie.

—Cuando llegué a Puerto Rico —recuerda Sonny—, lo primero que hice fue encontrar una conexión que me permitiera drogarme. Entonces conocí algunos tipos de Nueva York que estaban en el ejército. Uno era de mi barrio. Hombre, esos tipos estaban de parranda todas las noches y empecé a ir con ellos a fiestas y tomaderas. Me puse muy flaco. Mi tía le dijo a mi mamá: "Si no lo recibes de regreso se va a morir aquí porque está muy mal".

Así que, Sonny regresó a Nueva York.

Se inscribió en el colegio otra vez, pero tuvo que hacer el octavo grado de nuevo.

—Lo cual fue difícil —dice él—, no llegué al noveno.

Abandonó los estudio otra vez, y nunca regresó.

—Eso fue cuando me metí en la heroína —recuerda él—. Empecé a abandonar los "Viceroys" y comencé a reunirme con los drogadictos.

Una vez que empezó a usar heroína, no tenía tiempo para su pandilla. —Les vendía drogas a mis amigos en la pandilla —Sonny se encoje al recordar—. Nicky, tú eres un año mayor que yo. Pero yo ya me había salido de la pandilla y era un drogadicto cuando tú empezabas a brotar en los "Mau Maus". Para entonces yo usaba heroína.

Los tipos que se metían a usar heroína tenían la tendencia de abandonar la vida de las pandillas.

—Sí —recuerda Sonny—. Los que consumen drogas abandonan las pandillas. Cuando eres drogadicto, ya nada es importante excepto la heroína y robar para poder usarla más.

Sonny cayó en la cárcel repetidas veces. Ahí se desintoxicaba, sacaba las drogas de su cuerpo, entonces se iba a casa y prometía a sus padres que sería un buen cristiano.

—Pero no duraba una semana — recuerda Sonny—. Me drogaba a menudo. Le robaba dinero a mis padres o algo valioso de su casa, me desaparecía por unos meses, hasta que estaba desesperado por dinero o había pasado por la desintoxicación otra vez.

»En ese tiempo, entraba y salía de la cárcel. La policía me odiaba.

Sonny y yo estábamos en diferentes caminos desastrosos donde sólo nos esperaba la muerte prematura.

Pero Dios tenía otra cosa en mente.

Él tenía Su mano poderosa sobre las vidas de dos rufianes de la calle. Dos perdidos, con un año de diferencia. Dos miembros de pandillas que la policía quería encerrar para siempre y botar la llave.

Si has leído mi testimonio, tú sabes que Dios arregló las cosas para que yo tropezara con un ingenuo y flaco predicador de Pennsylvania, llamado David Wilkerson.

Él era el pastor de una pequeña iglesia en las montañas y estaba ridículamente fuera de lugar en nuestro barrio violento, agitaba la Biblia en su mano y predicaba en alta voz en las esquinas de las calles. La primera vez que lo vi lo odié, y declaré que era un loco.

Pero él oyó al Señor decirle que fuera a Nueva York y predicara a las pandillas que él había visto en un artículo en la revista *LIFE*.

Cuando lo vi por primera vez, sinceramente pensé que era lunático, predicaba y agitaba la Biblia bajo las luces de las calles, diciéndonos, a nosotros los miembros de pandillas, que viniéramos a Jesús.

La historia de cómo yo fui ganado para el Señor ha sido contada muchas veces a través de los años. Fue relatada en mi libro *Corre Nicky, corre*, tambien en el libro *Rompiendo la maldición*. Y muy detalladamente en el libro de David, *La cruz y el puñal*, sobre el cual se basó la película del mismo nombre.

En la película, el cantante superestrella Pat Boone, hace el papel de David. El "rompecorazones latino", Erik Estrada hace el papel mío. Estrada es muy reconocido a través de la famosa serie de televisión *CHiPs*, uno de los programas de la televisión norteamericana doblado al idioma español, más popular en América Latina.

Pero Sonny no está representado por Arnold Schwartze-negger, ni Harrison Ford, ni siquiera Clark Gable.

Él no está representado por nadie en *La cruz y el puñal*.

No está en la película, ni en el libro. ¿Por que fue excluido Sonny? Yo voy a dejar que él lo explique.

—Dios trajo a David justamente a mi barrio —recuerda Sonny—. La primera vez que lo vi, pensé que era un agente secreto de narcóticos, un policía. Vino directamente a mí y empezó a hablarme de Jesucristo, pero yo no quise escuchar.

»Sin embargo, siguió acercándose y me decía constante-mente que Dios me amaba. Recuerdo que finalmente me quebranté y fui con él adonde se quedaba en Staten Island. Me gustó lo que tenía que decir, y deseaba dar mi corazón a Jesús. Muy dentro de mí, yo quería cambiar, pero simplemen-te no podía creer que Dios podía sacar a alguien de la heroína. Yo nunca había oído de un drogadicto que se salvara y se mantuviera limpio.

»Después de un día en su casa, de verdad que necesitaba una dosis de droga. Yo estaba adolorido. Estaba temblando. Le dije: "Pastor, sé que tienes buenas intenciones, pero esto no va a funcionar conmigo. Hombre, soy un drogadicto y tú no sabes nada acerca de drogadictos". Literalmente salté de su automóvil y me disculpé diciendo que era inútil, yo estaba muy metido en las drogas. Era un drogadicto. Un narcómano de la heroína. Regresé corriendo a mi barrio y me drogué.

»Pensé que eso era el final de todo. Caí en el mundo del sueño del adicto a la heroína —dice Sonny—. La historia de mi vida debió haber terminado ahí. Debí haber acabado en una camilla en el depósito de cadáveres, un drogadicto más con una sobredosis o apuñalado y hallado muerto en un callejón, despojado de mi dinero por rufianes callejeros.

Pero Dios tenía otra cosa en mente para Sonny Arguinzo-ni. Algo poderoso.

Sonny no sabía eso.

—Un año y un día más tarde —recuerda Sonny—. Yo necesitaba una dosis. Adolorido vagaba por las calles en busca de heroína, en un estado paranoico que daba pena.

Trataba de no encontrarme frente a frente con algunos tipos que había engañado, vendiéndoles heroína adulterada y no la legítima.

»Esa mañana había gente buscándome en las calles, ellos deseaban mi muerte. Personas que estaban dispuestas a matarme. Cuando le vendes a un drogadicto droga falsa, se enojan tanto como para venir tras de ti con una pistola y volarte la cabeza.

»Yo había engañado a esa gente porque estaba sin dinero y no podía comprar heroína de mi conexión, sin embargo necesitaba el dinero desesperadamente para adquirir más drogas para revender y así poder comprar más heroína para mí y mantener mi propio vicio.

»¿Te sorprende eso? Yo vendí heroína ahí mismo en la calle. El margen de ganancia era mucho mejor, si usaba heroína adulterada y engañaba así a personas que estaban de paso, y a drogadictos que pensaban que les estaba vendiendo heroína buena. La heroína adulterada era barata, pero la heroína sin adulterar me costaba mucho, y además, yo la quería para mí.

»Así que, buscaba una dosis, escondiéndome de tipos que me querían matar cuando de pronto vi esa cara familiar. Lo conocía de algún lado, ¿pero dónde? Estaba limpio y vestía bien, no con ropa cara, pero tan nítido que no podía ser nadie de la calle. Me imaginé que era un policía de narcóticos que no se daba cuenta de que resaltaba como un dolor de cabeza.

»Cuando él se acercó, lo reconocí. Era un tipo con el cual yo había compartido una aguja muchas veces. Con el cabello cortado, su cara bien afeitada, llevaba una camisa limpia y lucía tan nítido que pensé que había acabado de salir de la cárcel y estaba desesperado buscando una dosis también.

—Sonny —me llama el tipo, reconociéndome.

—¡Mi hermano! —contesté—. Te ves elegante.

—Me siento muy bien.

—¿Sí? Oye, estoy esperando a mi conexión. ¿Quieres compartir conmigo?

El tipo negó con la cabeza y con mucho entusiasmo comenzó a testificar de cómo se había salvado por la sangre de Jesús y ya no usaba heroína.

Los ojos de Sonny se cerraron con desconfianza. —Vaya hombre, ¿religión de cárcel?

—No, hermano, esto es de verdad —y comenzó a predicar otra vez.

Sonny miraba alrededor inquieto. Este tipo era un problema grande. Él estaba adolorido. Desesperadamente necesitaba una dosis, y no tenía ganas de escuchar ningún sermón. Además —pensaba—, que ningún vendedor se le iba a acercar mientras él estuviera parado al lado de este tipo que seguía y seguía hablando en alta voz de cuánto él amaba a todos y que Jesucristo también nos amaba. Trató de callarlo.

—Estoy limpio —el tipo le testificó a Sonny—. Ven conmigo para que conozcas a algunos de mis amigos en el Centro.

¿*Centro*? Sonny paró las orejas. ¿Qué *Centro*? Con un nombre así, tenía que ser un club. Quizás ahí podía coger una dosis.

—¿Está cerca?

—Hombre, sólo unas cuadras.

Sonny le siguió, esperaba obtener, por lo menos, un poco de marihuana en este club Centro o taberna o lo que fuera.

Sin embargo, en el momento que Sonny entró en el nuevo Centro de Brooklyn de *Teen Challenge*, en el 416 de la avenida Clinton, ya estaba listo para irse. Una cruz grande en la pared le avisó que esto era una iglesia.

Sabía que tenía que salir de ahí. Caminó hacia la puerta. Pero parado en la puerta estaba este hombre que parecía malo, con sus brazos cruzados, mirando fijamente a Sonny.

Sonny lo describe como una "estratagema del Espíritu Santo". Parece que el Espíritu del Señor le había puesto una trampa. Las oraciones de sus padres no fueron en vano.

Mientras Sonny se movía hacia la puerta, el muchacho que estaba parado junto a ella y que parecía malo se le quedó mirando fijamente con una mirada dura.

—¡Eras tú! —recuerda Sonny.

Correcto, era yo, Nicky Cruz, el antiguo jefe de guerra y presidente de los "Mau Maus", ahora cristiano. Mis métodos no eran tan dóciles en ese entonces. Todavía me quedaban algunas maneras toscas de tantos años que viví en las calles.

Sonny trató de pasar.

Yo no le iba a dejar, no hasta que hubiera oído acerca de Jesús.

—Oye, mano —murmuró Sonny, tratando de pasar por mi lado—. Tengo que salir de aquí. Tengo un... eh... una cita. Tengo que encontrarme con alguien.

Recuerdo bien lo que sucedió después. Sentí el Espíritu del Señor diciéndome fuertemente que de ninguna manera dejara que Sonny saliera, sino que lo confrontara con la realidad de su condición desesperada.

Era mi deber decirle exactamente lo que él era.

—Oye, mano —le dije—. Tú sólo eres un sucio drogadicto, un adicto. Tú necesitas a Jesucristo y yo quiero orar por ti.

Sonny no lo tomó muy bien. De hecho, mis palabras lo enfurecieron.

—No me importó que me llamaras un adicto —recuerda Sonny—. Eso es lo que yo era. Un drogadicto. Pero no me gustó que me insultaras y me llamaras sucio. Eso me ofendió mucho ese día. No tenías derecho de llamarme sucio.

»¡Déjame salir de aquí! —demandé.

Pero yo no iba a dejar que Sonny se fuera tan fácilmente.

—No —le dije—. Tú eres un mugriento, sucio drogadicto y necesitas a Jesús. Yo voy a orar por ti.

—¿Qué me llamaste? —refunfuñó Sonny, furioso por haber sido llamado mugriento y sucio por segunda vez.

—Un *apestoso,* mugriento, sucio drogadicto —le dije, mirándole a los ojos—. Y tú necesitas a Jesús —puse mis manos sobre su hombro—. ¿Me dejas orar por ti?

Sonny trató de sacarse mi brazo de encima, insultado y enojado. Sin embargo, yo no le iba a dejar ir de ninguna manera. Poco dispuesto, se rindió.

—Okey —me dijo—, pero hazlo rápido. Tengo que acudir a una cita.

Sonny pensó que si me dejaba hacer mi cosa religiosa, yo le dejaría ir. Bajé la cabeza, puse mis dos manos sobre su cabeza, cerré los ojos y después levanté la cabeza al cielo. Hablé en voz alta a Dios.

> Señor, tú me salvaste de mi vida de odio y violencia. Quitaste la herida y el dolor de mi alma. Tú me perdonaste todo el daño que causé, toda la gente que he herido, y me has librado de toda la ira en mi vida. Tomaste la amargura de mi vida y la hiciste dulce. Ahora, yo te pido que mandes tu Espíritu Santo a comenzar a trabajar en la vida de este joven.

Le pedí a Él que librara a Sonny de las drogas. Entonces, le alabé por Su grandioso poder y Su gracia.

De repente, me di cuenta de que un poder más grande que cualquier deseo ardiente de drogas se estaba soltando dentro de Sonny. El dolor que él tenía guardado por tanto tiempo empezó a salir a la superficie. Sonny cayó sobre sus rodillas mientras yo seguía orando:

> Señor, deja que Sonny sepa que él no está solo. Deja que él vea que hay poder en la sangre de Jesús, poder para librarlo de su adicción a la heroína. Padre, dale el deseo de estar limpio. Dale el gozo de Tu salvación.

Sonny estaba abrumado, sorprendido. Yo pude ver la convicción del Señor sobre Sonny, sin embargo, aún estaba lleno de duda y preocupación.

Silenciosamente seguí orando, pidiéndole al Señor sabiduría para saber qué hacer por este hermano torturado y agobiado por la culpa. —Oye, hermano —le dije—. Jesús te ama.

—No lo entiendo —susurró Sonny—. Soy un adicto.

—Jesús ama a los adictos también —le repliqué.

—Sí... —dijo Sonny con una risita—. Bueno, todavía tengo el hábito, hombre. Necesito una dosis ahora mismo. Y nunca he oído de un adicto que se salve.

—Dame tres días aquí contigo —le dije—, y Dios te quitará la adicción para siempre.

—No, hombre —contestó Sonny, temblando—. No. Tres días sería una eternidad para mí. Tú lo sabes. No lo podré hacer. Hombre, no soy tan fuerte. Nunca he oído de algún adicto que lo haya logrado.

—Yo estaré contigo —le contesté—. No te dejaré hasta que Dios cambie total y completamente tu vida. Hay una habitación arriba en el tercer piso. Déjame llevarte ahí. Vamos, estaré a tu lado, orando todo el camino. Lo único que hay para ti ahora mismo es prisión y muerte. Pero Jesús te sanará. Danos tres días.

Con indecisión, Sonny me siguió fuera de la capilla a los pisos de arriba. Aquí estaba el jefe de guerra redimido y ex presidente de los "Mau Maus", dirigiendo a un drogadicto pródigo de los "Viceroys" hacia una vida nueva.

Nos quedamos en esa habitación del tercer piso por tres días. Yo no tenía ningún calmante para ayudarle.

Ninguna droga. Ninguna psicología.

Yo sólo tenía a Jesús. Sólo a Jesús.

Así que, le di Jesús en la mañana, Jesús al mediodía y Jesús en la noche.

La primera tarde fue desagradable, Sonny seguía dando pretextos para que yo lo dejara salir por un minuto. Excusas. Mentiras de drogadicto. Tenía una cita. Tenía que ir a ver a su oficial de vigilancia. Un tipo le debía dinero. Tenía que hablar con su mamá, la basura normal que un adicto habla cuando está tratando de escapar para darse una dosis.

Pero la noche fue peor. Sonny comenzó a desarrollar los sudores y delirios que ocasionan un abandono total y súbito de la heroína. Sus dientes rechinaban. Gritó. Se lanzó a la puerta repetidas veces. Pero yo no le dejaba salir.

La habitación tenía una pila de discos y un tocadiscos. Los puse una y otra vez, tan alto como podía para ahogar el ruido de los tormentosos gritos de Sonny que iban en aumento.

En la mañana, le di un poco de comida por desayuno y le leí historias de la Biblia. Oré con él todo el día. Le oía suplicando por una dosis. Le limpié el vómito. Le puse ropa limpia.

La segunda noche fue una pesadilla, pero no tan difícil como la primera. Sonny cambiaba de agresivo a desesperado. Caminaba constantemente de un lado a otro de la habitación. Oré con él y por él, y a pesar de él.

—Sonny —le dije—, yo creo que Dios tiene un plan para ti, hombre. No te rindas ahora. Jesús te va a sanar. Él te va a llenar ese anhelo que tienes. Sigue luchando. Pide a Jesús que te ayude.

—Oye —dijo Sonny con el aliento entrecortado—. Cada vez que mencionas el nombre de Jesús es como si una mandarria me estuviera golpeando la cabeza.

—Confía en Él, Sonny. Él te ayudará. Él te quitará tu dolor.

Apretando los dientes, musitó que lo intentaría. Pero a veces lloraba, me suplicaba y entonces me amenazó, tratando de escapar de la habitación. Algunas veces simplemente se sentaba y se mecía y gemía, como las personas ancianas que he visto en el hospital. Otras me insultaba.

Algunas veces, solamente temblaba y gemía con desesperación. Era mucha la tortura, pero yo no podía hacer nada. Le supliqué a Jesús que le quitara su dolor.

Le pedí al Señor que lo sanara. Que lo restaurara, y lo usara.

Después de 48 horas de estar haciendo esto, confieso que yo me encontraba muy, pero muy fatigado. Luché contra el agotamiento lo más que pude, finalmente me quedé dormido.

Me desperté de un salto.

Yo había puesto mi catre contra la puerta para que Sonny no pudiera escapar. Ahora no gritaba, ni suplicaba, ni se estremecía de dolor.

No lo veía por ningún lado.

Me entró pánico.

¿Cómo pudo haber salido? ¿Cómo pude yo haberle fallado así?

La luz del sol entraba por la ventana. Alcé la mirada y vi a Sonny parado ahí, paralizado. Recuerdo con claridad, cómo miraba por la ventana fijamente, como si nunca antes hubiera visto un amanecer.

Estaba pasmado. Era como si la salida del sol fuera la cosa más bella que jamás hubiese visto.

Entonces comenzó a nevar. Pequeños copos de nieve caían brillando en la luz de la mañana. Realmente era bello. Yo nunca había visto algo semejante en Nueva York. De repente, la euforia de Sonny fue bruscamente interrumpida por el temor: ¡Pasó otra noche sin una dosis! Tiene que haber llegado casi a la locura para haber soportado todo esto. Me agarró por la mano y me preguntó:

—¿Qué está pasando? me siento diferente. Hombre, tengo miedo. Quiero llorar. ¿Qué está pasando? ¡Me siento diferente!

Me acuerdo que lo abrazé y estallé en carcajadas de puro gozo.

—Oye, hombre —le dije—. ¡Alaba a Dios! ¡El Señor te ha cambiado la vida! ¡Eres libre!

Sonny tembló perplejo.

—Hermano —exclamé—. ¿Ves cuán bello puedes ser por dentro? ¡Dios quiere que sepas que por dentro tú eres más blanco que la nieve! ¡Tú estás lleno de Su luz! Es un día nuevo y eres tan puro como la nieve recién caída. ¡Eres libre, sí, de veras, libre!

Sonny tembló. Déjame contarte lo que creo que estaba pasando. Yo creía que los efectos de su abandono total y repentino de las drogas había terminado, Sonny era libre de su adicción. Las químicas estaban fuera de sus venas.

Pero emocional y psicológicamente, todavía era un adicto. La heroína había sido su mejor amiga, su refugio, su muleta. Ahora, tendría que aceptar su sanidad emocional y mental.

—Oye —le dije—. ¡El Señor te ha dado una victoria! ¡Reconoce lo que Él ha hecho por ti, hombre! ¡Pero termínalo! Hombre, deja que Él entre a tu vida. ¡Deja que Él termine lo que comenzó!

Me miró muy emocionado.

—¡Acepta el regalo, hombre! —declaré—. ¡Toma el regalo del Señor!

Y lo hizo.

—Jesús, te puedo sentir —oró—. Saca completamente este veneno de mis venas. Salva mi alma. Te amo. Te amo. Te amo.

Su cara resplandeció. Era como si el Espíritu Santo estuviera golpeando su pecho, golpeándolo con poder y unción. Miré maravillado. Vi a un ser humano renacer.

Lo vi rendirse irremediablemente en los brazos de Jesús. Yo sabía que Jesús lo estaba sosteniendo muy cerca y asegurándole que todo iba a salir bien.

Lloró por tres horas. Fue entonces que me di cuenta de que él había sido llamado para grandes cosas.

Es gracioso pensar en eso ahora, nuestras conversiones fueron completamente opuestas. Yo vine a Jesús en un sótano oscuro. Sonny aceptó a Jesús frente a una ventana en un bello amanecer.

Entonces Sonny hizo algo extraño, lo cual fue increíblemente simbólico. Levantó una escoba y bajó a la capilla. Yo fui detrás de él.

Comenzó a barrer el piso, y lloraba, como si fuera la cosa más importante que él jamás hubiese hecho. Lloraba intensamente, mientras barría toda la suciedad y el mugre que había en nuestra capilla. Entonces, subió y comenzó a barrer el edificio entero, no paró hasta que hubo limpiado el sótano.

Era como si quisiera hacer que el edificio entero estuviera aceptable para la presencia del Señor, así como él estaba pidiéndole al Señor que sacara todo el odio, resentimiento, rebelión, mugre y suciedad que había en su corazón.

¡Salió al fin toda la amargura, el enojo, la miseria! Su pasado se fue.

Sonny dejó de ser un adicto. Aceptó la sanidad del Señor concerniente a su adicción emocional y psicológica.

Entonces, me miró asombrado.

—Oye, hombre —exclamó—. Este es el tercer día. Jesús lo hizo. Ni siquiera quiero la dosis.

Y me dijo lo que había estado orando:

—Nicky, ¡yo sólo oré una oración y lo solté todo! Le dije a Dios que si era verdad todo lo que tú me has estado diciendo, si de verdad Dios se interesa por mí y puede cambiar mi vida, entonces quiero darle a Dios mi vida para siempre.

Un pequeño grupo se reunió en la capilla. Mientras oían lo que había pasado, se pusieron alrededor de Sonny, riendo y alabando al Señor. Sonny se limpió los ojos y me miró.

—Oye, hermano —preguntó—. ¿De verdad soy salvo?

—Tú lo has dicho —le dije—. Tú recibiste tu salvación en el instante que se lo pediste a Jesús.

Claro, había un pequeño detalle que no le había dicho. De alguna forma, no creía que era el momento apropiado.

¿Cuál era ese detalle? No le dije a Sonny que él era el primer drogadicto que yo había tratado de ayudar. Nunca antes había orado con un adicto.

Ciertamente nunca había sostenido a uno en mis brazos mientras pasaba por la pesadilla del abandono total y repentino de las drogas.

Mirando hacia atrás, yo no sabía lo que estaba haciendo. Simplemente obedecí al Espíritu Santo.

Dejé que el Espíritu me guiara a estar ahí para cuando Sonny necesitara a alguien firme, pero amoroso. En los siguientes días, mientras iba conociendo a Sonny, empecé a darme cuenta que de alguna forma, Dios nos había unido milagrosamente. Él era una persona increíble.

Durante esos tres días y dos noches, le nació en su corazón un tremendo amor por Dios y una gran humildad.

Nos hicimos íntimos amigos.

Lo puse bajo mi tutela, en parte porque era un creyente muy tierno y ansioso y dispuesto a hacer la voluntad de Dios, pero también porque de verdad sentí al Espíritu Santo decirme que lo vigilara.

Así que, aunque nada más le llevaba a Sonny un año de edad, él se convirtió en mi hijo espiritual. Él era mi primer Timoteo. Empecé a discipularlo, aunque yo jamás había discipulado a nadie.

David estaba alegre de verlo, y lo reconoció del año anterior. —Bueno —dijo David—. ¡Me imagino que algunas cosas toman tiempo!

Sonny aprendió rápido. De verdad tenía un corazón nuevo, lleno de amor para todos los drogadictos allá afuera. Pronto, él y yo estábamos en medio de una dirección nueva e inesperada para *Teen Challenge*. Estábamos trayendo todo tipo de drogadictos.

Sonny estaba tan emocionado. Él honestamente había creído que era imposible para un adicto a la heroína librarse del vicio. Así que ahora, quería decirle a todo el mundo que él sabía que había una salida.

Fue un adelanto para *Teen Challenge*. El equipo de Wilkerson estaba compuesto mayormente de muchachos salidos de la Escuela Bíblica. Tenían bastante sensibilidad para el Espíritu y toda clase de compromiso, pero absolutamente nada de inteligencia callejera. Ninguno de ellos conocía los barrios. Reaccionaban como seres de otro planeta. Pero Sonny y yo éramos del lugar. Eramos conocidos.

Yo había sido el presidente y jefe de guerra de los famosos "Mau Maus". Sonny era el tipo parrandero de los "Viceroy" que todos sabían había firmado su propia sentencia de muerte al convertirse en un adicto.

Pero ahora el recién salvado Sonny era un buscavidas. Hablaba el lenguaje de la calle y pronto *Teen Challenge* tenía en recuperación a todos los adictos que podía manejar.

Fue ahí en el centro de Brooklyn que Sonny aprendió de primera mano sobre la necesidad del discipulado efectivo, de enseñar a un convertido cómo vivir la vida cristiana y salir efectivamente y ganar más almas.

Fue ahí también, que él vio cómo tantas personas de la calle, que son ganados para Jesús, necesitan un lugar para vivir mientras arreglan sus vidas.

Y también fue en el Centro que Sonny vio, de primera mano, que los ex adictos eran mucho más efectivos para ganar a otros adictos, al igual que miembros antiguos de pandillas son mucho más efectivos tratando con otros miembros de ellas.

Nosotros, los muchachos de la calle, éramos mucho más creíbles para otros muchachos de las calles que algunos estudiantes superlimpios de Escuela Bíblica de las fincas de Iowa. Esto no quiere decir que personas de afuera no eran capaces de salvar almas.

Al fin y al cabo, David era de las montañas de Pennsylvania. Pero nosotros teníamos una carga por nuestros amigos.

Nosotros habíamos estado ahí. Sabíamos su plan.

Sonny y yo éramos un equipo. Tuvimos cruzadas donde Sonny daba su testimonio y yo a continuación decía mi historia y mucha enseñanza bíblica. Nosotros éramos como Pablo y Timoteo.

De verdad era más como David y Jonatán, ya que nosotros éramos casi de la misma edad. Teníamos tantas cosas en común. Teníamos un deseo ardiente por el mundo perdido.

Y más que nada, éramos amigos.

Era algo muy bueno. Una vez yo leí que la mayoría de las personas sólo tienen el privilegio de tener un "buen amigo" en su vida. Mucha gente ni cuentan ni siquiera con uno. Tienen muchos amigos, un gran número de conocidos, pero ningún "buen amigo" íntimo.

Nadie como Sonny.

Me gusta llamarlo mi "hijo espiritual".

—Nicky, en verdad tú no estabas metido en drogas adictivas —él recuerda—. Nunca fuiste un drogadicto.

Sonny no sabía mucho sobre pandillas violentas, muchachos que viven para ver sangre.

Así que éramos un gran equipo.

Él y yo nos hicimos mejores amigos. Él es el que me enseñó a mí —un muchacho de Nueva York—, como manejar en el mismo medio del tráfico de Chicago. Recuerdo cuán molesto estaba David Wilkerson con nosotros. Yo, peligrosamente al timón, entrenado por este antiguo ladrón de automóviles que a los 12 años se divertía alambrando autos para robar. Nos divertimos mucho ese día, quizás demasiado.

Wilkerson sí que se enojó. Fue la primera vez que vi a mi padre espiritual tan disgustado, genuinamente enojado al nosotros hacer una cosa tan tonta como era usar su auto sin permiso.

Ahora, mientras estoy sentado en el auditorio de La Puente, sonrío y recuerdo...

Viene a mi memoria un momento aterrador: Sonny estaba dormido y roncaba como un toro alborotado. Hizo temblar el cuarto entero. Sonaba como un jet que estaba aterrizando. Recuerdo que me desperté y miré a mi alrededor y me preocupé mucho porque no vi a David en su catre.

El ronquido de Sonny era tan terrible que David no trató de dormir más y salió afuera para orar en el silencio de las primeras horas de la mañana.

¡Sin embargo, yo me preocupé pensando que había perdido el Rapto! Salté del catre y empecé a buscar a David por todos lados, en los cuartos, en el sótano y los roperos. Pero David no se encontraba en ninguna parte.

Corrí de regreso a nuestro cuarto, sacudí a Sonny y lo desperté y le dije las terribles noticias:

—¡Sonny, Jesús vino y nos dejó. No sé qué cosa tú y yo hemos hecho tan horrible e imperdonable, pero nos hemos quedado atrás!

Afligido, compartiendo mi angustia tan honda, mi mejor amigo cayó sobre sus rodillas a mi lado, completamente convencido de que él también había perdido la segunda venida de Jesús y había quedado atrás con los malignos y condenados.

Juntos, le rogamos al Señor que por favor, nos diera otra oportunidad. Mientras orábamos completamente aterrorizados,

Sonny comenzó a confesar sus pecados. Yo estaba a punto de confesar los míos cuando David entró.

Parpadeó, mirándonos muy asombrado. Pronto este asombro se convirtió en risa.

Él se reía mientras nosotros llorábamos de gozo por verlo. Entonces, Sonny y yo también empezamos a reírnos disimuladamente, afectados por la locura de nuestro temor sin fundamento. ¡Claro, Jesús nos había perdonado! Los tres nos reímos hasta que las lágrimas salían de nuestros ojos y rodaban por nuestras caras, dándonos palmadas cada uno en la espalda, muertos de risa por la ridiculez de la situación.

Justo en ese tiempo, David estaba trabajando en *La cruz y el puñal*. Ese libro cambió nuestras vidas. Cuando se hizo un éxito de librería internacionalmente, David y yo nos convertimos de repente en celebridades de gran demanda.

—¿Por qué no se había mencionado a Sonny en el libro?

—Yo había sido salvo hacía unas semanas —recuerda Sonny—. Un día, David dijo: "Ven conmigo". Me llevó a su editor y me dijo: "Estamos trabajando en un libro. Queremos tu historia".

—Sí —dijo el editor a Sonny—. David me dijo que tú tienes una buena historia.

—Bueno —contestó Sonny—. ¿Qué quieren?

Ellos le dijeron que querían saber todo sobre la distribución de drogas en las calles y quién estaba detrás de eso, etcétera. Sonny recuerda:

—¡Un momento! —dije—. ¿Qué pasa si no tengo éxito aquí y tengo que regresar al barrio? Me matan. Yo no estaba seguro de si iba a poder vivir limpio y sobrio. La heroína había sido una fuerza muy poderosa en mi estilo de vida. David se enojó conmigo y dijo: "Tú no vas a regresar".

—No, no —estuve de acuerdo con él—. No planeo, pero por si las...

De todas maneras, Sonny no quiso ser entrevistado.

Verdaderamente no estaba listo.

Así que, por ese motivo no llegó a aparecer en el libro.

CAPÍTULO 9

Una visión para cambiar el mundo

Cuando Sonny regresó a *Teen Challenge*, después que se graduó del Colegio Bíblico en California, y se casó con Julie, él y yo viajabamos juntos celebrando cruzadas. Él lo mismo servía como orador o me ayudaba como traductor. ¿Por qué necesitaba yo un traductor?

La lengua nativa de mi niñez es el español. En esos días yo dominaba el inglés, pero quiero que sepan que aún hoy, pienso en español. Y, quizás esto les parezca gracioso, también sueño en español.

El español es la lengua de mis padres y de mi nativo Puerto Rico. Sinceramente, yo oro en español y el Señor lo entiende perfectamente, así que creo que eso prueba que se habla español en el cielo, ¿verdad? (¿Creen que el español es la lengua de los ángeles? ¡Miren en 1 Corintios 13:1, *amigos!*)

Aunque hablaba el idioma inglés ya bastante bien para cuando estábamos celebrando cruzadas, yo era más o menos como esos embajadores latinoamericanos que son entrevistados en los programas o noticieros de la televisión. Ellos traen sus propios traductores, que transfieren el español erudito y académico del embajador, al inglés erudito y académico del entrevistador para no lucir como *cholos* incultos. Sin embargo, si ustedes se fijan bien en estos embajadores, notarán que ellos entienden el inglés perfectamente, y algunas veces se olvidan del traductor y contestan al entrevistador en un inglés correcto.

Bueno, así era yo.

Yo me arreglé muy bien en el mundo de habla inglesa. Mi primer libro, *Corre Nicky, corre*, fue escrito en inglés y dejé que otro lo tradujera al español. Sin embargo, en el púlpito, estaba inseguro de mi inglés.

Escribir en inglés es una cosa; hablar frente a una multitud enorme en una cruzada es otra, especialmente para un muchacho que ha sido lanzado violentamente a la categoría de celebridad internacional, como lo fui yo por la popularidad de *Corre Nicky, corre* y *La cruz y el puñal*.

Así que, estaba encantado cuando Sonny estuvo de acuerdo en ser mi traductor al inglés. Yo podía predicar en español sin preocuparme de que mi fuerte acento puertorriqueño se metiera en el medio. Sonny se encargaba de poner mi mensaje en inglés.

Al principio disfrutaba el traducirme pero después de varios meses, era como si su corazón ya no estuviera en ello. Me daba cuenta de que tenía un llamado en otro lugar.

Me acuerdo de una cruzada en Lodi, California. En medio de mi sermón, usé el término *corazón de carne* (heart of flesh), usado en el sentido de una actitud mundana. Sin embargo, por un momento la mente de Sonny estaba en otro lado y lo tradujo como *"heart of meat"* (corazón de carne), que es el significado literal, pero no tiene sentido.

Me detuve en medio de la oración y lo miré extrañado. Se oyeron risitas por todo el público, después carcajadas. Lentamente, Sonny cayó en cuenta de que había dicho algo equivocado.

No pude más que reírme, lo cual causó más risa en la multitud. Sonny gimió y se disculpó ante el público mientras explicaba su error.

Pero yo podía darme cuenta de que él no estaba feliz. Finalmente, me dijo que se iba de la gira de la cruzada. Yo estaba solo.

El Señor fue misericordioso.

Prediqué mis primeros sermones en inglés, y me fue de lo más bien. Sonny se fue a San Diego, donde se quedó solo en un cuarto disponible de un amigo, para orar y ayunar.

—Nicky —recientemente recordó—. No había paz dentro de mí. Algo le faltaba a mi vida.

En su soledad, buscó del Señor. Lloró al Padre para que le mostrara el verdadero llamado que Él tenía para la vida de Sonny. He aquí lo que él oyó que el Señor le decía a su corazón:

"Mi hijo, la razón por la cual te sientes así es porque estás fuera de mi perfecta y divina voluntad. Quiero que abras una iglesia para drogadictos y sus familias".

Sonny regresó a Nueva York, pero sin lugar a dudas en las próximas semanas, sintió del Señor que su iglesia nueva habría de ser en Los Ángeles. Así que, Sonny obedeció. Regresó a Los Ángeles.

—Tan pronto puse un pie en la terminal del Aeropuerto Internacional de Los Ángeles, yo sabía dónde tenía que ir —recuerda—. Dios me quería en Los Ángeles.

—Jamás había pensado que mi futuro era en California, pero no había equivocación del llamado del Señor. Yo tenía perfecta paz. Sentí a Dios diciéndome que no me preocupara, que Él edificaría Su iglesia. Yo sólo tenía que ser obediente.

Así que, él, y su esposa Julie, una bella muchacha cristiana, cuyo hermano había sido un adicto a la heroína en el este de Los Ángeles, se mudaron a un proyecto de viviendas del gobierno, llamado "The Flats", en la sección pobre de Los Ángeles llamada Maravilla.

Era un complejo desolado y arruinado, compuesto de edificios largos, de bloques de concreto.

—Nos mudamos a los proyectos para poder ministrar e identificarnos con la gente adolorida de ahí —Sonny recuerda—. ¡Era una vivienda para personas de pocos ingresos y Julie y yo reuníamos los requisitos porque no teníamos ninguno!

Durante los próximos meses la nueva iglesia se reunía en todo tipo de lugar. Para hacer crecer su congregación, Sonny se concentró en buscar a los drogadictos y personas de la calle.

—Las marcas de agujas en mi brazo eran una bendición —recuerda—. Se las mostraba a quien yo estuviera testificando. Ellos podían ver que yo era uno de ellos, ¡pero era también un predicador!

A menudo traía adictos a casa, los ganaba para Jesús y después iba por sus familias. En una ocasión, él y Julie tuvieron 50 personas entre adictos recuperándose y gente de la calle viviendo con ellos.

Una noche cuando las finanzas estaban especialmente bajas, Sonny regresó con media docena de hombres a su pequeño apartamento. Él le pidió a su esposa que hiciera la cena para ellos.

—Yo no quise decirle que toda la comida que teníamos guardada se había acabado —recuerda Julie—. Él les estaba diciendo cuán grande y poderoso era Dios. No era posible decirles que no había comida. Así que, oré. *¡Señor! ¡voy a confiar en ti!*

—Encontré un poco de harina de panqueques en el fondo de un frasco. Oré mientras empezaba a mezclar. Oré mientras revolvía. Yo sabía que no era suficiente para alimentar a todos esos hombres hambrientos.

—Pero miré, justo a tiempo de ver la mezcla desbordándose por la parte de arriba del plato hondo. Cogí otro plato y eché el resto de la masa ahí.

»Todos fueron alimentados. Dios se glorificó en ese día.

Sonny estaba obedeciendo la visión que Dios le había dado.

Y Julie también.

Todo líder efectivo sabe que para que un proyecto tenga éxito, tiene que haber una visión.

Sonny y Julie no eran la excepción.

Un domingo, en medio de un sermón en el cual Sonny había trabajado mucho, él puso a un lado los tres puntos que había preparado y miró a la congregación integrada por unos cien ex adictos y abusadores de sustancias que estaban recuperándose.

—Tú quizás pienses que no eres nada —dijo, con las palabras que el Señor le ponía en su corazón—. Quizás en los ojos del mundo nosotros no somos nadie, pero Dios nos usará. Nos usará para predicar Su palabra y ser testigos del poder del Espíritu. Nosotros somos las personas que van a tomar ciudades para Dios.

Sonny miró a la congregación. —Dios va a levantar a profetas, predicadores y maestros de entre esta congregación —dijo a la multitud—. Te va a levantar, pondrá Sus manos sobre ti y te enviará por todo el mundo.

Julie recuerda sus palabras... *por todo el mundo.*

—En esos momentos yo pensaba cómo se iban a pagar las cuentas de la semana próxima —Julie recuerda.

»Ahora, aquí estaba mi esposo planeando soltar estos bebés cristianos por el mundo. Todos ellos reciben asistencia social —pensé para má—, ¡y él planea tomar el mundo!

Pero Sonny tenía su visión para las iglesias de "Alcance Victoria" que hoy día están disceminadas por todo el mundo.

—Dios nos ha dado la victoria —Sonny proclama—. Cuando era adolescente, yo creía que, una vez que se era adicto, siempre seguiría siéndolo. Yo era esclavo de la aguja, y sabía que estaría muerto antes de los 30 años. Pero estoy aquí hoy, gracias al poder del amor de Dios.

»Me libró de la adición, estaba en la prisión y me quitó las cadenas. Mi vida no era nada, pero Él me devolvió mi dignidad. Mi vida era despreciable, pero me salvó. Dios nos llama a todos nosotros, todos los que han sido libres de la atadura del pecado, a propagar el evangelio de Jesucristo al mundo entero.

»Te digo esto, Dios estará con nosotros todo el camino. ¡Él levantará a los profetas, a los predicadores, a los maestros de entre esta congregación! ¡Amén!

En Proverbios 29:18, la Biblia nos avisa de las consecuencias de la falta de visión. ¡Sin visión, el pueblo perece! Nada de lo que Sonny hubiera tratado de hacer o cumplir hubiese tenido éxito sin esa visión de lo que Dios deseaba y esperaba de él.

En "Alcance Victoria", obedecer esa visión va más allá de la ambición o las ilusiones.

Tal visión es una revelación de Dios, dada a un hombre o a una mujer, explicando el maravilloso plan de Dios para nuestras vidas y ministerio.

La Biblia está llena de tales visiones. Un ejemplo es Abraham, en Génesis 12:1, cuando recibió la visión que le guió el resto de su vida y resultó en su obediencia a Dios de ir a la Tierra Prometida. ¿Por qué es necesario que los cristianos entiendan cuál es la visión de Dios para ellos? Porque si tú estás sintiendo el llamado de Dios para ministrar a las personas heridas a tu alrededor, entonces más vale que tengas una visión para hacerlo. Más vale que estés seguro de cuál es el plan de Dios para ti, no alguna idea brillante que has creado en tu deseo de oír la voz de Dios.

Visión es una misión recibida por Dios, por la cual tus fuerzas y metas serán dirigidas divinamente. Es ver más allá de lo que nuestros ojos puedan percibir y nuestras mentes imaginar.

Moisés tuvo tal visión de Dios en Éxodo 3:3-10, para llevar a su pueblo fuera de la esclavitud egipcia. En Josué 1:3-7 Josué recibió una visión para conquistar la Tierra Prometida.

Visión no es lo mismo que metas, planes y programas del hombre. No es el deseo humano de dirigir a otros para cumplir cualquier idea. Ni es tampoco aquello que deseamos para nosotros mismos.

En cambio, una visión es una "vista panorámica" de aquello que Dios desea que hagamos. El apóstol Pablo, en

Hechos 9:5-6, intercambió su visión imperfecta, humana, y carnal por otra que le vino desde el cielo.

Pablo recuerda, que se había convertido en un defensor de Dios , cuando perseguía a los cristianos. Su visión era tan imperfecta que Dios tuvo que derribarlo en el camino a Damasco y explicarle cómo se tenían que hacer las cosas.

Cuando Pablo obedeció, el mundo entero fue cambiado. ¿Cómo podemos nosotros recibir la clase de visión que guió a Abraham, Moisés, Josué y Pablo? Hay varias maneras en que Dios le puede dar una visión. Puede ser una revelación dirigida a su corazón.

Esto no puede ser el resultado de emocionalismo ni ilusiones, pero en cambio, es un entendimiento profundo de la voluntad de Dios en relación a algo específico que el Señor quiere que hagamos. Considera la visión dada a Moisés de librar el pueblo de Israel (Exodo 3:3-10). Moisés no deseó esta visión. No nació de sus emociones. Si recuerdas bien, Moisés estaba contento cuidando las ovejas en el desierto. No se alegró al encontrar su vida siendo transformada por Dios hablándole desde una zarza ardiente.

A menudo, el Señor usa a otras personas para darnos el entendimiento de Su voluntad. Un ejemplo sería 1 Samuel 16:1-7, 13, cuando Dios usó al profeta Samuel para comunicar su visión a David.

Otras veces, Dios desea que sometamos nuestras vidas para que seamos parte de una visión que ha sido revelada a otra persona. Un ejemplo sería el ministro asistente que "captó la visión" de un pastor principal. Otro ejemplo sería una secretaria excelente que Dios ha usado para que crea y entienda la visión de su jefe.

La mayor parte de las personas anhelan una visión que llene todos sus deseos, intenciones o talentos que ellos poseen. Sin embargo, nuestros deseos deben estar sometidos a Dios y debemos humillarnos si nuestro llamado está incluido en una visión ya existente, integrada dentro del plan maestro de Dios. Josué es un buen ejemplo de esto, en Josué 1:1-3. Él hizo exactamente lo que Dios había ordenado a Moisés que hiciera.

Hechos 9:5-6, 15, da otro ejemplo. La visión de predicar el Evangelio a los gentiles fue recibida por el apóstol Pablo, luego transmitida a Timoteo y otros discípulos, quienes aceptaron que la visión venía de Dios.

De acuerdo a 2 Crónicas 6:4, 5-33, una visión real debe tener como factor principal exaltar y glorificar a Dios. Su propósito no es la grandeza del hombre. La verdad es medida basada en si el Señor es exaltado.

De acuerdo a Mateo 9:36, una visión real tiene que manifestar el poder y consuelo de Dios. En Juan 6:1-5, vemos cómo Jesús tiene compasión por la multitud hambrienta. El poder de Dios fue manifestado y Él fue exaltado al alimentar a los cinco mil.

Una visión válida será confirmada por otros. A pesar de ser nueva y controversial, la visión de Pablo de ir a los gentiles fue confirmada por los apóstoles en Jerusalén, de acuerdo a Gálatas 2:1-10. El cristiano que cree que ha recibido una visión de parte de Dios, tiene que buscar, sin temor, la confirmación de sus autoridades espirituales.

¿Por qué comparto esto contigo?

Porque Dios tiene una visión para ti también.

Yo quiero que tú, al igual que Sonny, puedas obedecer a Dios.

En el libro de Esdras, se nos cuenta del cumplimiento de la visión de un hombre llamado Esdras: la rededicación del templo en Jerusalén. Si miras en Esdras 1:1-3, puedes ver que la visión surgió dentro de Dios mismo, como la tuya debe también surgir. Él es quien se va a presentar a ti cuando busques de Él humildemente.

Pero tú tienes que presentarte ante Él, buscando sinceramente hacer Su voluntad.

Dios desea líderes que busquen Su visión para sus vidas. En Esdras 3:1-9, era vital que el liderazgo se asegurara de que la visión se cumpliera. El liderazgo se levantó con la visión para cumplirla. El liderazgo tenía que considerar tres aspectos importantes por las cuales la visión sería cumplida:

- *Unidad* (Esdras 3:1). Es básico que exista unidad. Es el ambiente ideal en el cual Dios se puede mover.

- *Acción para derrotar el temor* (Esdras 3:23). Cuando el temor existe, la fe tiene que ser hallada para derrotarlo.

- *Trabajo de equipo.* Esdras 3:9 demuestra que la visión no puede ser de un hombre solo. Tiene que ser confirmada. Otros tienen que captarla.

Hubo tremenda oposición, de acuerdo a Esdras 4:1-6:3. No creas ni por un momento que el mal no va a luchar contra ti si haces la voluntad de Dios. Cada vez que hay una visión de Dios, la oposición surge, como el tiroteo en una reunión de la calle en Pomona.

Sigue leyendo acerca de la obediencia de Esdras a la visión de Dios y verás algunas de las estrategias usadas por el enemigo:

- Él puede que actúe como si estuviera de tu lado (Esdras 4:1-2). Para poder destruir, el enemigo busca infiltrarse. Normalmente hace su peor daño desde afuera. Muchas personas aparentan ser leales, sin embargo, esto es nada más que hipocresía, con el propósito de ver que las obras no sigan adelante.

- Trata de desanimar y de aterrorizar al pueblo de Dios (Esdras 4:4). Entonces lo cumple a través de la crítica y el temor.

- Usa la traición y el consejo falso (Esdras 4:5).

- Usa la información errónea y la distorsión de la verdad (Esdras 4:6-13).

Mis amigos, tal decepción será a propósito y engañosa. ¿Cómo hemos de defendernos? Vemos del relato en Esdras que hemos de:

- Discernir los espíritus y los motivos del enemigo (Esdras 4:3-4).

- Asegurarnos de que todos capten la misma visión (Esdras 4:3).

- No dejar que los obstáculos detengan el progreso (Esdras 4:24-5:1-2).

- Aceptar la dirección del liderazgo (Esdras 4:3).

- Esperar en fe la confirmación de Dios (Esdras 5:5-6:3a). Si hemos recibido una visión, tenemos que creer que Él nos ha dado el potencial para completarla. Dios vigila las vidas de Sus escogidos.

Debes saber, sin lugar a dudas, que Dios proveerá (Esdras 6:9-14). En el caso de Esdras, ¡la provisión del cielo fue maravillosa!

- La provisión vino en respuesta a las oraciones de aquellos en autoridad espiritual (Esdras 6:9).

- La provisión no vino todo de un golpe (Esdras 6:9). Vino "día a día", haciendo que el pueblo de Dios dependiera de su proveedor y protector Todopoderoso.

- La provisión vendrá sin fallar, sin obstáculos (Esdras 6:9).

- Además, el Señor va a proveer para que la visión sea cumplida en su totalidad (Esdras 6:14).

Mi amigo, servimos a un Dios grande y poderoso.

Él tiene una visión para ti, así como la tuvo para Sonny Arguinzoni. Y, si tú eres obediente, Él te dejará correr con esa visión.

CAPÍTULO 10

Llevando la visión a las calles

Ed Morales era uno de los drogadictos de las calles de Los Ángeles que vio las marcas de las agujas en los brazos de Sonny y supo que había una salida para su desesperación.

El nombre que Ed usaba en la calle cuando era drogadicto, todavía está escrito en un tatuaje en su antebrazo derecho —Mundi—. Era socio fundador de los "Majestic Gents", una pandilla armada con pistolas y heroína que rondaban el barrio Fullerton, de California.

Lo que le gustaba a Ed eran las estaciones de gasolina. Las atacaba cuando había cambio de turno, cuando estaban listas las cajas con efectivo. Ed piensa que él ha robado 200 gasolineras. Él atacaba un lugar, conseguía heroína, se la inyectaba y cuando se le pasaba lo hacía otra vez.

Ed fue criado en una familia religiosa llena de tradiciones y valores familiares. Pero a los 14 años, se involucró en las drogas y la emoción de la violencia de las pandillas.

A los 17 años, fue arrestado por incitar un motín en el colegio. Estaba a punto de ser sentenciado por las autoridades juveniles de California cuando se inscribió voluntariamente en el ejército. El juez lo aceptó.

La guerra de Vietnam estaba en su apogeo y el ejército de los Estados Unidos logró pasar por alto los antecedentes criminales de Ed.

—Te diré algo de Vietnam —dice Ed—. Nunca vi a nadie ahí que no estuviese en drogas, y nunca conocí a un cristiano.

Obviamente no todo el ejército de los Estados Unidos estaba drogado y era pagano, pero, como dice Ed: —Aunque me fui del barrio, no podía sacar el barrio de adentro de mí.

Después de Vietnam, regresó a casa con una codicia nueva por la violencia y la emoción.

—Yo estaba adicto a la heroína y acostumbrado a ser perseguido por la policía a altas velocidades.

En su último viaje a la cárcel terminó pasando siete meses en una celda incomunicado. Ahí perdió su pasión por el crimen. Estaba vacío y lleno de ansiedad. Entonces, un amigo, con el cual había realizado unos cuantos robos en las gasolineras, le encontró y le dijo que estaba viviendo con Sonny y Julie, que había encontrado al Señor, y había dejado el vicio de la heroína.

Ed exigió ser llevado donde estaba Sonny inmediatamente.

—Les dije que tenía que ir ya. No me iba a poner en ninguna lista de espera.

Lo primero que Ed notó en Sonny eran las cicatrices de las agujas. Sonny lo presentó a los otros 39 muchachos que vivían en su casa en ese tiempo. Cada uno tenía relatos horribles de cárceles, violencia y adicción, y daban testimonios de cómo Jesús les había liberado.

Ed aceptó al Señor y se mudó a la casa de Sonny y Julie.

—Una noche, mientras Sonny predicaba al grupo, llegué a la conclusión de que yo quería ser predicador —recuerda Ed—. Ahí mismo decidí meterme de lleno con Dios, así como lo había hecho para con el diablo.

Pasó por el programa que Sonny y Julie habían adaptado mayormente de sus propias experiencias en las calles, un

Llevando la visión a las calles   143

programa que todavía usan a través del mundo los centros de rehabilitación de "Alcance Victoria", el cual adaptan y refinan de acuerdo a los tiempos.

El resultado fue que otro ex drogadicto, Ed Morales, salió a las calles como un predicador apasionado.

¿Pueden estos cristianos voluntarios ser verdaderamente efectivos? ¿Pueden los ex drogadictos —aun con un certificado de un Instituto Bíblico—, crear un programa de rehabilitación que funcione?

Dorry Elías, una coordinadora de servicios para adolescentes en el Centro de Atlantic Street en Seattle, dice acerca del trabajo de prevención de pandillas y drogas: "El programa de "Alcance Victoria", ofrece esperanza a aquellos que han probado todo lo demás sin resultados. Creo que es maravilloso".

—No creo que haya ningún problema con tener la Biblia como base para la metodología —dice el doctor Phillip Mac, un co director del Instituto de Dependencia Química en San José. Un programa de droga y alcohol para pacientes internados en el hospital—. La clave es la recuperación. Recuperación es entusiasmo, la restauración de la energía, sintiéndose bien por estar vivo otra vez. Algunas veces se necesita algo tan dramático como una conversión al evangelio para traerlos de nuevo a la vida.

—Nadie puede competir con el porcentaje de éxito que ellos tienen —dice Ricardo Jiménez, un agente de vigilancia del Departamento Correccional de California en El Cajón, quien ha referido convictos en libertad condicional a "Alcance Victoria"—. Ellos utilizan estudios bíblicos y mucha oración como medios principales para lidiar con cambios de comportamiento. No andan con rodeos de que este es su tratamiento primordial. Pero no deseo ponerlo en duda, dado su resultado. Donde otros programas han fallado miserablemente, estos muchachos están bateando de .500 en mi libro.

De 72% por toda la nación que completa el programa, 43% de los residentes se mantienen libres de drogas, dice un director administrativo para servicios de rehabilitación en la oficina central de "Alcance Victoria" en La Puente.

El abogado supervisor de la oficina del defensor público en El Cajón, California, Ronald Bobo, dijo que su oficina usa a "Alcance Victoria" en diferentes casos.

—No lo recomendamos a menos que la persona quiera ir allá. Hemos visto que tienen éxito si están a gusto con "Alcance Victoria". Los directores del centro exigen un total compromiso real de abstinencia, y sustituyen con una experiencia genuinamente cristiana el uso de drogas y alcohol —dijo Bobo.

Raquel Ortiz, directora ejecutiva de la Estación Barrio en San Diego, dijo:

—Creo que es maravilloso. Ellos han podido ayudar a personas que yo pensé que no podían ser ayudados, adictos de mediana edad enviciados a la heroína, personas que han sido adictos entre 20 y 30 años.

Ella cree que el programa tiene éxito en parte porque ex adictos lo atienden.

—Yo he visto ese concepto fallar una y otra vez... pero ellos han estado haciendo un trabajo excelente.

Esto fue lo que el periódico *San José Mercury* dijo en 1990 acerca del programa local de rehabilitación de "Alcance Victoria":

Quince meses es un período de tiempo increíblemente largo para estar en un programa de drogas. Normalmente los programas de pacientes internados en un hospital no duran más de cuatro a seis semanas. Aun en un ambiente de hotel de moda donde sirven comidas calificadas con dos estrellas, las personas, después de un mes, están tan ansiosas por irse que harían cualquier cosa que les dijera un doctor del Centro. Pero el Hogar "Alcance Victoria" para Hombres, y el Hogar para Mujeres en el 156 Norte de la Primera Calle en San José, no son programas comunes de drogas. Por un lado, los dos son gratis. La congregación los mantienen funcionando.

El reportero siguió notando que por un lado, Alcohólicos Anónimos es básicamente una organización espiritual que, entre otras cosas, enseña a alcohólicos y drogadictos que la única forma para regresar a la salud física y mental, incluye entregar nuestra voluntad y nuestras vidas a Dios, como lo entendamos.

Por otro lado, el artículo dijo:

"Alcance Victoria" va más allá que eso. En el hogar, un soldado de Satanás, de la calle... puede pasar por todas las fases del programa y surgir como un soldado cristiano, listo para hacer guerra contra su señor anterior, Satanás.

Los feligreses de "Alcance Victoria" ven la vida como un campo de batalla, donde las fuerzas del bien pelean con las fuerzas del mal —escribió el reportero—. Tú, o eres de Dios, o eres de Satanás. No hay término medio".

Ed Morales es prueba viviente de que el programa de "Alcance Victoria" funciona. Un estudiante graduado del hogar de rehabilitación original de Sonny y Julie en Los Ángeles, es el fundador de los dos centros de rehabilitación de San José que el reportero del diario de la misma ciudad visitó.

—Los tribunales de San José y también los oficiales de vigilancia nos entregan personas —dice el pastor Ed—. Hemos tenido un efecto significativo en la detención del crimen y las drogas en San José, y no le cobramos ni un centavo a nadie. Si nada más hubiéramos ayudado a menos de uno por ciento, eso aún es bastante.

»No hay forma de saber en qué clase de locura estos muchachos se habrían metido, o cuántas viudas o huérfanos hubieran dejado atrás si no se hubiesen salvado.

Años atrás, a mediados de 1970, Ed se convirtió en un miembro del personal del hogar de rehabilitación manejado por Sonny y Julie, entonces comenzó a dirigir estudios bíblicos y aprendió cómo se predica en la calle, cómo orar y ser sensible al Espíritu Santo. Fue entrenado en su puesto, manejando un programa de evangelización, dirigiendo la adoración, y enseñando grupos de estudio.

Conoció a Mitzi, la mujer que sería su esposa, cuando el centro de rehabilitación de los Arguinzonis tuvo una comida del Día de Acción de Gracias junto con el nuevo hogar de mujeres en recuperación, de la iglesia de Los Ángeles.

Mitzi era de Morgan Hill. Se había escapado de la casa a los 16 años.

Consiguieron trabajos, Mitzi como ensambladora en una fábrica y Ed manejando un camión. Continuaron dedicando todo su tiempo libre al ministerio de la calle, el del centro de rehabilitación y la iglesia.

Entonces, en 1979, Ed recibió su propia visión, la cual presentó a Sonny. Ed creyó que Dios le había dicho que él y Mitzi tenían que ir a San José y abrir un "Alcance Victoria" nuevo ahí en los barrios infestados de drogas. Sonny oró y anunció que él creía que Ed debía ir.

Ed y Mitzi dejaron sus trabajos, metieron todo lo que poseían en su camioneta estropeada, y fueron hacia el norte en la carretera estatal 101.

La camioneta se rompió en las afueras de San José. Tuvieron que dejarla ahí. Cuando Ed regresó en la mañana, había sido quemada y las gomas acuchilladas.

Así que, comenzaron con absolutamente nada.

Se mudaron al primer local que habían visto. Ed trató de crear un ministerio entre los drogadictos, pero cambió su atención hacia pandillas de adolescentes, predicaba a muchachos en la intersección de las calles King y Story de San José. Ed y Mitzi eran tan pobres que llenaron los biberones de su niña de un año con agua y oraron para que Dios lo convirtiera en leche. Su bebé creció por la gracia de Dios.

En las noches, los muchachos comenzaron a venir al pequeño apartamento de los Morales para participar en los estudios bíblicos. Otros muchachos, drogados a más no poder con PCP, tocaron a su puerta a las 2 y 3 de la mañana.

Las clases de Biblia crecieron y pronto los Morales tenían una congregación. Los sábados, los muchachos que los Morales habían podido convencer de dejar las calles por Jesús, hacían teatros de títeres para otros muchachos en el parque Robert Welch, no lejos de la calle Tully.

Su rebaño fue conocido localmente como "las personas que nadie más quiere".

Mark Moreno, periodista del periódico *San José Mercury* ha seguido el progreso de los Morales en San José por años. He aquí lo que él escribió recientemente sobre ellos:

»Hace cinco años atrás conocí por primera vez al pastor Ed, cuando escribí un artículo sobre él y "Alcance Victoria". La iglesia tenía 200 miembros en ese entonces; 99 % eran hispanos que habían sido adictos a sustancias aprobadas por Satanás. Ed nació para ministrar a esa clase de congregación. Ed, un tipo amigable, grande, con una sonrisa linda, había pasado todo su tiempo despierto buscando y consumiendo heroína...

"Alcance Victoria" ha cambiado con los tiempos. La iglesia sigue localizada en un almacén convertido en Templo en la calle Notre Dame del centro metropolitano, cerca de Golds Gym, un mercado vietnamita, Studio 47, The New York Disco, y el Rosicrucian Press. La congregación ha crecido a 500 y es solamente 75 % hispana. El otro 25 % está igualmente dividido entre negros, asiáticos y anglos.

Estábamos seguros de atraer a personas de todas las razas porque en todas ellas hay personas que tienen problemas con las drogas —dice el pastor Ed—. Pero ahora no todos tienen un historial de drogas. Lo que pasa es que alguien que ha estado en drogas se ha salvado y su madre, padre, tía o tío, no lo pueden creer y vienen por acá para observarnos, y terminan uniéndose".

El servicio del domingo a las 9 A.M., el primero de cuatro cada semana, estaba repleto el día que el reportero asistió.

Cuando menciono a Ed y a Mitzi a ministros de otros "Alcance Victoria", lo primero que siempre me preguntan es si yo he visto la obra de teatro de la iglesia de San José, *El Duque de Earl*.

Es un drama que fue filmado en el norte de Pomona, la noche trágica en que un automóvil pasó por las calles disparando armas de fuego, un relato ficticio de pandillas rivales que peleaban en un barrio agitado. El drama retrata, pero no glorifica, la violencia de pandillas.

El drama original de *El Duque de Earl* involucra a dos pandillas del barrio que se pelearon por ganar respeto y territorio. Acabó con puñaladas mortales y la culminación de intensas peleas callejeras.

El nuevo *El Duque de Earl II* está lleno de tiroteos desde el principio de la obra hasta el fin. La obra abre con miembros de pandillas persiguiéndose entre las filas de la concurrencia y disparando tiros teatrales ruidosos. Las escenas que siguen incluyen varias muertes sangrientas, incluyendo niños atrapados entre el fuego cruzado. El argumento involucra a dos ex presidiarios, Indio y Duque, quienes dirigen pandillas rivales en batallas callejeras. Su trofeo muy deseado es una chaqueta del "Duque de Earl".

Las pandillas pelean por el control del tráfico de drogas de la calle, un cambio nuevo que Ed dice refleja la naturaleza de la violencia que está cambiando en los barrios, donde las pistolas han reemplazado a los puños en muchas peleas de pandillas callejeras.

Ya para el acto final, la esposa y dos hijos de Indio son muertos a tiros y Duque ha sido muerto a puñaladas, en venganza.

El reparto de 25 miembros usa pistolas y escopetas reales. La acción en el escenario está respaldada con música de una banda completa en vivo y cantantes de "Alcance Victoria" de San José.

En el último acto, un llamado es hecho al auditorio para que entreguen sus vidas a Cristo.

—¿Por qué tales efectos teatrales? Un drama en vivo es una de las mejores formas para alcanzar personas y atraer un grupo en una reunión de la calle —dice Sonny—. La obra hace una observación de que hay una alternativa a esos estilos de vida en donde parece no haber ninguna. Permite a las personas ver sus vidas fuera de ellos mismos. Algunas veces cuando tú estás en ese estilo de vida, no puedes ver cuán malo es. *El Duque de Earl* dice que hay una salida.

La versión en vivo ha sido representada cientos de veces en ciudades en todo el estado de California, así como en Seattle, Filadelfia y Washington, D.C. En 1985, la versión en película fue producida por la *Trinity Broadcasting Network* y transmitida a través de estaciones cristianas por toda la nación. Ganó un premio Ángel, el equivalente religioso de la asociación de música evangélica al Oscar o Emmy.

Cuando la compañía actuó en Seattle, 2,000 personas asistieron. Johnny Heredia, el pastor de la iglesia de Seattle, no hacía más que decir cosas buenas de la obra.

El había fumado cocaína, se drogaba con PCP, le gustaba inyectarse heroína y bebía como un pescado. A los 22 años de edad, tomó una dosis excesiva y su joven esposa lo encontró tirado en el piso del baño.

—Yo estaba adolorido y cansado. Cada dosis era la última —dice Heredia.

Ahora él es pastor en los barrios difíciles de Rainier Valley y en el oeste de Seattle. Le gusta predicar desde una camioneta con un altoparlante. El sábado por la noche lo puedes encontrar manejando por el sur de la avenida Rainier de Seattle y predicando por los altoparlantes, con un ex drogadicto y un ex vendedor de cocaína, un infractor juvenil, un ex drogadicto de heroína y un hombre recién puesto en libertad. Todos llevan en sus manos sus Biblias.

—¡Si estás en tu apartamento, cocinando esa droga, preparándote para fumarla, Jesús es la respuesta! —resuena la voz de Johnny—. ¡Yo fui una vez drogadicto! ¡Pero fui salvo!

—Algunas veces las personas se enojan con nosotros —dice—. Pero están confundidos, están adoloridos por dentro. Yo entiendo. Una vez yo fui así, pero hay una salida.

Él dice que *El Duque de Earl II* es fabuloso.

Ese es justo su estilo.

—¡Esto es la realidad! Es lo que está sucediendo ahora mismo en nuestras familias en Sacramento —gritó el pastor

Mike Flores cuando llegó la obra de teatro a las escaleras del Capitolio de California. Sin dejar pasar el momento emocional y tomando el micrófono en el último acto, apasionadamente invitó a las personas del auditorio a venir hacia adelante y buscar ayuda a través de la fe.

Vinieron por montones: jóvenes anglos e hispanos, blancos y negros; temblaban, lloraban y oraban en los brazos de miembros del ministerio, antiguos drogadictos y miembros de pandillas. Recientemente ante una obra en San José, el jefe de la Policía, Lou Cobarruviaz dijo unas palabras a los jóvenes reunidos, muchos vestían camisas y pañuelos rojos que demostraban su afiliación a pandillas de jóvenes. El jefe recibió un aplauso cortés, y luego los muchachos se quedaron para presenciar cada minuto de la obra, incluyendo el llamado de salvación, al cual muchos respondieron dando sus corazones a Jesús.

La producción ha atraído hasta 3,000 personas en presentaciones recientes en San José.

Sonny dice que películas populares acerca de las pandillas dejan a los auditorios con un sentir de desesperación. *El Duque de Earl* ofrece una solución.

Una solución real que funciona:

Jesucristo.

CAPÍTULO 11

La historia de "Blinky":
Su hijo fue muerto a tiros

William "Blinky" Rodríguez conoce el dolor de las calles de una forma real y terrible que nosotros no quisiéramos conocer nunca.

Rodríguez, su esposa Lilly y su familia están activos en la iglesia "Alcance Victoria" del valle de San Fernando. Por lo menos una tercera parte de la congregación está compuesta de antiguos miembros de pandillas.

"Blinky" es un amigo mío, que era un boxeador de clase mundial de los que practican el boxeo que da patadas con los pies descalzos quien se entrenó con el actor de cine Chuck Norris.

En 1986, "Blinky" tomó a un joven boxeador llamado Alex García, un nativo de San Fernando que estuvo cinco años en prisión por haber apuñalado a un miembro rival de una pandilla, y lo llevó a ganar el título de aficionado del peso superpesado y una medalla de plata en los Campeonatos Mundiales de Boxeo Aficionado. "Blinky" es dueño de un gimnasio en Van Nuys donde él pensó que estaba ayudando a los muchachos.

Cinco niños y una bella niña le nacieron a su familia: David, Roberto, Donovan, Sonny, Gabriel y Mia. "Blinky" estaba muy orgulloso de todos y en una forma distinta de cada uno en particular.

Pero no hace mucho, "Blinky" se encontraba caminando las calles del suburbio de Los Ángeles, sentía un dolor terrible.

Él pensó que estaba ayudando a los muchachos. Sus vidas estaban cambiando. Ellos entregaban sus corazones a Jesús.

Uno de los ejemplos más puros del estilo de vida cristiana era el de su propio hijo Sonny, de 16 años de edad.

Entre los gozos mayores de la vida de "Blinky", estaba este admirable alumno y joven atleta, al cual él mismo estaba enseñando puntos importantes de este tipo de boxeo.

Padre e hijo eran muy unidos. Ni siquiera la adolescencia los separó como a tantos otros padres e hijos. Sonny amaba a su papá. Y "Blinky" amaba a Sonny.

Como la condición de los pies del boxeador que da patadas es tan importante, desde que el niño era pequeño, "Blinky" tenía un ritual que llevaba a cabo con su hijo. Cada noche, él le daba masajes en los pies a su hijo.

—En realidad, se convirtió en una competencia entre Sonny y su hermanito Gabriel —recuerda "Blinky"—. Yo hacía estallar los dedos de sus pies para ver cuál dedo sonaba más.

Era algo loco entre padre e hijo. Sonny lo disfrutaba. Su padre y él hablaban de todo. Compartían todo. Cada uno sabía todo acerca del otro.

Pero Sonny tenía un secreto terrible. Él le ocultó algo a su padre que al principio parecía una cosa sin importancia. Se había unido a una pandilla.

"Blinky" dice que él no vio las señales de aviso. Él no notó ningún indicio. El comportamiento de Sonny no cambió bruscamente. No se quedaba fuera de la casa más de lo normal.

—En realidad —recuerda "Blinky"—, sus ropas cambiaron de repente. Pero no pensé nada sobre eso.

Su entrenamiento atlético quedó como estaba programado.

Un día en la iglesia, una profecía de tres partes fue dada para mi familia; que tendríamos las finanzas para ayudar a extender el Evangelio y una unción especial para ministrar a los jóvenes, pero que el enemigo nos iba a atacar y a un precio terrible.

"Blinky" dice que no se acuerda de haber oído la tercera parte de la profecía. Todo lo que él recuerda son las dos primeras promesas. De verdad se hicieron realidad.

—Todo en nuestra vida era maravilloso —recuerda "Blinky"—. El negocio iba bien. Teníamos una familia bella. Chuck Norris me pidió que figurara en un papel estelar con él en una película. Me estaba preparando para comenzar mi carrera cinematográfica.

Entonces, un día, "Blinky" recibe una llamada telefónica. ¡Sonny había sido herido! "Blinky" corrió al hospital.

Se le cayó el alma a los pies cuando en vez de encontrarse con el médico, se encontró con un sacerdote que le pide que vaya a ver si puede reconocer a la víctima de un tiroteo, la cual no llevaba identificación.

Cuando "Blinky" y su esposa entraron al salón, inmediatamente él reconoció los pies que salían por debajo de la sábana.

—No tuve que ver el cuerpo —dice—. Yo sabía que era Sonny.

Un inmenso dolor le apretó el corazón al alejarse.

Su esposa se derrumbó. Sus dos hijos menores comenzaron a correr por los pasillos del hospital aturdidos, llorando en alta voz por su hermano mayor y negándose a aceptar las terribles noticias.

Una pandilla rival había disparado a Sonny en un terreno de estacionamiento vacío mientras él intentaba aprender a manejar el auto de cambio de su novia.

—Hicieron tres vueltas en U, abrieron fuego, y regresaron disparando otra vez —recuerda "Blinky"—. Sonny no pudo escapar de ahí porque no sabía conducir ese auto.

El muchacho fue mortalmente herido. El amado hijo de "Blinky" estaba muerto. Sí, Sonny era miembro de una pandilla. Y "Blinky" ni siquiera lo sospechó.

Por tres meses después del funeral de su hijo, el antiguo entrenador de boxeo no regresó a su gimnasio de Van Nuys. En lugar de ello, comenzó a caminar las calles del este del valle de San Fernando, él le predicaba el evangelio a todo hombre y mujer joven que lo escuchara.

Era su cruzada la de un padre angustiado, un hombre de iglesia que se creía hombre de negocios, que vestía trajes caros mientras se desempeñaba entre el mundo del boxeo y de la promoción.

Siempre había sido una persona muy optimista, pero ahora veía un lado oscuro de la vida. Y vio una luz, la cual nunca había conocido antes.

—Nosotros somos un ejército de Dios. Yo tengo muchachos que han recibido tiros y han sido apuñalados, quienes estuvieron en la cárcel y que están dispuestos a arriesgar sus vidas en las calles hablando a estos muchachos. Algunos de ellos tienen más tatuajes que los que escuchan. Así que los muchachos les prestan atención.

»Ellos quieren cambiar, quieren una forma de vida diferente —dice "Blinky".

"Blinky" dice que la muerte de Sonny fortaleció en gran manera su decisión de trabajar para ayudar a cambiar las vidas de estos adolescentes locales, especialmente aquellos involucrados en pandillas.

—Ellos simplemente están buscando respuestas —dice él—. Apenas son niños. Están adoloridos y solos. En esta generación hay mucho dolor.

También hay mucho dolor en la voz de "Blinky".

Después de la muerte del joven Sonny, un grupo de muchachos se acercó a él ofreciéndose para vengar el asesinato. Yo les dije:

—Si alguno de ustedes toma venganza, va en contra de mí —recuerda "Blinky".

Un muchacho vino a la casa y temblaba acongojado mientras confesaba que él había recibido a Sonny y que había patrocinado su iniciación en la pandilla. "Blinky" perdonó al muchacho y le habló de Jesús.

"Blinky" se duele por estos muchachos, especialmente por los que él no puede alcanzar.

—Estos jóvenes se están matando diariamente. Mi hijo está en una tumba. Hace diez días, otro muchacho fue asesinado. ¿Quién se mantendrá de pie en estos tiempos peligrosos?

Algunos ex miembros de pandillas dicen que conocen la urgencia que tiene "Blinky" de parar la matanza. Confiesan que después que se desvanece la primera emoción de la vida de pandilla, sólo queda una soledad terrible, y un anhelo de dirección y cariño en sus vidas.

Rubén, de 22 años, dice que se tropezó con "Blinky" por primera vez, en su barrio, en la reunión que tenía en la calle "Alcance Victoria" de la avenida De Garmo.

—Yo estaba en lo más bajo de mi vida —dice él—. Había personas que me querían matar. No había amor en mi vida.

En ese momento, Rubén estaba en mal estado. Ya había pasado tiempo recluido en el Centro de Rehabilitación Juvenil de California por cargos de asaltos y drogas, y había salido de allí adicto a la heroína. Confiesa que pasó la mayor parte del tiempo con la pandilla, de mala fama, San Fer. Él mismo había encontrado a su hermano muerto por una sobredosis de heroína.

Aceptó un folleto en la reunión de la calle, y después se olvidó de él.

Unos meses más tarde, justo cuando su mamá lo iba a echar de la casa, se tropezó con el folleto de "Alcance Victoria" entre sus posesiones. Le pidió a su mamá que lo llevara al hogar de rehabilitación de la iglesia en Sun Valley.

Dice que "Blinky" lo transformó. Los cuentos de Rubén acerca de la venta de drogas, robos y asaltos contradicen su aspecto limpio y sano. Sólo los tatuajes de pandilla que se le notan en el cuello y los puños a través de su camisa color pastel dan una leve idea de otra vida.

Durante muchas noches después de la muerte de Sonny, "Blinky" fue con su pastor, David Martínez, llevando el mensaje de Dios a las barriadas de viviendas públicas con diferentes evangelistas de la calle, música en vivo, folletos y películas acerca de los peligros que conllevan las pandillas que se proyectan sobre las paredes exteriores de los apartamentos por medio de marcas de grafito.

¿Cómo decide Martínez dónde tener las reuniones improvisadas? La muerte de dos hombres a tiros en el parque Sun Valley, aparentemente relacionado con las drogas, les inspiró a ellos y a unos cincuenta miembros de la iglesia a llevar un sábado, el mensaje contra las drogas a ese parque infestado por el crimen.

—No estamos aquí para culpar a nadie, ni para condenar —dijo el pastor David, mientras ex miembros de las pandillas se acercaban al micrófono, uno a la vez, y contaban cómo Jesús les había salvado de la vida de drogadicción y de crimen.

La música de un conjunto musical de cuatro personas se escuchaba estrepitosamente, mientras el pastor David y su grupo cantaba "Yo era un alcohólico pero Jesús me liberó". Miembros de "Alcance Victoria" trabajaban con la multitud, y repartían el mismo tipo de folleto que había traído a Rubén al hogar de rehabilitación.

El pastor David dio su testimonio. Dijo cómo él también había usado drogas y había sido miembro de una pandilla. A mediados de los años 60, él entraba regularmente en la cárcel y asistía a los servicios de la iglesia allí.

—No estaba impresionado —recuerda—. Lo oí todo antes. Les decía que ellos no sabían de lo que estaban hablando.

Pero después que un voluntario de la cárcel, de 70 años de edad le testificó, David dice que oró: "Si tú eres real, Señor, quiero que entres a mi vida y me cambies".

Sin embargo, no se sintió distinto, lo cual lo confundió grandemente. Por varios días repitió la oración, como si no la pudiera borrar de su mente.

—Por fin, el miércoles por la noche, después que asistí a la reunión de oración en la cárcel, en camino de regreso a mi litera, comencé la oración otra vez y empezé a llorar. Comencé a decir las palabras desde muy adentro de mí. Yo supe que algo me había pasado.

Verdaderamente, él había cambiado.

Recientemente una noche, el pastor David y "Blinky" dijeron que no era un error de que tuvieran la reunión en el mismo estacionamiento donde la policía había disparado y matado a un hombre que a su vez había matado a otro hombre a tiros y luego, con una escopeta, abrió fuego al azar en el parque e hirió a dos personas.

—¡Nosotros estamos aquí esta tarde para reclamar este parque para Jesucristo! —declaró David.

Los miembros de la iglesia se arrodillaron con personas de la multitud que estaban adoloridas y asustadas.

—¡Alabado sea el Señor! —gritó el predicador—. Esta tarde, ¿dejarás que Jesús limpie tu vida? Ahí es donde Él comienza. Así es como hemos de limpiar este parque. ¡Empieza contigo! ¿Dejarás que Jesús te limpie tus pecados?

Hace poco "Blinky" estuvo en la escena de una exhibición de boxeo en la Escuela Intermedia Sepúlveda.

—Pensamos que sería bueno para los muchachos —dijo un maestro de educación física ahí—. "Blinky" y su esposa usan el arte marcial como gancho para llamar la atención de los muchachos y entonces darles el mensaje acerca de cómo mantenerse lejos de las drogas.

"Blinky" también se reúne con la policía y hombres de negocio local. El propósito de una reunión reciente fue para solicitar dinero y apoyo. Su ejército necesitaba una camioneta para llevar jóvenes a pasear. Él ya había hecho los arreglos con una finca del centro de California para hospedar hombres y mujeres jóvenes por seis semanas durante el verano, dándoles un descanso de las calles. Un mecánico de aviones se ofreció de voluntario para enseñar a los muchachos su oficio.

"Blinky" dice que debe tener cuidado cuando busca apoyo en la comunidad y evita hablar en el estilo audaz que usa cuando está testificando en las calles.

—Hoy en día, si hablas de Dios, las personas te miran como si tuvieras tres cabezas. Tienes que tener cuidado con lo que dices.

Diez minutos después en una presentación reciente a hombres de negocios, estaba citando las Escrituras. Su voz se alzó, enojada:

—Muchas personas quizás me verán como un radical o fanático —les dijo a los presentes—, pero este mundo es radical y fanático.

Su voz se quebrantó al confesar que él no pudo conducir a sus propios hijos lejos de la violencia y problemas de las calles. Su hijo mayor, David, está cumpliendo una condena en la cárcel por robo a mano armada è intento de asesinato.

Y el joven Sonny está muerto.

Cerca de 150 adolescentes pasaron el sábado en el auditorio de la cercana Escuela Secundaria Sylmar cuando "Blinky" anunció una reunión para combatir la violencia que está sacudiendo la comunidad de Sepúlveda.

—"Blinky", ¿es verdad que su hijo recibió un disparo? —dijo Richard, de 19 años, que asistía a un estudio bíblico en la casa de los Rodríguez—. Me pregunto, ¿por qué yo estoy aquí? Puedo estar en una fiesta. "Blinky" está tratando que hagamos cosas buenas. Él va al parque donde nos juntamos. Nos dice cosas y está haciendo algo por nosotros, emplea todo este tiempo, esfuerzo y amor por nosotros, ¿y qué hemos hecho nosotros por él? Yo no conozco a nadie que nos quiera y no quiera nada a cambio.

—Estos muchachos de las calles usan drogas y escuchan música *rap*. Todos están escondiéndose tras una fachada. No quieren lucir débiles —dice "Blinky"—. Pero tienes que recordar que solamente son niños. Tienen muchos temores e inseguridades.

—¿Qué bien les pueden hacer programas y agencias a estos muchachos? Ellos responden al amor, no importa cuán malos sean, no importa en qué terrible barrio vivan.

CAPÍTULO 12

Quitando pecados y otras suciedades

↓

En el peor barrio de Compton, California, los residentes del centro de rehabilitación de "Alcance Victoria", se paran listos con trapos, cubos, jabón y agua en un terreno de estacionamiento.

Uno de ellos grita a través de un megáfono, instando a los conductores que pasan a que entren para lavar sus autos. "¡Tres dólares por auto! ¡Cuatro dólares por camión y camioneta!"

Este no es un típico lavado de automóviles de adolescentes que están tratando de levantar fondos para un evento de la iglesia. Hay una Biblia cerca del equipo de lavar. Los cinco miembros del centro están haciendo sus deberes de la tarde.

—Nosotros nunca vamos a ningún lugar sin nuestra Biblia —dice un muchacho llamado Ray, levantando su copia de la "Nueva Versión Internacional de la Santa Biblia".

Él, como los otros cuatro, vive en un centro de rehabilitación de "Alcance Victoria". El dinero que se recaude lavando autos va a ser empleado para ayudar a alimentar y dar albergue a otros residentes del centro.

Toda la parte superior del cuerpo de Ray está llena de tatuajes, que incluye pavos reales, Cristo, y un ángel.

— Antes de encontrar a "Alcance Victoria", mi vida era un lío. Ahora, soy un testigo para Dios —dice él. Nació en el este de Los Ángeles y se crió en las pandillas. Al llegar a los 14 años, su corta vida era una parranda sin fin de drogas y crimen.

—Pasé mi juventud en el centro de detención juvenil y con la autoridad del estado por haber robado autos, por robar en tiendas y por hacer muchas otras cosas en las cuales nunca me atraparon.

También tomaba pastillas, bebidas alcohólicas, fumaba marihuana y otras drogas. Pasó cuatro años en la prisión estatal, Soledad, por robar con un arma de fuego. Ahí fue donde se enteró de "Alcance Victoria".

—Soy un testigo para Cristo. Todos somos testigos —, él repite.

Está dedicado a una vida nueva de evangelización, aunque por ahora signifique lavar autos.

Sonny enfatiza el papel que representa el duro trabajo de educar a las personas de la calle, así como pasó con Ray al recibir de nuevo su dignidad. Llevar el evangelio a las calles es una parte tan vital del programa como lo es el trabajo.

¿Por qué? La Biblia es clara en que todo cristiano es un testigo. Nosotros hemos de salvar a los perdidos, y proclamar el Evangelio.

Sonny señala que otra perspectiva debe ser reconocida. Ganar almas no es una dosis rápida. Jesús nos dijo que fuéramos no solamente a convertir a todos, sino también a hacer discípulos, enseñándoles a servir en el Reino de Dios. He aquí, el "discipular" de que tanto se habla en "Alcance Victoria".

Mateo 28:19-20 claramente dice:

Por tanto, id, y hacer discípulos a todas las naciones, bautizándolos en el nombre del Padre, y del Hijo, y del Espíritu Santo, enseñándoles que guarden todas las cosas que os he mandado.

—Estas palabras de Jesús van más allá del mero hecho de convertir y salvar —dice Sonny—. Incluyen dar poder, entrenar y desarrollar cada generación nueva de creyentes para que puedan ejercer un liderazgo que manifieste las virtudes de Cristo, llegando a ser luz y sal para las naciones del mundo.

No nos podemos callar en estos días peligrosos.

La importancia de nuestro papel como testigos comienza al aceptar a Jesucristo como nuestro Señor y Salvador. Romanos 10:9 muestra claramente: *Que si confesares con tu boca que Jesús es el Señor, y creyeres en tu corazón que Dios le levantó de los muertos, serás salvo.*

—Este testigo es ordenado en el mismo momento de la salvación —dice Sonny—. El nivel de madurez del creyente no es un factor en sus calificaciones para testificar. Todo creyente es un testigo para el Señor.

¿Ves lo que está diciendo Sonny? No caigas en la trampa de que la madurez espiritual es un requisito para testificar eficazmente. Tampoco creas esa mentira de que ganar a los perdidos es el trabajo del clérigo pagado.

¡El llamado a ser testigo estaba bien claro para mí el mismo día que yo acepte a Jesús en Brooklyn! ¡No podía esperar proclamar lo que me había sucedido!

De igual manera, "Alcance Victoria" sabe que nunca debemos apagar el entusiasmo del nuevo creyente. En cambio, ¡debiéramos ser inspirados —aun avergonzados— por su fervor!

Mis amigos, es mi oración diaria que el Señor renueve en mí la alegría que yo sentí ese primer día. ¡Y el Señor es fiel!

¡Él me da emoción! ¡Él me da sabiduría! y me guía a aquellos que necesitan el Evangelio.

Sonny dice que el llamado a testificar de todo cristiano no debe ser confundido con el don espiritual de la evangelización. Todo creyente debe testificar.

—No a todos les es dado el don de la evangelización. Sin embargo —dice Sonny—, testificar no debe ser clasificado como la responsabilidad de otra persona.

A menudo los creyentes creen: "Si tan sólo yo pudiera lograr que alguien venga a mi iglesia, entonces las palabras del pastor lo salvarán". Bueno, créalo o no, el testimonio de un amigo interesado puede ser mucho más efectivo que el sermón de un extraño en un púlpito.

Las personas de la calle son primeramente atraídas por los cristianos, y después a Cristo. Muchas veces un sermón puede dar convicción a un pecador —¡pero es el interés amoroso de un cristiano lo que los trae a una relación personal con Jesús!

Tú puedes ganar a las personas que no quieren oír a un predicador. Tú no eres un clérigo lejano bien trajeado. Tú simplemente eres tú, un amigo que se interesa. El Señor te ha puesto en la vida del inconverso por una razón y te ha dado la oportunidad y responsabilidad de ser Su testigo.

Mi amigo, qué tragedia sería si en el Día del Juicio, tú estás por recibir tu recompensa celestial y al dar un paso hacia delante, un amigo condenado grita en agonía: "¿Por qué no me dijiste cómo vivir para siempre? ¿Por qué no dijiste nada?"

Otra cosa para recordar es que lo intentes o no, tú eres un testimonio ambulante —un testigo viviente de Jesucristo. La única pregunta es, ¿qué clase de testigo eres tú?

Nuestro testimonio verdadero es proclamado mucho antes que testificamos con palabras. Nuestras acciones hablan más alto que nuestras palabras.

La Biblia dice que la antigua nación de Israel fue un testimonio a sus vecinos. Nosotros también estamos siendo mirados por la gente a nuestro alrededor.

Nuestro Señor también dijo en Mateo 5:14-16,

> *Vosotros sois la luz del mundo; una ciudad asentada sobre un monte no se puede esconder. Ni se enciende una luz y se pone debajo de un almud, sino sobre el candelero, y alumbra a todos los que están en casa. Así alumbre vuestra luz delante de los hombres, para que vean vuestras buenas obras, y glorifiquen a vuestro Padre que está en los cielos.*

Aproximadamente a unos 150 kilométros de mi casa, un grupo maravilloso de los miembros de "Alcance Victoria" están llevando el gozo de Jesús a una de las peores partes del noreste de Denver.

Sí, aun la bella ciudad Mile-High, Denver, tiene su propia zona urbana infestada con drogas, pandillas, violencia y desesperación.

No hace mucho visité una casa y fui inspirado por el testimonio de las personas allí —los cuales simplemente les llamaremos la familia Contrerez. Su apartamento no lucía gran cosa. El piso de loza estaba frío y las delgadas paredes estaban pegadas al apartamento del lado.

Pero había un gozo ahí. Una dignidad.

Esta era una familia reunificada y que vivía para Jesús. Las paredes de la sala estaban llenas de fotografías organizadas ordenadamente de los cinco niños. Los dos pájaros de la familia estaban en una jaula en la sala. Oramos juntos en la mesa grande de la cocina antes que compartiesen su almuerzo conmigo.

Estas bellas personas están criando a cinco niños valientes en la pobre urbanizacion de Westridge. El sesenta y cinco por ciento de los hogares en su barrio están encabezados por madres solteras. La mayoría de los muchachos abandona la escuela antes de graduarse. Ninguno de los padres de este hogar de "Alcance Victoria" terminó la escuela secundaria. El papá es un ex adicto a la heroína. Pero ahora tiene un trabajo.

Pero Mike Contrerez, Janet su esposa y su hijo mayor Manny, quien abandonó el colegio, están estudiando de noche para recibir sus diplomas de equivalencia general.

Sus otros cuatro niños todavía están en la escuela. ¡Uno de ellos está en el cuadro de honor!

Los Contrerez disciplinan a sus hijos y hacen cumplir reglas, tales como el toque de queda —10 P. M.— durante los días de colegio. No toleran drogas ni alcohol. Sus hijos no asisten a ninguna fiesta donde no haya chaperones.

Pero estos niños se ríen mucho. Nunca han tenido problemas con la ley. El hijo segundo quiere ser policía —y ama el béisbol.

Cuatro veces a la semana asisten a "Alcance Victoria" en el noreste de Denver. Mike da consejería a los presos de la cárcel. Diezman, dando 10% de sus ingresos a la iglesia.

Y son un testimonio poderoso en su comunidad atormentada. ¡Ellos son un testimonio poderoso para mí! Al ellos caminar con el Señor, yo soy animado al ver las bendiciones de su relación con nuestro amado Dios.

Al final de mi visita, demasiado breve, me encuentro reconsiderando mi vida. ¿Qué se dice del Señor —positivo o negativo? En mi tiempo privado con el Señor, me arrepiento de lo negativo, y le pido que me ayude a crecer en lo positivo para ser un testigo más efectivo, como Mike y Janet Contrerez y sus hijos.

Pero, mi amigo, tú y yo tenemos que ir más allá que simplemente vivir nuestro testimonio. En algún momento, todos somos llamados a presentar las palabras del mensaje de salvación. Si sabemos lo suficiente para nosotros en cuanto a la salvación, entonces sabemos lo suficiente para dar el Evangelio básico.

Yo no fui al Instituto Bíblico antes de comenzar a proclamar las buenas nuevas a mis compañeros de las pandillas.

El Espíritu Santo fue mi maestro, y será el tuyo. Recuerda que tú no puedes traer a nadie al punto de aceptar la salvación. Es el Espíritu Santo el que aviva las palabras de Dios, trayendo convicción de pecado, y hace que el incrédulo acepte la salvación. En Juan 16:7-11, Cristo proclama que el Espíritu Santo convencerá al mundo de pecado, de justicia y de juicio.

El Espíritu Santo te dará poder. Nosotros podemos depender de Él para proveernos de las palabras necesarias. Es muy importante que el nuevo creyente recuerde esto. En Marcos 13:11, Jesús avisa a sus seguidores deciéndoles:

Pero cuando os trajesen para entregaros, no os preocupéis por lo que habéis de decir, ni lo penséis,

*sino lo que os fuere dado en aquella hora, eso
hablad. Porque no sois vosotros los que habláis,
sino el Espíritu Santo.*

Es también el Espíritu Santo el que nos da poder para ser
testigos del Señor. Hechos 1:8 nos dice:

*Pero recibiréis poder, cuando haya venido sobre
vosotros el Espíritu Santo, y me seréis testigos en
Jerusalén, en toda Judea, en Samaria, y hasta lo
último de la tierra.*

¿Por qué debemos testificar? ¡Porque a través de la Biblia,
Dios nos ordena que lo hagamos! Mateo 28:19-20 no puede
ser más claro:

*Por tanto, id y haced discípulos a todas las nacio-
nes, bautizándolos en el nombre del Padre, y del
Hijo, y del Espíritu Santo, enseñándoles que guarden todas las cosas que os he mandado.*

Así que, ¿testificamos sólo por obediencia? ¿Proclama-
mos el Evangelio por temor de ofender a Dios si desobedece-
mos? La obediencia a los mandatos de Dios debe ser muy
importante en la vida de todo cristiano. ¿Pero cuál es la fuerza
verdadera que nos motiva cuando testificamos? Algo mucho
más fuerte que temor les dio poder a esos primeros pocos
discípulos.

—Yo comparto mi testimonio porque yo sé las consecuencias de la adicción a las drogas, y de estar en pandillas y
abandonar la escuela a una edad temprana antes de la gradua-
ción —dice Mike Contrerez en el noreste de Denver.

Él lo hace porque se preocupa.

¿Conoces a alguien que le hace falta el Salvador?

Ora por ellos. Ora por sus necesidades. Ora para que te preocupes por ellos en una forma nueva y poderosa. Ora para que el Espíritu Santo ministre mientras tú das las buenas nuevas del evangelio en el nombre de Jesús.

Y considera estas palabras del apóstol Pablo en 1 Tesalonicenses 1:5-6:

"Pues nuestro evangelio no llegó a vosotros en palabras solamente, sino también en poder, en el Espíritu Santo y en plena certidumbre, como bien sabéis cuáles fuimos entre vosotros por amor de vosotros. Y vosotros vinisteis a ser imitadores de nosotros y del Señor, recibiendo la palabra en medio de gran tribulación, con gozo del Espíritu Santo".

—Ir a las cárceles para testificar es cosa seria —dice Mike Contrerez—. El meollo del asunto es que los muchachos deben pensar en lo que están haciendo y hacer sus propias decisiones. Si hacen decisiones malas en la vida, pagarán por ellas.

Su motivación ha sido compartida por cristianos a través de los siglos. Se llama "compasión".

—Nosotros vamos a los barrios y damos boletines a miembros de pandillas —explica—. Nosotros esperamos que el Espíritu Santo venga a sus corazones, y algunos son tocados. El mensaje es que hay esperanza en Jesucristo. Ven al Señor, y cualquiera que sea tu problema, Él te ayudará.

Mike es un testigo poderoso y entusiasta.

¿Por qué?

Porque su vida es un testimonio vivo.

Él ha recobrado su dignidad.

Y se interesa por los perdidos.

Aunque lo miren con odio.

CAPÍTULO 13

El mundo te odiará

La vieja casa de dos pisos está en un barrio de bajos ingresos, no lejos del Holiday Inn de San Diego, donde Ronald Reagan acudía algunas veces para esperar los resultados de sus elecciones para gobernador de California.

Apenas al cruzar la bahía, el majestuoso Hotel de Coronado, el cual se jacta de haber sido el primer hotel con electricidad alambrado por el mismo Thomas Edison. Fue ahí donde Jack Lemmon y Tony Curtis se vistieron como mujeres en la película *Some Like It Hot* (Algunos les gusta caliente), para esconderse de los bandidos.

Esta mañana bandidos verdaderos llenan la vieja casa de rehabilitación, de dos pisos. Son las 5:30 A.M. y hay 45 ex miembros de pandillas en conferencia en el nivel más alto. Están orando.

Postrados de rodilla por toda la pobremente amueblada, pero bien mantenida casa de madera.

—¡Gloria, gloria! ¡Señor, Tú eres digno! —dice un muchacho hispano, cuyo cuello y brazos están cubiertos con tatuajes de largas estadías en la cárcel. Está arrodillado al lado de un *ex pachuco* —un miembro chicano de una pandilla de antaño, de 50 ó 60 años, que parece como que pudiera haber peleado al lado del patriota mejicano Benito Juárez.

—Padre, te adoramos. ¡Te amamos! Padre, oro por tu poder sanador sobre mi familia. Pon un cerco de ángeles alrededor de mis hijos —el tosco peleador de calle está clamando en voz alta—: "Señor, te doy gracias. ¡Te doy gracias! ¡Te doy gracias! ¡Eres digno! ¡Te pido que limpies mi mente, examina mi corazón! ¡Úsame, oh Señor!"

Como si fuera una escena religiosa de Peter Pan, esta casa pintoresca resuena altamente con las oraciones de 45 muchachos perdidos de todas las edades, una banda andrajosa que dejó de crecer.

Están vestidos con ropa de segunda mano, así como de etiquetas caras enviadas por familias preocupadas y sustentadoras.

Arrodillado, vestido con una chaqueta linda y camisa de moda, el joven Jason, de 20 años, está acongojado delante del Señor, la cara escondida entre sus manos, sus codos descansando sobre una butaca vieja. Antes de llegar aquí, fue echado de su casa 15 veces, enviado por los tribunales a un centro de tratamiento de cocaína, de donde salió libre después de cuatro meses.

Él no explica mucho sobre cómo llegó aquí, pero dijo que su oficial de vigilancia lo apoya mucho.

—Yo le escribo cada mes. Él no me ha transferido aquí oficialmente, pero mientras yo esté aquí, no van a hacer nada.

Los hombres de la casa han estado orando en voz alta por casi una hora. El volumen va en aumento. Las oraciones de Jason no son audibles, pero su cara está desfigurada con intensidad. Su pies, dentro de sus zapatos caros de correr, no se quedan quietos detrás de sus rodillas vestidas con pantalones de marca, descansando sobre una alfombra gastada.

En la cocina, un estibador del muelle, calvo, que parece un Yul Bryner hispano, está preparando el desayuno mientras los otros oran. Él ya tomó su tiempo a solas con el Señor —dice—. Mientras revuelve una olla de 20 galones de avena, cuenta que tiene tres hijos —uno con un problema de cocaína igual de malo como el de su padre.

—¿Puede orar por mi hijo? —pregunta—. A su alrededor hay platos hondos de plástico llenos de bizcocho, de un día de preparado, que fue donado por una panadería local, así como mitades de peras enlatadas que otra persona dio.

—Él es un chico bueno. Yo simplemente no fui un buen ejemplo.

Después de una hora de oración, un servicio de alabanza, una lección bíblica y el desayuno, los deberes del día son repartidos. Jason avisa tranquilamente que ahora es el tiempo para ver quién es sincero acerca de la rehabilitación.

En efecto, un número de los hombres y muchachos tratan de desaparecer mientras se piden algunos voluntarios para varios proyectos. Mientras algunos saltan con las manos en el aire, otros se pegan contra la pared, con la vista hacia abajo, tratando de ser lo más discretos posible. No obstante, todos son llamados finalmente por nombre y se les da una tarea que hacer durante la mañana.

Algunos irán a ayudar a una señora de la iglesia a mudarse. Otros tratarán de ver si pueden hacer andar otra vez el auto del asistente del pastor. La tarea de Jason para la mañana es arreglar la sierra de cadena y podar algunas de las ramas que están colgando bajitas y frotando contra el techo.

El estudio bíblico es de 11:00 A.M. a 1:00 P.M. El almuerzo es después, seguidamente más deberes y tiempo libre hasta las 3:30 P.M. cuando hay otro estudio bíblico de una hora. Entonces, hay más deberes y más tiempo libre hasta la cena, finalmente el último estudio bíblico y servicio de adoración del día, de 7:00 P.M. a 9:00 P.M. Mientras Jason desarma el motor de la gasolina, señaló un jardín de arenilla cuidadosamente recogido con el rastrillo, alrededor de un pequeño edificio que parece un antiguo retrete. —¿Es eso un baño exterior?

—No señor —dice Jason, tratando de no reírse de mi pregunta.

—Ese es un cuarto de oración. Vamos ahí cuando queremos alejarnos de todo y necesitamos orar.

Muchos de los hombres se arremolinan afuera, no parecen estar muy entusiasmados con sus deberes de la mañana. Sin embargo, ninguno se niega a ser llamado otra vez por un líder, juntando los equipos para los deberes de la cocina, de la lavandería, de la jardinería. En una camioneta van seis muchachos listos para ayudar a mudar la señora de la iglesia.

¿Por qué un régimen tan estructurado?

Sonny enseña que las drogas y el alcohol son sólo herramientas que Satanás utiliza para mantener a la gente alejada de una buena relación con su poderoso Creador. Una vez que adictos y pandilleros entienden que su pecado no es el abuso de drogas, sino que su pecado es no venir a Dios, entonces pueden vencer sus problemas.

Los líderes de los centros de rehabilitación son enseñados a dar a los residentes lo que sus corazones anhelan —una relación frente-a-frente con el Señor. Como no tienen hogar, "Alcance Victoria" les da uno temporal. Como tantos no han tenido crianza con moral, el programa les enseña a vivir vidas morales de acuerdo a lo que la Biblia enseña sobre cómo vivir en el mundo.

No es un acto de magia.

Se les muestra a los drogadictos, borrachos y pandilleros cómo las Escrituras nos enseñan a cada uno de nosotros cómo llevar una vida normal. Si un hombre tiene problemas familiares, se le da a leer Escrituras que tratan con problemas de la familia. Si tiene problemas de temperamento, odio, rechazo —eso es lo que tiene que estudiar—. De acuerdo a la aflicción se le enseña cómo la Biblia trata con ello.

¿Es verdad que los directores del hogar de rehabilitación de San Diego hacen esto sin recibir salario? ¿De verdad ponen "48 horas al día, 14 días a la semana", sin pago?

El pastor Tony me muestra un cuarto donde una familia entera vive. Esta es la única privacidad que tiene el director del centro y su esposa, alejados de los 45 hombres que ellos se han dedicado a llevar a la recuperación.

Su pequeña habitación está llena con lo que tú o yo llenaríamos una casa entera: libros, ropa, fotos de familia, un

televisor y una colección de películas de niños. El cubrecama
es de flores, las cortinas son de un encaje finito sobre una
colorida manta mejicana, que tienen de recuerdo.

Un librero está lleno de artículos personales de tocador,
herramientas, un jarro con chocolatines, 12 libretas vacías,
botas de lluvia, casetes de enseñanza, una *Concordancia
Exhaustiva de Strong de la Biblia*, un boletín de una tienda
por departamentos, una caja de correspondencia vieja y un
purificador de aire en forma de hongo.

¿De verdad que esta gente trabaja sin recibir paga?

—Sí —dice Tony—. Todos sus gastos, cuarto y comida
son pagados. Tú quizás lo encuentres difícil de creer, pero
nosotros hemos encontrado que esto tiene que ser una obra
de amor. Cuando se trabaja con voluntarios, nuestro éxito ha
sido mucho mejor que cuando lo hemos hecho con un personal que recibe pago.

—Tiene que ser una obra de amor.

Cuando Max Garza aceptó tal obra de amor para comenzar un nuevo "Alcance Victoria" en Portland, Oregón, pensó
que su mayor adversario iba a ser Satanás.

Sin embargo, cuando dejó el trabajo que había tenido por
12 años como técnico pintor de autos, vendió su casa en
Fresno y se mudó con su esposa y tres niños —de 12 y 8 años
y un bebé de 10 meses— no esperó tener que confrontar, ante
las cámaras de noticias de Portland, a unas ancianitas que no
querían que él ayudara a alcohólicos y drogadictos en su
barrio.

Los plantadores de iglesia de "Alcance Victoria" son
enseñados a esperar lo que sea. En el Nuevo Testamento,
Jesús nos dice: "Estar listos". Los *Boy Scouts* (Niños explo-
radores) cambiaron eso a: "Estar preparados".

El autor cristiano C. Peter Wagner dice que el perfecto
pastor plantador de iglesias fue anteriormente un vendedor de
seguros de vida —alguien con mucho empuje, entusiasmo y
la tenacidad de un perro *bull-dog*, así como la habilidad de
mantenerse emocionado y entusiasta aun cuando es confron-
tado con rudeza y rechazo.

Wagner añade que los predicadores que plantan iglesias también deben de ser como los hijos de granjeros criados en una finca que están acostumbrados a resolver durante tiempos de escasez, ellos deben saber guardar un poco durante tiempos buenos, pueden persistir en sus deberes sin mucha supervisión, y pueden sobrevivir aun cuando nada sale como fue planeado.

Algunas de las advertencias que el pastor Max recibió cuando se propuso comenzar la iglesia nueva para las personas de las calles en Portland, Oregón, fueron sobre finanzas. Había sido advertido de que su familia de cinco miembros iba a tener que vivir con lo menos posible —invirtiendo la mayor cantidad de sus ingresos en levantar el ministerio.

Ha sido una práctica de "Alcance Victoria" por mucho tiempo que a los pastores de congregaciones nuevas se les pague un salario mínimo los primeros 12 meses por la congregación que los está enviando. Luego, la subvención es reducida gradualmente mientras la congregación alcanza autosuficiencia.

Aunque esto quizás parezca un bautizo de fuego innecesario, una de las confirmaciones en "Alcance Victoria" de que verdaderamente el Señor ha impartido la visión para una congregación, es si Él provee el dinero para que suceda.

La mayoría de las iglesias de "Alcance Victoria" funcionan con presupuestos muy escasos, asignando celosamente cada centavo que entra adicional para la evangelización.

Las iglesias más antiguas de "Alcance Victoria" son localmente autónomas —cada pastor incorpora su iglesia nueva como una organización sin fines de lucro—. Él levanta sus propios líderes para gobernar los asuntos espirituales y temporales de la congregación, y luego organiza su propia junta corporativa, la cual legalmente es dueña del edificio, el equipo y cualquier vehículo u otros bienes.

Las congregaciones nuevas funcionan bajo la sombrilla corporativa de la congregación de "Alcance Victoria" local que les envió y que los está sosteniendo financieramente.

Los vínculos de un pastor con otras iglesias de "Alcance Victoria" son por lo regular fraternales. Voluntariamente se somete él mismo y sus esfuerzos evangelísticos a supervisión, usualmente a su pastor anterior en la iglesia donde él fue discípulado —y la cual lo envió a comenzar la congregación nueva.

Cada pastor asiste a reuniones regulares de otros pastores en su área —reuniones que sirven para intercambiar ideas y proveer comunión y amistad para los pastores.

Sin eso, un pastor joven puede empezar a sentirse como un pastor solo en un mundo de ovejas que braman y lobos que acechan.

Cualquier pastor que desee ir por su propio rumbo, fuera de la cubierta de consejo y comunión de "Alcance Victoria", está económicamente solo, pero debe seguir ciertas reglas éticas y fórmulas fiscales.

Después que una iglesia está establecida y estable económicamente, los pastores tienen derecho a pagarse un salario que, informalmente, está en proporción a sus años de experiencia y al ingreso promedio de sus miembros.

Básicamente, a los pastores le es permitido tomar una recompensa cuando sus iglesias están bien —pero dentro de límites—. Parte de la visión de Sonny de devolver el respeto a las personas doloridas de las zonas marginadas es que después que una iglesia está estable económicamente, él no ve razón alguna por la cual el pastor no puede manejar un buen automóvil.

Parte de la visión de dignidad es que todos son animados a que se vistan bien. Así que, mientras otras iglesias en los suburbios seguros y dormidos exhortan a sus devotos que vengan así como están, con chancletas, trajes de baño y camisetas, las congregaciones de "Alcance Victoria" exhortan a sus caballeros a que usen corbatas y chaquetas. Todos los residentes del centro van a la iglesia en trajes entallados —de segunda mano, pero bien vestidos.

Las damas también visten su mejor ropa para el domingo. También los muchachos. Y tiene un cierto efecto. Mirando alrededor de la congregación, uno no se lamenta de que este rebaño vive en una zona de guerra muy pobre. Sino, que uno se da cuenta de que estas personas infunden respeto aquí en los *guetos* de la zona urbana. Llevan sus cabezas muy altas. Y no es un orgullo falso.

Muchos son receptores antiguos de ayuda social, quienes han sido exhortados a tener empleos, entonces se les ayuda con el cuidado de los niños, la transportación, la ropa y la búsqueda del trabajo mismo.

En las iglesias antiguas de "Alcance Victoria", tal como La Puente, es fascinante oír los testimonios de ex criminales y drogadictos quienes ahora son dueños de sus propios negocios, han mantenido buenos trabajos por más de una década o han llevado a sus familias a barrios más seguros —pero regresa al barrio para actividades de la iglesia, especialmente el alcance evangelístico.

También las congregaciones de "Alcance Victoria" no suplican ayuda fuera de su categoría. Ciertamente la aceptan, pero no envían coros de niños, que lucen patéticos en disfraces andrajosos, a cantar los ritmos de las zonas urbanas con voces chillonas para los millonarios de los barrios de clase alta. No producen, como si fuera una máquina, cartas mensuales de "emergencia" a través del correo directo, quejándose para recibir regalos especiales y así salvar el ministerio de los barrios bajos antes que tenga que cerrar sus puertas.

—Casi no mandamos correo directo —dice Sonny—. Lo he pensado. No hay nada malo en eso. David Wilkerson lo ha demostrado, cada mes manda cartas por correo directo, donde comparte su visión y la visión profética para el mundo. ¿Pero ha leído usted alguna vez una de sus súplicas para recibir dinero?

»Dice cómo el Señor está proveyendo para nuestras necesidades en Su manera grande y maravillosa y nosotros sólo les exhortamos a que envíen su ayuda si ya están diezmando a su iglesia local y si siente que el Espíritu Santo le está empujando a que haga un sacrificio para nuestro ministerio. No es exactamente una táctica de ventas agresiva. Yo creo que ese es el tipo de correo directo que el Señor bendice —no trampas engañosas.

Y los de los centros de rehabilitación sí que se ocupan de recaudar fondos muy creativamente.

Por ejemplo, en Chicago, los residentes del hogar de rehabilitación de "Alcance Victoria" han ayudado a sostener su hogar a través de la venta de barras de chocolate —igual que casi toda escuela elemental en Estados Unidos.

Todo pastor de "Alcance Victoria" que se involucra demasiado en los aspectos de su ministerio de recaudar fondos es aconsejado que se retire. Sino, se le dice que cambie el nombre de su iglesia.

—No podemos permitir a nadie que haga algo que refleje una mala reputación para "Alcance Victoria" —dice Sonny—. La Biblia dice que evitemos aun la apariencia del mal. Jesús nos dijo que seamos de una reputación excelente, y libres de culpa.

La ética es vital en los asuntos financieros de "Alcance Victoria" —tanto para la iglesia como para sus miembros y la ingeniosidad creativa es una marca distintiva de las iglesias.

A veces, Julie parece ser un almacén de ideas. En un almuerzo, le escuché presentar ideas para tiendas de reventa, talleres protegidos y casas de servicio de mandados. Ella escuchó a un miembro de la iglesia hablar de su invento —un destornillador llave tipo trinquete de múltiples puntas— y entonces se pasó el resto de la tarde pensando en voz alta sobre todas las diversas formas para encontrar el capital necesario para poner en marcha su artilugio en el mercado.

La ingeniosidad puede tomar muchos diferentes rumbos. Cuatro veces a la semana, Mary Rodríguez de "Alcance Victoria" de Glendale, California, maneja un automóvil usado para hacer los recorridos a las panaderías y mercados donde ella recoge las sobras de pan, pasteles y bizcochos. Las comidas colectadas de un día llenan las despensas de los centros de rehabilitación y de un número de hogares de la iglesia, convirtiéndose en el pan diario de aquellos que luchan para integrarse de nuevo a la corriente principal de la vida.

Ella recuerda lo que significa crecer con hambre. Siendo de una familia de seis niños en Tejas, a menudo lo pasó sin comida. Hoy, ella dice: "El Señor ha proveído para mí, así que quiero ayudar a otras personas. Nosotros somos sus vasos".

Otros miembros de "Alcance Victoria" visitan regularmente a distribuidores de vegetales, carniceros, vendedores de aves de corral al por mayor, mercados de pescado y cultivadores de frutas, y así ayudar a que hombres de negocios se beneficien con una deducción de los impuestos, al donar vegetales que de otro modo serían destruidos porque están golpeados, carne que fue cortada accidentalmente en tamaños irregulares, piezas de pollo no populares que están de sobra, filetes empanizados de pescado que han sido sazonados extrañamente y que tendrían que ser desempanizados antes de comer, fruta muy pequeña para el mercado, o cualquier otra cosa que esté marcada, deformada, descolorida o de otro modo inaceptable a compradores.

El centro de rehabilitación de "Alcance Victoria" en Oxnard se asombró mucho recientemente cuando un hombre de Santa Ana les dijo que vinieran a recoger un atún de aleta amarilla de 162 libras. El pastor Bob Herrera estaba acostumbrado a aceptar regalos en efectivo y comidas enlatadas, pero no estaba preparado para este atún de trofeo.

—Cualquier cosa es una bendición, aun un pescado — dijo mientras residentes del centro de rehabilitación se juntaron alrededor, embobados con la pesca inesperada.

Un pescador deportivo había pescado 21 atunes de aleta amarilla durante una expedición de nueve días en las islas Revillagigedo, 800 kilómetros al suroeste del Cabo San Lucas.

—Sin embargo, yo vivo solo y tengo un congelador pequeño —dijo el pescador a "Alcance Victoria"—. Simplemente estoy feliz de que alguien lo pueda usar y disfrutar.

El pescado rindió como 50 libras de deliciosos filetes de 1/4 de libra cada uno —200 porciones que significaron como nueve cenas para los 22 residentes del hogar en Oxnard.

Sonny dice que vivir de la caridad pública infringe una pérdida a los residentes.

—Una de las cosas que tenemos que impartir a los ex drogadictos, alcohólicos y muchachos de pandillas, es la ética del trabajo. El trabajo es algo muy bueno. Nosotros enseñamos que si no trabajas, no comes.

Se espera que los residentes del centro de rehabilitación hagan quehaceres y ayuden en proyectos. El personal de "Alcance Victoria" también se ensucia las manos al lado de ellos. Los residentes pueden ser altamente defensores de la dignidad que las calles les han enseñado a defender con sus propias vidas.

Así que, ellos responden a un predicador o personal que no son remisos para ayudar a sacar un motor del omnibús de la iglesia, o cortar la yerba o ayudar a mover el piano de una viuda a su apartamento nuevo.

Y el personal también da de sí mismo en otras formas.

Uno de los manuales de los procedimientos del hogar de rehabilitación cita:

"El programa de rehabilitación de alcohol y drogas de "Alcance Victoria" es un ministerio basado en el cristianismo, y maneja un local de tratamiento residencial 24 horas al día, siete días a la semana, con un personal completamente calificado que vive ahí. Nuestro programa está diseñado para rehabilitar a quien abusa del alcohol y las drogas, mostrándoles un estilo de vida fuera de la dependencia de las drogas y entonces devolviéndolos a sus comunidades como hombres y mujeres responsables y productivos.

Nuestros hogares son un componente de rehabilitación de los ministerios de "Alcance Victoria". La solución que "Alcance Victoria" ofrece no es una solución parcial, reemplazando una droga con otra, sino es una solución completa, basada en una experiencia espiritual con Jesucristo".

Al ser admitido, el participante del hogar es registrado completamente. Toda droga ilegal y alcohol es quitada. Cualquier dinero y su licencia de conducir es retenida por el personal por un mes. Durante las primeras semanas, todo contacto con el exterior es manejado a través de la oficina del director del programa.

Por un período de nueve meses, los recluidos participan de la oración, labor manual y estudio bíblico. A continuación siguen otros tres meses de preparación para el reingreso a la sociedad.

Los tres primeros meses son para concentrarse en la sanidad espiritual y física. Ninguna medicina se utiliza en el proceso de desintoxicación. El cuerpo es dejado a que se libre de alcohol y las drogas y los participantes son exhortados a que busquen fuerza y alivio en Jesús. Se les enseña la responsabilidad, la disciplina y la sumisión a la autoridad.

Mientras un participante progresa, él o ella se concentra en la sanidad de las emociones y las relaciones.

—En todas estas áreas, les enseñamos a que busquen la voluntad de Dios —dice Sonny—. Durante el reingreso a la sociedad, se espera de los residentes que se gradúan que consigan y mantengan un trabajo. A menudo los graduados oyen el llamado del Señor para entrar al ministerio a tiempo completo. Sin embargo, es un requisito que obtengan un trabajo fuera de la iglesia para mantenerse. Como resultado, no es tan extraordinario para un rehabilitado graduado, trabajar de noche y luego pasarse sus días y la noches de los fines de semanas en los barrios, alcanzando a miembros de pandillas y ex drogadictos.

Todo miembro de "Alcance Victoria" es retado a salirse de la ayuda pública, y dejar atrás los efectos humillantes de recibir este tipo de ayuda cuando son capaces de trabajar.

Todo miembro es retado a pagar sus cuentas a tiempo y a seguir los principio bíblicos del diezmo. Pero no como algunas denominaciones hacen, aquí no hay ningún mecanismo para forzar el diezmo. Nadie toca las puertas de las casas de los miembros con cuentas mensuales del diezmo.

Cuando una iglesia nueva está siendo fundada, las congregaciones en existencia de "Alcance Victoria" unen sus esfuerzos, donando bandejas de comunión, autos viejos, sillas plegables, material de sobra para la escuela dominical y ropa usada.

Pero depende de la iglesia fundadora y patrocinadora enviar al nuevo pastor, recaudar el salario de su familia y sus cuentas, así como levantar el dinero necesario para pagar los gastos de comenzar una iglesia de la nada, en una zona de guerra. El compromiso es de 12 meses —después de los cuales la ayuda es reducida gradualmente—. La filosofía es que toda congregación debe ser independiente económicamente, sostenida por los diezmos y las ofrendas de los que asisten a ella.

De nuevo, la meta de restaurar la dignidad a las personas es mencionada.

Hay un sentido grande de dignidad al alcanzar independencia, al ser capaz de pagar cuentas y mantener a un predicador sin recibir ayuda externa. ¡Qué testimonio para una congregación formada por personas que han salido de las calles y adictos poder declarar que, gracias a Dios en sus vidas, no sólo se están manteniendo ellos mismos trabajando, sino que también están pagando a su pastor —aunque su salario sea poco!

—Usualmente les advierto a las esposas de los pastores que no esperen tener lujos durante cinco años por lo menos —dice Julie—. Claro, cada iglesia nueva es diferente, pero por lo menos por cinco años, ella debe esperar tener que confiar en el Señor para su próxima comida, para pagar el alquiler, y para comprar la leche para su bebé. Este ministerio no es una buena idea para aquellas personas que no tienen este tipo de fe.

Generalmente los pastores de nuevas congregaciones de "Alcance Victoria" viven al borde de la pobreza. El personal —incluyendo los directores de los centros de rehabilitación— usualmente reciben sólo habitación y comida.

Los pastores de las iglesias nuevas mudan a sus familias a las secciones peores de las zonas de guerra de nuestras ciudades más grandes —en lugares donde pocas iglesias se arriesgan y donde nadie nunca ha oído hablar de ellas—.

Luego salen a los callejones oscuros y a los parques donde los jóvenes se inyectan, para buscar a drogadictos y criminales que estén dispuestos a dar lo que les queda de sus vidas devastadas a Jesús, y entonces llevarlos a que se muden a su casa con él y su familia.

Muy pocos de los convertidos de "Alcance Victoria" tienen dinero. Si lo tienen, es normalmente una escasa ayuda para sus pequeños niños. Así que, cuando Max Garza empaquetó todo y se mudó a Portland, él esperaba trabajar semanas de 120 horas, tener ex criminales en su cocina y alcohólicos en su sala desintoxicándose, y clases de escuela dominical en su habitación/oficina de su apartamento.

¿Por que estaba él haciendo esto?

—Quiero que estos muchachos tengan éxito porque yo estaba así una vez. Yo lo logré porque alguien mostró amor hacia mí —dice Garza, recordando su adolescencia turbulenta en Fresno, California—. Me encontraba en un rumbo malo a una edad temprana.

Comenzó a tomar alcohol y drogas y violar la ley a los doce años.

Él sabe que escaparse del barrio no es siempre algo fácil de hacer.

Es mucho más que una lucha mental. Hay que lidiar con la persona interior, con los antojos, el deseo —casi al punto de la lascivia— de querer hacer el mal.

—A través de Cristo, vamos directamente a la raíz del problema, directamente a sus corazones. Estamos alcanzando a los inalcanzables, los endurecidos, los que la sociedad tiene por casos perdidos.

Él planeó empezar un "campamento espiritual de entrenamiento de reclutas" en los barrios bajos en Portland. Una vez allí, les iba a decir a las personas de las calles, "nosotros no rechazamos a nadie. Tomamos solamente a las personas que están cansadas de sentirse enfermas y cansadas".

Él y su esposa Linda, planearon involucrarse en consejería matrimonial.

—Diez años atrás, nuestro matrimonio estaba a punto del divorcio —admite Linda.

—Las drogas controlaban mi vida —dice Max—. Me estaba volviendo tan loco que estuve a punto de cometer suicidio.

Ahora esperan traer otros a la fe que les salvó a ellos.

—Estamos tratando de edificar un hogar cristocéntrico. Donde los muchachos puedan tener modelos de padres que asisten a la iglesia, y son productivos. Los padres deben involucrarse en la iglesia, y enseñar a los muchachos lo que las drogas pueden causar.

Pero Max no esperaba tener que enfrentarse con ancianitas enojadas.

CAPÍTULO 14

No en mi patio

No, lo último que el plantador de iglesias de Portland, Oregón, Max Garza esperaba al dejar su trabajo en Fresno, California, era que iba a tener que enfrentarse con ancianitas enojadas, denunciándolo a él y a sus adictos en recuperación, frente a las cámaras noticiosas de Portland.

Estando Max Garza de vacaciones con su familia llamó el 6 de abril de 1992, para ver cómo iban las cosas, y se quedó asombrado al oír a su director, Julián Blanco, del centro de rehabilitación, contar un relato horrendo.

El estremecido Blanco le contó cómo los vecinos enfurecidos que atestaban un cuarto, habían demandado que la iglesia y el centro de rehabilitación se fueran mientras que las luces de las cámaras de la televisión de los noticieros locales y los reporteros escribían toda clase de quejas y acusaciones.

Alrededor de cuarenta vecinos habían tomado turno para criticar a los residentes "no deseados" del centro de rehabilitación de "Alcance Victoria", formado por ex drogadictos y ex miembros de pandillas que vivían en una casa verde de dos pisos cerca de la avenida 60 del noreste y Sandy Bulevar, la cual el pastor Max había alquilado para alojar la iglesia nueva y el centro de rehabilitación y su propia familia.

Los vecinos dijeron a los reporteros que temían por la seguridad de sus hijos, no querían tener adictos en recuperación en sus calles, y se sentían muy enojados porque los miembros del centro de rehabilitación venían a su calle, aunque el pastor Max se sintiera lo suficientemente seguro para dejar que los residentes del centro vivieran en su casa con su esposa y sus tres hijos.

La mayoría de los residentes del barrio aprobaban la misión de la iglesia nueva, pero simplemente no querían vivir al lado de una iglesia de ex criminales y drogadictos en recuperación.

¿Exactamente qué estaba haciendo la iglesia que era tan inquietante? En ese momento su ministerio principal era el de la calle. Max cogía un megáfono y se iba a predicar a las áreas críticas del crimen de Burnside o King Bulevar o Colombia Villa en Portland, luego regresaba con las personas que habían respondido y que necesitaban encontrar un lugar donde limpiar sus vidas. La iglesia también tenía una línea telefónica de emergencia de 24 horas, con personas que llamaban a las 3 de la mañana diciendo: "Max, me quiero suicidar", y otros pidiendo ayuda.

El programa de rehabilitación era muy parecido a aquellos en los centros de Alcance Victoria en Los Ángeles, Chicago y Washington, D.C., diseñados para darles estructura y disciplina.

Dos veces al día se juntaban para un estudio bíblico, luego se les daba quehaceres domésticos, tales como limpiar la casa, etc. Algunos de los hombres se unían a Garza y sus dos asistentes para hacer trabajos especiales, como pintura y mantenimiento de casas, o ayudaban a mantener la iglesia y el centro de rehabilitación.

—Yo creo que estamos obligados a enseñarles a trabajar bien, y a aprender a ser responsables. Muchos muchachos de las calles no saben trabajar —nos dice Max.

Normalmente un residente vive en la casa de 6 a 12 meses, hasta que se sienta listo para regresar y confrontar el mundo. Entonces Garza, ayuda a cada hombre a encontrar un empleo fuera del hogar.

—Una vez que comienzan a trabajar, todavía pueden vivir con nosotros —dice Max—. Pueden abrir una cuenta de ahorros. Nosotros no queremos solamente limpiarlos y tirarlos de nuevo a las calles. Cuando están bien preparados, salen a la calle en busca de un apartamento y hasta de un automóvil.

Los hombres también recibían consejería persona a persona y un programa cristocéntrico similar a los 12 pasos de Alcohólicos Anónimos. Incluso, Garza celebraba servicios de iglesia en la casa, todos los miércoles, viernes y domingo.

Así qué, ¿por que estaban enojados los vecinos?

—La respuesta es muy sencilla no nos quieren en su patio —dijo Sonny—. No fue en Portland donde tropezamos por primera vez con este problema. Si hablamos con el pastor Tony en San Diego, te podrá mostrar que después de problemas semejantes a estos, ellos han recibido reconocimientos, placas y premios que la ciudad les ha obsequiado en apreciación de sus esfuerzos desinteresados.

»Entonces te podrá contar de las 16 veces que le han forzado a mudarse porque los vecinos se quejaban de que él había traído un montón de borrachos y bandidos de las calles a sus barrios.

Tony confirma el relato.

—Fíjate —dice—, hace un tiempo atrás, me llamaron y dijeron que me iban a dar otro premio, "el hombre del año", o algo así. Yo les dije: "Oigan, si de verdad quieren reconocer mi trabajo, por favor, quédense con su papel y denme una zona fija para que yo no tenga que mudar mis rehabilitados cada seis meses".

La reunión pública en Portland contra el centro de rehabilitación del pastor Max fue invocada por el grupo recién organizado llamado "Vecinos del Centro del Noreste". Uno tras otro, lo miembros de la nueva asociación expresaron sus quejas contra "Alcance Victoria".

Un señor expresó:

—¿Nuestros hijos estarán seguros en las calles? Que esto sea empujado sobre nosotros sin información o previo aviso tiene a mucha gente enojada. Yo no dudo en lo mas mínimo de que el señor Garza sabe lo que está haciendo. Y creo que es importante lo que hace. Pero creo que lo está haciendo en el área equivocada. No es justo que sea en medio de un área residencial donde los niños juegan y viven familias decentes.

Una señora se puso de pie y declaró:

—Nosotros hemos visto por lo menos a 17 personas salir de esa casa al mismo tiempo. Si hubiera un fuego ahí adentro, creo que muchas personas podrían estar en gran peligro.

Añadió que la iglesia y el hogar de rehabilitación "no parecían ser realmente profesional".

—Están transportando personas en la parte de atrás de una camioneta abierta —dijo otro vecino—. Le quita la privacidad a los vecinos. A toda hora hay personas sentadas en el portal. Puedes oír ruidos constantemente. Cuando hay servicios de iglesia, hay un sinnúmero de automóviles estacionados en la calle. Están gritando. Traen personas de otros barrios en omnibús.

Julián le explicó a Max por teléfono cómo él se había disculpado con los vecinos enojados, diciendo:

—No sabíamos que teníamos que pedir permiso para usar nuestro barrio así.

De hecho, muy elocuentemente Julián les dijo a todos que "Alcance Victoria" había venido a su barrio porque: "Nosotros queremos alcanzar a las personas doloridas por causa de las drogas, personas que han tomado un rumbo equivocado en la vida. Vienen con los recuerdos de padres que les golpearon cuando eran niños, y con las heridas recibidas por las frases desagradables también dichas por sus padres, tales como 'ustedes jamás serán nada'. Ellos no vienen con recuerdos lindos y agradables".

—Afortunadamente —le dijo Julián a Max—, la ciudad de Portland no estaba dispuesta a cerrar la operación.

Greg Kaufman, del *Bureau of Buildings* (Agencia del gobierno encargada de los edificios) de la ciudad le había asegurado a Julián que el centro de rehabilitación podía aplicar para un permiso de uso condicional y que durante los tres meses que tomaría recibir ese permiso, el grupo se podía quedar si no violaba ningún código.

—Mientras alguien intenta legalizar una situación —Kaufman le dijo a Julián—. No podemos entrar en acción.

Eso no fue lo que los vecinos querían oír. Habían venido a la reunión esperando cerrar definitivamente esa operación esa misma noche.

Aplaudieron cuando Jerry Alexander de la policía de Portland, les informó que la iglesia había recibido una carta de la agencia que decía que quizás estaban violando los códigos de la ciudad.

—Si ustedes ven alguna actividad criminal, infórmenlo a un oficial de la policía o al 911 o a un número de emergencia —les dijo Alexander—. Tenemos que documentar esto, si están preocupados con este local aquí.

Julián gimió. Ahora los vecinos iban a tomar nota cada vez que alguien se estacionaba en la yerba del centro de rehabilitación o gritaban muy alto o si el servicio de adoración de la iglesia se ponía demasiado entusiasta para el gusto de los vecinos.

La asociación anunció que tendrían otra reunión en tres semanas —cuando todos pudieran traer sus notas contra el centro de rehabilitación.

—Y —dijo Julián al pastor Max—, me dijeron que te dijera que ellos esperan que tú estés ahí.

En Romanos 8:22, el apóstol Pablo dijo que toda creación estaba sujeta a frustración. Yo creo que esto significa, en parte, que los poderes del infierno tiemblan cuando los cristianos despliegan su gracia y amor en el dominio de las tinieblas.

Sin tener el poder para detenernos con ataques de frente, a menudo las fuerzas de las tinieblas emplean operaciones sutiles de guerrilla para frustrarnos y desanimarnos, tales como comités de vecinos quejándose cada vez que alguien ora muy alto. El pastor Max buscó del Señor urgentemente durante las siguientes semanas.

Estaba listo cuando se produjo la próxima reunión del barrio.

En las palabras del diario *Portland Oregonian*: "El lunes por la noche, el reverendo Max Garza volteó la otra mejilla".

Se apareció en la reunión y les dijo a los vecinos todavía enojados, que "Alcance Victoria" se iba a mudar y, de hecho, ya había localizado algunos hogares de otros miembros de la iglesia para todos los residentes del centro de rehabilitación.

Anunció que la iglesia ya había mudado sus servicios de adoración a un teatro antiguo en el número 3000 del noreste de la calle Alberta y había localizado otra casa en la calle Alberta para la casa pastoral y de rehabilitación.

—Quiero pedir disculpas a mis vecinos por la inconveniencia que les hemos causado —dijo el pastor Max mientras los medios publicitarios locales anotaban cada palabra—. Si yo no estuviera involucrado en este tipo de ministerio, quizás también me hubiera quejado.

»Lo único que me molesta es que hubiera querido que no llegara a este extremo. Acepto la culpa, pero yo no les podía decir 'no' a estos alcohólicos y drogadictos que se están recuperando y quienes sinceramente se encontraban desesperados.

Los oficiales de la ciudad, les dijeron a los vecinos que todavía refunfuñaban, que el centro de rehabilitación no necesitaba una licencia estatal porque era una "extensión de la iglesia", privada y sin fin lucrativo y no recibía fondos del gobierno.

Una vez que se dieron cuenta de que la iglesia se iba de todos modos, algunos de los vecinos se volvieron conciliadores.

—Aprecio lo que ha dicho y creo que usted es sincero en lo que quiere hacer —dijo uno de los vecinos mientras le daba la mano al pastor Max—. Quizás nos asustamos. Pero no sabíamos quiénes eran estas personas y nuestros hijos estaban jugando en la calle. No sabíamos si tenían antecedentes criminales o si iban a asaltar a alguien.

Entonces, en realidad, algunos de los vecinos declararon que querían que el grupo del centro se quedara.

Un hombre declaró:

—Yo nunca sentí que iba a haber problemas. Siento que se tengan que ir.

Otro no fue tan sutil, cuando dijo:

—Ustedes muchachos erraron en la forma en que entraron aquí, pero —dijo ofreciendo una rama de olivo—, ustedes están haciendo algo por nuestra ciudad, lo cual es mucho más de lo que algunos de nosotros estamos haciendo. Es una tragedia que muchos de nosotros no nos hayamos acercado a ustedes personalmente para ofrecerles ayuda.

Entonces, uno de los organizadores de la reunión de protesta le dijo al pastor Max que él estaba "entristecido por nuestra respuesta y nuestra reacción exagerada. Nosotros no estábamos muy ansiosos por ayudar, pero sí de librarnos de un problema que nos asustó y no entendíamos".

¿Los vecinos hubieran dicho tantas cosas lindas si el pastor Max se hubiera puesto a discutir y hubiese dicho que "Alcance Victoria" se iba a quedar en su barrio así cayeran rayos y centellas?

—No lo sé —dice el pastor de Portland con una sonrisa.

El hecho de que los vecinos tenían documentos de toda infracción posible, pudiera haber causado problemas muy graves. Mantenerse sin culpa no es fácil en estos días de regulaciones exageradas por parte del gobierno. Cuando una iglesia trata de abrir un centro de rehabilitación, es sorprendente saber cuántas leyes tendrás que obedecer de la ciudad, condado, estado y federal. De hecho, es imposible saber de antemano qué leyes te van a aplicar, o si alguien está determinado a forzar que un centro de rehabilitación se vaya de su barrio.

En Glendale, California, vecinos hostiles lograron que la ciudad citara al centro de rehabilitación por no tener un estacionamiento por cada dormitorio en la casa. Cuando los residentes del centro construyeron el número correcto de estacionamientos, los vecinos llamaron a la ciudad quejándose otra vez de que el centro no había obtenido los permisos apropiados de la ciudad para hacer los estacionamientos.

Hacía poco tiempo los oficiales de la ciudad habían respondido a las quejas de unos vecinos, pero después de inspeccionar la casa, ellos decretaron que el uso que el hogar "Alcance Victoria" de Glendale le daba a la casa era "un uso aceptable en una área de múltiples familias".

Así que, los vecinos contrataron un abogado quien comenzó a estudiar los subtítulos de las ordenanzas de la ciudad de Glendale para encontrar algo para forzar al centro a irse.

Lo que encontró el abogado fue una ley desconocida de la era de la Depresión donde toda casa de huéspedes dentro de los límites de la ciudad de Glendale tenía que tener un estacionamiento por cada dormitorio.

¡Bingo!

Pero el centro de rehabilitación no era una casa de huéspedes. Nadie pagaba para quedarse ahí. Sin embargo, hicieron una denuncia.

—Estábamos decididos a hacer un estacionamiento por cada dormitorio en una casa de huéspedes —dijo John Turscak, el administrador del edificio del centro de rehabilitación—, pero... —protestó— nuestros hombres no tienen autos. Incluso, ni aun con un gran esfuerzo de la imaginación el centro es una "casa de huéspedes".

Sin embargo, los vecinos llamaron a la prensa.

"El descuido de una casa de huéspedes religiosa para alcohólicos y drogadictos en recuperación de no solicitar permiso para cuatro espacios de estacionamiento está siendo revisada por la Oficina del Abogado de la Ciudad" —dijeron los oficiales de Glendale el viernes—. Así proclamó a la mañana siguiente el noticiario de una estación de radio.

Así que, los residentes del centro muy cuidadosamente planearon los estacionamientos —y fueron denunciados por no haber obtenido el permiso de la ciudad para hacerlo. ¡La prensa se divirtió!

A la mañana siguiente anunció el periódico *Los Angeles Daily*, "Oficiales de Alcance Victoria dijeron que estaban siendo, injustamente, el objeto de quejas de los residentes de la ciudad quienes no quieren el hogar en el barrio".

Uno de los directores de "la casa religiosa" fue citado por las autoridades y expresó:

—Nos sentimos mal, porque hemos sido escogidos por aquellos que tienen prejuicio contra nosotros, para una lucha injusta. Estamos tratando de hacer una obra buena para aquellas personas a quienes el resto de la sociedad no les importa. Estamos tratando de mejorar la comunidad, y es difícil cuando hay personas contra nosotros.

¡Amén! Pero los plantadores de las iglesias de "Alcance Victoria" saben la verdad de las palabras inspiradas del apóstol Pablo: *No tenemos lucha contra sangre y carne...* (Efesios 6:12).

¡Absolutamente! Los pastores de "Alcance Victoria" están literalmente derribando toda altivez espiritual. Sus luchas son en los cielos, contra principados de las tinieblas que han reinado sobre las zonas urbanas demasiado tiempo sin encontrar oposición. Ellos están llamando a las personas a la luz.

¡Ellos están marchando a las mismas puertas del infierno y arrebatando a las personas que han sido atadas por Satanás a través de décadas!

Y lo están haciendo en el nombre de Jesús, cubiertos por la protección del Dios Todopoderoso.

Ellos tienen la promesa de Dios de que *"ningún arma forjada contra ti prosperará"*. ¡Pero eso no significa que no habrá lucha con Satanás, porque él va a tirar con todo lo que tiene para mantener su territorio!

Estos jóvenes ex drogadictos y ex bandidos están interrumpiendo los monopolios demoníacos que han reinado en nucleos familiares por generaciones. No es de extrañar que la lucha sea tan violenta e insidiosa algunas veces.

Un tiempo atrás estuve leyendo algo sobre cómo plantar iglesias. En parte decía que el predicador que planta iglesias tiene que darse cuenta de que en ciertas áreas está solo. Si ignoras eso, no vas a tomar la batalla espiritual seriamente.

Terminarás enfadándote con aquellos que tienen autoridad sobre ti, culpándoles por las dificultades.

¡Es verdad! No importa cuánta ayuda económica y moral las otras iglesias de "Alcance Victoria" le dan a estos muchachos, el punto final es que estos tiernos predicadores jóvenes tienen que arreglárselas por cuenta propia, ¡en lugares donde ni siquiera la policía entra!

¡Y llevan a sus esposas e hijos ahí adentro!

¡Y Dios les está protegiendo y dándoles poder! El pastor Tony Guzmán en San Diego tiene dos hijas hermosas que aman a Jesús. Se criaron en una zona que es el corazón de San Diego donde se libraban batallas enormes de todo tipo. Cada día había crisis tras crisis.

Jesús ganó.

Y dice Tony que él está contento de que sus niñas estén allí para que puedan ver el poder de Jesucristo. Él tiene dos hijos más que nacieron después que la iglesia fue establecida y los Guzmán tenían una casa parroquial que no era un centro de rehabilitación.

Algunas veces Tony da a conocer su preocupación por sus hijos menores.

—Ellos están perdiendo algo —me dijo—. Nicky, mis hijas saben todo sobre guerra espiritual. Pero mis hijitos sólo oyen de eso.

Sí, la guerra espiritual está aquí constantemente. Yo me he quedado en casa de Tony y francamente creo que como él ha pasado por tantas guerras intensas, no se da cuenta de que sus batallas espirituales diarias son más intensas que las de algunos predicadores que viven en barrios tranquilos y seguros.

Sus pequeños niños todavía se están criando en medio de una batalla y tienen el privilegio increíble de saber que solamente asumiendo una dependencia absoluta de Jesús se puede hacer lo imposible y seguir adelante desechando la maldad del enemigo ... ¡sencillamente, es la manera en que los cristianos deben vivir!

Uno de los resultados de ser efectivo en el Reino es vivir en una atmósfera de guerra. Mi amigo, si Satanás no te está dando ningún problema, más vale que te preocupes. Aparentemente no le estás amenazando, y él no ve razón alguna por la cual despertarte.

Al final nosotros tenemos la victoria, pero a corto plazo, la vida de un guerrero espiritual puede parecer menos que gloriosa.

Por ejemplo, un suburbio de San Francisco —Unión City— se negó a dejar abrir un "Alcance Victoria" de 400 miembros en Hayward. Se negaron también a que compráramos una bolera sin uso en la planta baja del edificio vacío. ¡Los ex pandilleros de "Alcance Victoria" se hubieran vuelto ciudadanos productivos y pagadores de impuestos!

—Simplemente queremos ayudar a esta comunidad —suplicó el pastor de "Alcance Victoria" de Haywood, Steve Pineda, delante del consejo municipal de Unión City—. Quiero entrenar a mi gente a ser discípulos que salen y ayudan a las personas que lo necesitan. Mientras haya un drogadicto allá afuera, nuestro trabajo no ha terminado.

Sonny vino de La Puente para interceder en el caso de Steve delante del consejo de Unión City:

—Dondequiera que nuestro ministerio ha ido, ha sido productivo a la comunidad —le dijo a los miembros del consejo. Ellos le sonrieron cortésmente y le agradecieron por haber venido, pero ya estaban decididos.

Estaban más interesados en reunir impuestos que restaurar vidas.

Un representante de la comisión planificadora del condado les dijo al consejo que los planificadores del condado habían votado a favor de la aplicación, les explicó que no había ninguna evidencia concreta para apoyar algún pronóstico económico que dijera que el área podría deteriorarse si una iglesia estuviera localizada ahí.

Sin embargo, a pesar de Steve y Sonny, y las excelentes recomendaciones de los supervisores del condado y el respaldo emocionante de varios de los miembros de las iglesias que vivían en Unión City, además de las oraciones de cientos de cristianos, la comisión planificadora rechazó tajantemente dar el permiso.

—Yo quiero ver un "Alcance Victoria" en el pueblo, pero no los puedo apoyar en esta localidad —dijo el concejal Dick Oliver. El alcalde Tom Kitayama dijo que la ubicación de una iglesia dentro de un distrito comercial podría desanimar a urbanizadores potenciales.

El consejo municipal votó que el permiso fuera rechazado basado en tres motivos:

1. Las casas del barrio cercanas a la iglesia podrían experimentar muchas molestias a causa de los ruidos cuando la iglesia tuviera servicios el viernes por la noche y el domingo en la mañana y la noche.

2. Una iglesia no está de acuerdo con el ambiente de negocios de ventas al detalle y podría reducir el valor comercial y el atractivo de los alrededores.

3. Al aprobar una iglesia para que se estableciera en un centro comercial de ventas al detalle, podría atraer a otras iglesias a áreas comerciales de primera clase.

¡Bueno, que trágico sería eso! ¿No? ¿Desde cuándo una iglesia es negativa? ¡Estos tiempos en que vivimos son muy extraños!

Pero algunas veces las noticias del ayuntamiento no son todas malas.

Citando el historial increíble de "Alcance Victoria" de Oxnard los años que estuvo ahí, la Comisión de Supervisores del Condado Ventura hizo amplias y extensas excepciones en los códigos de salud, construcción y seguridad, unos años atrás, después que inspectores del condado trataron de cerrar el hogar de rehabilitación de la iglesia para hombres.

Los oficiales permitieron que la iglesia se quedara, si el pastor Bob Herrera accedía a llamar al hogar una "finca" en vez de un "centro de rehabilitación".

"Alcance Victoria" de Oxnard había movido el centro de rehabilitación a un rancho, en las afuera de la ciudad cerca del suburbio Santa Paula, sólo para encontrar inspectores que les hacían la vida imposible, amenazándolos con acusaciones criminales contra la iglesia si el centro no se cerraba inmediatamente.

¿Cuál era el problema?

Los oficiales del condado estaban respondiendo a quejas de los vecinos de que el centro de rehabilitación hospedaba a veinte drogadictos y pandilleros en un establo de caballos reconstruido. Los vecinos estaban preocupados porque al tener un centro de rehabilitación cerca de sus ranchos esto reduciría el valor de la propiedades.

Los inspectores del condado en respuesta a los contribuyentes establecieron que el centro de rehabilitación en el rancho no reunía los requisitos como un "centro de retiro o seminario", que son los únicos usos permitidos para que una iglesia use un rancho en el código de zonificación del condado.

Además, los inspectores hallaron defectos en las salidas, las ventanas, en los calentadores de las habitaciones, y en el tamaño de los baños del centro de rehabilitación.

Los oficiales también denunciaron al centro por convertir ilegalmente el establo en un dormitorio, y por traer dos casas rodantes dentro de la propiedad.

Entre otros problemas detallados en la lista de denuncias, estaba la presencia de alambres eléctricos inseguros, los cuales un electricista de "Alcance Victoria" había aprobado, y el de "desperdiciar el agua inadecuadamente sobre la tierra", o más específico aun dejar que el agua de la ducha drene a un pozo, lo cual presentaba una amenaza inaceptable para la salud —dijo Bill Windroth, el oficial más importante del condado en cuanto a construcción y seguridad.

¿El precio para arreglar todos los problemas? Más de un cuarto de millón de dólares. Y, déjame decirte que las iglesias de "Alcance Victoria" son afortunadas cuando tienen un par de cientos de dólares en sus cuentas de banco —ni qué decir de un par de cientos de miles.

El pastor Bob dijo que la insistencia del condado de sacar de allí a los residentes del centro mientras los costosos arreglos estaban en camino, era cruel, porque los hombres no tenían dónde ir. —Estamos dispuestos a cumplir con todos los códigos —dijo Herrera a los oficiales—. Lo que no estamos dispuestos a hacer es tirarlos a las calles otra vez.

La Comisión de Supervisores del Condado Ventura fue inundada con 14,400 firmas de residentes que apoyaban el centro de rehabilitación y protestaban por las triquiñuelas de los inspectores.

Más de 100 personas asistieron a la nueva reunión de los supervisores y pidieron hablar a favor de "Alcance Victoria". ¡Eso siempre molesta a los burócratas! ¡Llega un ejército cristiano de testigos sinceros y tenaces, con corazones puros y testimonios personales para suplicar justicia ... y alargan la reunión de los políticos hasta el amanecer! Cien testigos, cada uno pidiendo sus cinco minutos —o lo que las leyes de reuniones abiertas permiten— sumarán 500 minutos a una reunión programada para 30 minutos.

En el Senado de los Estados Unidos, esta táctica se llama una "maniobra obstruccionista". ¡Si ha funcionado para los siervos de Dios en Washington, D.C., entonces puede funcionar para ti delante del consejo local de tu ciudad!

¡Pero tu corazón tiene que estar puro!

No puedes llevar a cabo este tipo de truco sólo para salirte con la tuya. Tienes que saber que esta es la visión de Dios, y que su batalla no es contra estos oficiales electos, sino contra las mentiras que Satanás ha usado para endurecer sus corazones.

Nunca supongas que la batalla es "nosotros contra ellos". Algunas veces estas personas sirven sin ser pagadas, porque aman su ciudad y quieren lo mejor para ella. Bueno, ¡nosotros también! Así que, ¡debiéramos ser aliados!

¡Es bueno tener cientos de cristianos que interceden en sus hogares para que los corazones endurecidos de estas personas buenas en cargos públicos sean suavizados, que las mentiras de Satanás sean expuestas y que aquellos en el poder vean la verdad!

¡Recuerda que estos políticos no son nuestros enemigos, sino preciosas criaturas que el Señor ama tanto como a los drogadictos y los pandilleros! ¡Entra a una reunión amando a las personas y quizás ganes un burócrata para el Señor!

¡Es cierto! ¡Los políticos y burócratas pueden entrar al cielo!

Además, tal testimonio sincero de cristianos amorosos y no hostiles —armados con la verdad— ha cambiado los corazones de medios publicitarios agnósticos más de una vez, dando por resultado justos y aun simpáticos artículos noticiosos, en vez de los reportes sarcásticos y hostiles que usualmente recibimos.

Así que, ¡no vaciles en testificar a los reporteros! ¡Deja que vean que estás preocupado por ellos! ¡Ora por los locutores! ¡Satanás los desea tanto! Él puede usar sus actitudes cínicas y curtidas por la experiencia de "lo he visto todo" para destruir los esfuerzos buenos de los cristianos trabajadores.

La mayoría de los periodistas están buscando la verdad. ¡Están en el negocio porque quieren arreglar lo malo! La mayoría de ellos son increíblemente idealistas de sus trabajos, y creen con fervor que la verdad puede hacer libre a las personas.

Así que, ora para que puedan ver la verdad, ¡y discernir las mentiras del diablo!

Bueno, en Unión City, el pastor Steve consiguió que un hombre extraordinario, el comandante Bob Brooks, que encabeza la división de custodia del Departamento del Alguacil de la policía del Condado Ventura, viniera a la reunión del consejo en su uniforme de gala y con su voz autoritaria de hombre de la ley, alabó el trabajo de "Alcance Victoria".

—Este programa es altamente respetado por nuestro personal —dijo Brooks.

¡Espero que también estés orando por nuestros policías! ¡Ellos tampoco son nuestros enemigos! La gran mayoría de ellos están en el cumplimiento de la ley porque quieren proteger sus comunidades, detener a los violadores de la ley, y hacer que sus ciudades sean lugares seguros para vivir.

Bueno, ¿sabes qué? ¡Esa es nuestra esperanza y oración también!

En frente de la Comisión de Supervisores del Condado Ventura, uno de los vecinos aun habló a favor del centro de rehabilitación. Confesó que firmó la petición que habían repartido la gente de los ranchos tratando de librarse del centro, él dijo:

—Aquí en el campo, cuando hay alguien nuevo y no son como nosotros, hay alguna resistencia. Pero los resultados que yo veo son realmente fantásticos. Estos tipos tienen una actitud muy buena.

Eso es. La corriente cambio.

Alguien en el centro prestó oídos al Señor y había comenzado a tratar de alcanzar en amor a los vecinos rancheros. ¡Vecinos hostiles tampoco son nuestros enemigos! ¡Ellos pueden ser ganados! ¡A menudo ellos se unen con mucho entusiasmo para la batalla! ¡Estás reclamando su barrio!

Uno de los pastores jóvenes más prometedores de "Alcance Victoria" tiene una de las más increíble e incómoda relación que yo hubiera oído antes. Cruzando el callejón de su iglesia hay un almacén de ocultismo lleno de productos horribles de brujería jamás imaginables.

Detrás del edificio de "Alcance Victoria" está el "Skippy's New Age Productos" que distribuye productos de la Nueva Era, uno de los almacenes de ocultismo más grande del sur de California, prácticamente un mercado para brujas, espiritistas y practicantes del vudú. A través de largos pasillos hay una gran selección de polvos, yerbas y preparaciones que garantizan que pueden traer a un enemigo "confusión", "ira" y "depresión", para nombrar algunos. También a la venta hay amuletos, pociones, velas y aun vaporizadores de aerosol que garantizan el éxito financiero, las habilidades sexuales y la protección contra las balas.

Diariamente el joven pastor ata los espíritus de brujería que están encima de ese edificio y todo su alrededor. Así que, ¿imagínate lo que ha pasado?

Los trabajadores de la tienda acostumbraban tirar polvos malignos sobre los trabajadores del centro de rehabilitación mientras limpiaban el callejón. Eso ya ha cesado. Pero todavía se sobresaltan cuando los miembros de "Alcance Victoria" llegan e imponen las manos sobre el edificio y vienen contra su maldad y atan el espíritu de brujería y adivinación. Los miembros de la iglesia tienen que poner una pared de fuego diariamente en ese callejón porque los hombres en rehabilitación están sintiendo muchos ataques sobrenaturales y raros del enemigo. Algunas veces es tan fuerte que la congregación ha pensado en mudarse. Pero están decididos a no mudarse ni rendirse al enemigo, porque *mayor es él que está con nosotros que el que está en el mundo.*

Amigo, ¿podrías orar contra esas brujas? ¿Puedes venir contra ellos de acuerdo conmigo? ¿No sería maravilloso si por fin sus corazones fueran ganados para el Señor y quemaran sus productos malignos y dieran ese edificio a "Alcance Victoria"? Bueno, ¡puede suceder!

Quiero que tú sepas que la Comisión de Supervisores del Condado de Ventura cesó todo juicio. Fue registrado públicamente que "Alcance Victoria" de Oxnard había "demostrado éxito en el tratamiento con drogadictos y miembros de pandillas con un régimen de trabajo duro, oración y ayuno".

La supervisora Maggie Kildee, quien públicamente se había opuesto al centro de rehabilitación, anunció:

—"Alcance Victoria" tiene una larga historia de cosas buenas. Sería difícil hacer una decisión contra un grupo que hace tanto bien.

El condado estudió la posibilidad de permitir que la iglesia usara el Hospital Estatal Camarillo o el Aeropuerto Camarillo, o quizás alquilar el Campo de Trabajo de Rose Valley, el cual había sido usado por el departamento del alguacil, como un local de detención de seguridad mínima, que estaba programada para ser cerrada por causa de cortes presupuestarios.

El pastor Bob dice que miraron otros locales, pero decidieron tratar de trabajar con el rancho.

El personal legal del condado comenzó a trabajar y encontró aun en sus propias ordenanzas, una escapatoria. Si la iglesia aprobaba nombrar el rancho de 34 acres en la calle South Mountain una "finca" en vez de un "centro de rehabilitación", ellos pudieran construir cuantas "barracas" fueran necesarias para los "peones". Sin embargo, para calificar como finca, tendrían que realmente cultivar algo.

Eso le parecía muy bien al pastor Bob.

—Parte de nuestra visión desde el principio era de algún día cultivar el terreno, y sucedió antes de lo que esperábamos. Las actividades de la finca serán algo que nos ayude económicamente, además de mantener a las personas ocupadas y enseñar algo de agricultura.

Hoy día hay más de 30 residentes en el centro que cultivan diferentes cosechas. Recientemente recogieron la primera de calabazas, cebollas y melones para vender en el mercado. Bueno, la Biblia dice que nos conocerán por nuestros frutos.

Añada a eso "y por nuestros vegetales".

CAPÍTULO 15

La verdad contra la mentira

"Alcance Victoria" de Barcelona, España, está en uno de los barrios más oscuros y peligrosos que yo haya caminado. En las veredas sucias, vi víctimas de SIDA literalmente muriéndose frente a mis propios ojos.

A mi lado estaba Sonny tan emocionado y dolorido que no podía hablar.

En Norteamérica, la gran mayoría de las víctimas de SIDA son hombres homosexuales. Sin embargo, hay un número de víctimas de los barrios bajos que lo han contraído a través de compartir las agujas para drogas.

En el barrio de Barcelona el SIDA ha llegado a ser una situación epidémica. Allí está "Alcance Victoria" y allí enviaron a los pastores Sergio Ariola y su esposa Shirley.

—Estamos orando por una gran penetración del evangelio aquí —me dijo Sergio.

Él vive en el mismo edificio donde la congregación nueva se reúne. También hay 75 drogadictos recuperándose, de los cuales algunos están diagnosticados con SIDA.

Mientras caminamos por las calles, Sonny me dijo que en estos días siente una urgencia nueva. Hoy día, hay partes en muchas ciudades grandes donde ya la policía no entra más —especialmente al oscurecer. Trágicamente, en muchas zonas urbanas, hay lugares tan malos que la gente no va a las iglesias.

No saben qué hacer con el drogadicto, con el miembro de una pandilla, la prostituta o el homosexual con SIDA.

—Así como el mundo vio en Vietnam, Beirut y Sarajevo, hay muchas personas inocentes atrapadas cuando empiezan los disparos —señala Sonny—. Para ellos es que "Alcance Victoria" existe.

»Dios nos mostró en el mismo comienzo: "Ustedes serán una luz, no solamente local, sino serán un faro por todo el mundo" —dijo Sonny.

¿Por todo el mundo?

—Al principio fue muy difícil para nosotros, un montón de ex drogadictos, convictos y muchachos de la calle, imaginarnos ser un faro por todo el mundo, pero ahora lo puedo ver —exclamó Sonny.

¿Cómo puede ser que una iglesia de los barrios bajos, con unas cuantas sucursales en los barrios violentos del mundo, pueda aspirar a ser un "faro por todo el mundo"?

Sonny sonríe: —Todos hemos sido llamados a la tarea —dice él—. Somos llamados a la tarea de evangelizar y disciplinar a las personas doloridas del mundo.

Eso es bastante ambicioso para una iglesia compuesta de antiguos participantes de ayuda social, prostitutas de las calles, adictos y ladrones.

Sonny está de acuerdo.

Pero Dios sabe lo que está haciendo. Por eso nos está dirigiendo a discipular, entrenar y formar guerreros de aquellos que vienen a nuestros centros de rehabilitación.

Hoy día, fuertes congregaciones de "Alcance Victoria" han sido establecidas por todo el mundo.

En cada ciudad, hay nuevos retos y nuevas urgencias. Por ejemplo, en la ciudad de Nueva York, los residentes de un centro de rehabilitación se encontraron involucrados políticamente en la elección de unas plazas para la junta escolar.

En juego había cientos de padres cristianos que habían decidido postularse para ocupar un cargo para ayudar a cambiar la corriente en algunas escuelas de mala fama —y librarse del famoso programa de estudios *Rainbow*, diseñado para enseñar a los niños pequeños que la homosexualidad es una opción aceptable, no un estilo de vida pecaminoso.

Yendo de puerta en puerta, entregando panfletos de candidatos cristianos, las mujeres del centro de rehabilitación de Coney Island estaban contentas de ayudar a su pastor, David Díaz, en la repartición de literatura de la campaña política.

—Estos candidatos están a favor de la oración en las escuelas —explicó un voluntario llamado Keesha—. Y también están a favor de los valores de las familias.

Algunas veces los debates en los escalones de las puertas se ponían candentes, y los voluntarios de "Alcance Victoria" escuchaban hablar a aquellos que tenían miedo de los "fundamentalistas religiosos". Otras veces, los voluntarios oían mientras los liberales eran maldecidos por introducir a la fuerza en las escuelas el programa de estudio *Rainbow*, sin pensar siquiera en las creencias de los padres.

Como siempre, la iglesia y los centros de rehabilitación de "Alcance Victoria" en Londres, Inglaterra, están en la peor parte de la ciudad. El edificio de la iglesia está en King's Cross, el notorio centro de drogas de las islas Británicas.

La iglesia queda a dos cuadras de la estación principal de trenes que fluye constantemente con compradores y vendedores de narcóticos.

Alrededor de toda la iglesia hay viviendas del gobierno —enormes barriadas que el gobierno inglés llama "haciendas", pero en cualquier otro lugar serían "guetos".

Alrededor de la estación de tren hay muchas casas de huéspedes, que alojan drogadictos y vagos alcohólicos a expensas del gobierno.

—Básicamente, tienes muchos drogadictos y prostitutas que viven a costa del gobierno y mucho crimen —dice Mitchell Peterson, quien se acaba de mudar a Londres para supervisar los ministerios de "Alcance Victoria" por toda

Europa. Él es el pastor porque ha servido más tiempo en la iglesia de "Alcance Victoria" en Venice Beach, California, y llegó a ella a través de los centros de rehabilitación.

El edificio de Londres tiene tres pisos —un viejo taller de diseño—. El auditorio del sótano tiene cabida para 150 personas, una plataforma y una cocina en la parte de atrás. Arriba hay oficinas y aulas.

Peter Stanislaus, un ex drogadicto de California, trata ahora con la oficina británica de ayuda social, consiguiéndole a "Alcance Victoria" el subsidio de vivienda para los residentes del centro de rehabilitación, el mismo que tendrían si estuvieran viviendo en las casas de huéspedes de al lado. El pastor principal es Brian Villalobos.

En un estado del sur, un pastor de "Alcance Victoria", en vez de encontrar subsidio del gobierno, se halló dando cabezazos con un burócrata que estaba decidido a cerrar los centros.

El burócrata, el director de obediencia al programa para la Comisión Estatal de Drogas y Alcohol, insistió en que el pastor aplicara para una licencia de rehabilitación de drogas o sino que no esperara llegar a ser un centro de rehabilitación.

Para "Alcance Victoria", esta no era una proposición aceptable. El burócrata les dejaría funcionar sólo bajo las restricciones más ridículas.

De un lado, la iglesia podía dejar de ir a los guetos y barrios, para alcanzar las mismas personas a quienes "Alcance Victoria" ayuda —o se podía someter a las regulaciones estatales, las cuales hacía imposible reclamar vidas perdidas.

—La ley está clara —dijo el burócrata—. Si continúas como un local para consejería contra las drogas o un centro de rehabilitación, tienes que tener una licencia del estado.

Pero nadie paga para vivir en los hogares de rehabilitación de "Alcance Victoria". ¿Por qué no simplemente ceder y aplicar para la licencia?

—Porque lo primero que ellos harían sería entrar aquí y decirnos cuántos pies cuadrados necesitamos para esto, que las camas literas no deben usarse, que solamente debemos tener tantas personas a la vez, y todo tipo de cosas que no podemos controlar —dice el pastor—. Si estamos llenos, y alguien viene a la medianoche y está dispuesto a dormir en el sofá, ¡que duerma en el sofá!

En la capital, el burócrata confiesa que no le importa.

Las reglas son reglas —aunque las vidas se estén salvando y los adictos se estén convirtiendo en pagadores de impuestos—. El propósito de su oficina es vigilar y asegurarse de que el lugar satisface el criterio del estado sobre tamaño e higiene. La eficacia del programa "no es de importancia oficial".

¡Increíble!

También es sorprendente "Alcance Victoria" en Amsterdam, Holanda. En ese país europeo la prostitución es legal.

Un visitante a los servicios de la iglesia de "Alcance Victoria" en Amsterdam, así como en el suburbio de Den Helder y en el pueblo cercano de Lelystad, estaría espantado de ver prostitutas profesionales y con licencia del estado en la iglesia.

En la iglesia de Amsterdam, Dell y Sonia Castro de California primero comenzaron a trabajar juntos con las prostitutas en el barrio legal de burdeles en 1987.

—Extendimos la mano a las prostitutas que trabajaban detrás de los ventanales grandes —dice Dell—. Muchas de ellas vivían vidas trágicas. Habían sido reclutadas de países de Sudamérica, el Caribe y otros de Asia como Burma y Tailandia.

—Ibamos con un equipo de muchachas y algunos hombres y entablábamos conversación con ellos y les dejábamos saber que éramos una congregación que alcanzaba a personas que tenían problemas.

»Practicamos evangelización de amistad. Ellos venían y sentían amor y aceptación.

»Claro, predicábamos contra el pecado sexual. Pero tenía que ser hecho en amor y sabiendo que nosotros teníamos que ayudarles a comenzar vidas nuevas cuando se arrepentían y venían a Jesús.

—En verdad, ¿vendrían algunas a la iglesia y después regresaban a trabajar en las ventanas durante la semana?

—Oh, sí —decía Dell—. Y las teníamos que amar también, como Jesús amó y predicó a las mujeres caídas cuando Él estuvo en la tierra.

Roberto y Loretta Aviña vinieron a Amsterdam y se encontraron extendiendo el amor de Dios a un "travestista" llamado Hans, quien había nacido hombre, pero se había sometido a una operación para hacerse mujer.

—Tuvimos otro hombre llamado Eric que había sido un homosexual —cuenta Loretta—. Se convirtió dentro de nuestro centro de rehabilitación y experimentó un cambio milagroso.

»Eric le daba consejería a Hans semanalmente, hablaba con él y trataba de hacerle comprender que Dios lo amaba. En su corazón, Hans trató lo más que pudo, pero casi no tenía amor propio. Muchas veces durante los servicios fue quebrantado por el Espíritu de Dios. Recientemente murió.

»También tuvimos un hombre que había estado muy involucrado en el vudú —continúa Loretta—. Era un doctor brujo y entró con todo su equipo de ocultismo. Le ayudamos a destruirlo en el nombre de Jesús.

"Alcance Victoria" también tiene una iglesia en la peor parte de Washington, D.C.

Los domingos por la mañana, dos camionetas llenas de residentes del centro se unían con otros creyentes en un club para niños y niñas en la ciudad capital de Norteamérica. A sólo unas calles del Capitolio de los Estados Unidos, y a la vista del Monumento de Washington, este barrio en decadencia está en la misma calle que el famoso hospital del ejército de Walter Reed.

En las calles 14 y Clifton, uno puede ver unos cuantos ómnibus de turistas, que salen rápidamente hacia una parte mejor de la ciudad. Las calles angostas están decoradas con filas pintorescas de casas unidas unas a las otras por paredes medianeras, con techos franceses y estilo victoriano, las cuales están en decadencia por unos 20 ó 30 años de descuido.

Durante el servicio de "Alcance Victoria" de Washington, D.C., frente al Club de niños y niñas, un hombre joven, trajeado, está de guardia en el estacionamiento de autos. Tiene un bolsillo lleno de folletos, los cuales da a los que pasan por ahí. Pero es obvio que está cuidando los automóviles de los visitantes y la camioneta del centro de rehabilitación.

De hecho, hay tres hombres jóvenes al cruzar la calle, que están vendiendo cocaína, que es un negocio constante.

¿Cómo pueden las tinieblas deslizarse tan cerca de la luz? ¿Cómo se pudo ganar el título no envidiable de "La capital del mundo del crimen" el amado Distrito de Columbia de Estados Unidos?

Cualquier trabajador de "Alcance Victoria" le puede decir que se está llevando a cabo una extraña y misteriosa lucha. Afecta nuestra sociedad entera.

Esta lucha explica estos conflictos absurdos como el del burócrata del Estado.

La lucha entre Dios y Satanás se está intensificando, entre el Espíritu Santo y espíritus malignos, entre Cristo y aquellos que odian a Cristo. La batalla gira alrededor de dos grupos opuestos establecidos en la Biblia, la Verdad y la Mentira.

Los miembros de "Alcance Victoria" saben que Jesucristo es la Verdad personificada. Juan 14:6 proclama: *"Yo soy... ¡la Verdad"!* Por otro lado, todos sabemos que Satanás es la Mentira personificada. Juan 8:44 proclama: *"Cuando habla mentira, de lo suyo habla"*.

¿Cuál es la mentira que anda asolando nuestra nación? Básicamente, el negar que Dios es el gran Creador y nuestro amante Protector, Proveedor y Padre.

Las fuerzas malignas que susurran la mentira de que no necesitamos a Dios, que todos tenemos a "dios" dentro de nosotros.

¿Qué pasa cuando la sociedad acepta cualquier parte de la mentira? Cuando alguien abandona a su Creador, es controlado por la mentira. ¿Cómo puede una nación como Estados Unidos, tragarse la mentira? Después de todo: *"Los cielos cuentan la gloria de Dios, y el firmamento anuncia la obra de sus manos"* (Salmo 19:1).

—Bueno —dice Sonny—, la mentira no "sólo sucedió". Fue concebida en la mente de Lucifer, un ángel. Cuando le vino el pensamiento a su mente, no era el diablo. Él era uno de los arcángeles de Dios, una criatura hermosa, de acuerdo a Ezequiel 28:17.

»Pero —y esto debe ser un aviso a todos—, comenzó a preocuparse de sí mismo y a ser orgulloso. En Isaías 14:14 alardeó de que, "Seré semejante al Altísimo".

»La Biblia se concentra más en la Verdad que en la mentira, así que no sabemos todo lo que pasó en el cielo, pero que nosotros sepamos, él fue el primer ser creado en rechazar a Dios y quererse glorificar.

Aparentemente Lucifer se engañó a sí mismo pensando que él podía destronar al Creador y arrebatarle el cielo. De acuerdo a Judas 6:2 y Pedro 2:4, reclutó a otros ángeles.

El resultado fue echado del cielo. En primer lugar, el mero hecho de pensar que iba a vencer al Dios Todopoderoso era tonto. Fue arrojado del cielo y se le dijo que al final del tiempo él sería echado al fuego junto con todos sus ángeles rebeldes.

Hasta entonces, le será permitido vagar por la otra creación de Dios, el dominio del hombre. Y fue ahí donde, hace 6,000 años, Lucifer encontró la manera de herir al Padre. Podría engañar y seducir a los hijos amados de Dios, y tentarlos a la misma rebelión que los condenaría al mismo infierno eterno con él.

En Génesis 3:1, él comenzó echando duda sobre la bondad de Dios al preguntarle a Eva: ¿*"Conque Dios os ha dicho: No comáis de todo árbol del huerto"?* Lo que estaba preguntando era: ¿"Conque Dios te ha puesto limitaciones? ¿No te dejará tener todo lo que quieras"? Quería hacer que Dios luciera injusto —un tirano.

¿Por qué? Porque Dios les había dicho a Adán y a Eva que todo era de ellos, ¡todo! En el medio del jardín estaba el maravilloso Árbol de la Vida. Pero ahí cerca estaba el Árbol del Bien y del Mal. Tenía que evitarlo, jamás tocarían su fruto.

Absolutamente no lo podían comer. Así que, Lucifer susurró en Génesis 3:5:

> *Dios sabe que el día que comáis de él, serán abiertos vuestros ojos, y seréis como Dios, sabiendo el bien y el mal.*

Esto es la mentira... "Tú no necesitas a Dios. Él sólo te va a decir lo que puedes y no puedes hacer. Niégalo. Come del fruto y serás tan inteligente como Dios mismo".

Sólo que no funcionó. Eva sólo aprendió cuán terrible era la rebelión, y arrastró el resto de la humanidad con ella, comenzando con su esposo.

Hoy día, nuestra sociedad sigue bajo el mismo engaño. Satanás susurra a los oídos de todos que Dios es el que no les deja hacer todo lo que ellos quieren hacer.

Así que, ¡piensan que no lo necesitan! Sin embargo, la persona que rechaza la Verdad de Dios y acepta la mentira se convierte en esclavo, de acuerdo a Juan 8:34.

Y por eso estuvo Rubén en el tren "L" de Chicago recientemente. —Permiso —gritó el antiguo miembro de pandillas, tratando de que lo entendieran sobre el retumbar del tren elevado de la Autoridad de Tránsito de Chicago.

En el vagón de pasajeros, sus palabras llamaron la atención, causando que algunos sospecharan:

—Oh, no, un asalto.

Pero el sonriente Rubén alza una enorme Biblia y comienza a decirles a los pasajeros, algunos de los cuales regresan inmediatamente a leer el periódico del día, el testimonio de cómo él dejó las pandillas después de encontrar a Jesús.

Un niño flaco, que cargaba una caja de barras de chocolate —las cuales tienen un cupón para una hamburguesa en un conocido restaurante de comida rápida—, comienza a deslizarse por el vagón. Rubén explica que ambos viven en el centro de rehabilitación para hombres de "Alcance Victoria" en Chicago, en el 1925 del sur de la avenida Racine.

—Yo vendía drogas. Ahora vendo esperanza —dice Rubén a su congregación cautiva, y con una sonrisa, añade—: Y barras de chocolate.

Él sigue predicando de que una vez él usaba drogas y era miembro de una pandilla, hasta que Dios cambió su vida.

—No estoy diciendo que usted está en esa posición —grita a los pasajeros bien vestidos—, pero a lo mejor usted conoce a alguien que sí lo está. Si eso es así, por favor tome uno de nuestros folletos.

Los residentes del centro de rehabilitación también pueden ser oídos en el subterráneo, en la calle State y en lugares históricos como la Daley Center Plaza y los tribunales. Ellos se dan cuenta de que técnicamente es ilegal predicar o recaudar fondos en los trenes, pero hasta ahora las autoridades miran para el otro lado.

Un oficial dijo que normalmente los muchachos de "Alcance Victoria" se portan bien y no habrá ningún medida represiva contra ellos a menos que se pongan agresivos en recaudar fondos —algo contra lo que el director del centro, Harold Velarde, advierte a sus hombres.

Hasta ahora no ha habido quejas.

—A los 25 hombres que viven aquí se les requiere que propaguen la Palabra de Dios —dice Velarde.

»También venden dulces para apoyar el hogar, y otro local para mujeres en recuperación. Los viajes en tren no son sólo para levantar fondos —dice él—. Exhortamos a cualquiera en el "L" a juntarse con nosotros aquí en el hogar, si quieren cambiar sus vidas y alejarse de las pandillas, el crimen, las drogas o que se encuentren sin hogar, como todos nosotros hicimos.

Rubén se bajó del tren se veía un poco frustrado. Pareció que nadie recibió su mensaje. No prestó atención de cuántas barras de chocolate se vendieron.

Pero de verdad que él quería que alguien viniera a Jesús esa mañana. Así que, en el próximo tren, cuenta de nuevo su testimonio, entonces añade una observación mordaz sobre el lago de fuego que todavía espera, preparado para el diablo y sus seguidores, de acuerdo a Mateo 25:41.

—Ahí Lucifer no va a morir, sino se quedará vivo y consciente y en un terrible tormento por toda la eternidad. ¡Qué final trágico para aquel que una vez fue "el querubín ungido" —predica.

»¡Pero Satanás parece creer que no va a ser tan mal si ha disfrutado la venganza horrible de llevarse a cuantos millones de hijos amados de Dios con él! Y ahí es donde va a ir el que niega la verdad, maldiciendo a Lucifer por toda la eternidad por su egoísmo al tentarlos a creer la mentira, sólo para que él pudiera golpear a Dios.

—*"El que no se halló inscrito en el libro de la vida fue lanzado al lago de fuego* —predica Rubén, citando Apocalipsis 20:15—. Cristo, la Verdad, también es la Vida. Satanás, la mentira, es el destructor de la vida, un asesino que sólo quiere que sus discípulos sufran tormento por la eternidad. Él no se interesa por ellos.

»Por otro lado, el deseo más sincero de Dios para el hombre es que él tenga vida eterna.

»Es una lucha de vida o muerte —la verdad contra la mentira —predica Rubén—: *"Cree en el Señor Jesucristo, y serás salvo"*—, dice, citando Hechos 16:31.

Esta vez vende unas cuantas barras de chocolate.

Y dice que él ora para que las semillas hayan sido plantadas en los corazones de los pasajeros.

Semillas de Verdad.

Y dudas contra la mentira.

Capítulo 16

Llevando la visión
al mundo

Dios ha llamado a "Alcance Victoria" y nos ha dado una
visión —proclama Sonny—. El diablo ha tratado de
disuadirnos de la visión una y otra vez, pero no ha tenido éxito
porque Dios ha mantenido su mano sobre nosotros.

»Yo creo que el ministerio de "Alcance Victoria" va a
seguir haciendo impacto. Pero tenemos que depender del
Espíritu Santo de Dios para que nos guíe en cada paso.
Estamos viviendo días muy malos, y sin la unción de Dios no
podemos hacer nada.

»El enemigo ha desviado muchos ministerios en el pasado. Organizaciones que fueron poderosas y tenían la vanguar-
dia de Dios se han disuelto. ¿Por qué? Porque la tercera,
cuarta y quinta generaciones no continuaron con los mismos
valores ... la misma visión.

»Es mi oración que en los siguientes años —si el Señor
demorara en venir—, seamos hallados fieles y en fuego,
comprometidos a la visión que Dios nos ha dado.

»Es mi oración que seamos un pueblo astuto a las tácticas
del enemigo y que tercamente peleemos por los valores que
Dios nos ha dado como ministerio.

»Estamos en una guerra, llamados a las zonas de combate de las ciudades grandes del mundo, convocados a ser testigos para los millones que otros han decidido ignorar.

Mientras él habla, recuerdo su visión, que fue proclamada primero a un puñado de adictos, alrededor de 1967.

—Tú quizás pienses que no eres nada —él les dijo, hablando las palabras que Dios le estaba poniendo en su corazón—. Podemos ser un don nadie a los ojos del mundo, pero Dios nos usará. Él nos usará para que prediquemos Su palabra y para que seamos testigos del poder del Espíritu. Nosotros somos las personas que tomarán ciudades para Dios.

¡Amén! ¡Y Dios nos dará el poder para hacerlo!

Mira lo que te digo, jamás en mi vida yo he clamado ser algún tipo de sanador de fe. Pero cuando Sonny recién empezaba un nuevo "Alcance Victoria" en la peor y más sórdida sección de la ciudad de Méjico, el Señor hizo una cosa extraña y maravillosa con Sonny y conmigo.

Dios me llenó con poder especial, de una manera que nunca lo había hecho antes y ni lo ha vuelto a hacer —por lo menos no de esta forma—. ¡Y se aseguró de que mi amigo Sonny estuviera allí para orar que yo lo sobreviviera!

Déjame contarte la historia completa, de la cual nunca he escrito antes.

Estábamos en una cruzada especial para inaugurar el "Alcance Victoria" nuevo. Cada noche atraíamos un grupo de 7,000 personas, en un salón donde solamente cabían de pie. El Señor le había dado a Sonny un lugar particularmente extraño donde hacer Su obra, una arena profesional de boxeo. Claro, quedaba en el lugar más terrible del pueblo, justamente el tipo de lugar que a mi amigo Sonny le gusta.

Se suponía que yo predicara en el mismo centro del ring de boxeo el cual olía a cerveza y cigarrillos viejos. El piso de lona estaba salpicada con sangre y manchada de sudor.

Este era un lugar brutal de batalla física y violenta.

Pero, claro, yo he predicado en lugares peores.

Durante las reuniones, el poder de Jesús estaba fuerte. Un gran número de adictos fueron salvos y sanados. Cientos de personas bajaron al altar —o mejor dicho bajaron a las "sogas" del ring de boxeo— para salvación.

Fue un tiempo muy especial, a pesar del ambiente extraño. Tuvimos consejeros de otros ministerios de "Alcance Victoria" para orar con aquellos que se juntaron alrededor del altar improvisado.

Una noche, el poder sobrenatural del Espíritu Santo estaba presente en una forma magnífica. Yo tengo el llamado a ser evangelista, pero esta noche el Señor escogió usarme en el don de la sanidad —para mi sorpresa.

Mientras el gentío se apretujaba para llegar, una mujer empujó hasta llegar al frente y casi tira a su bebé al piso de lona del ring de boxeo. Sentí al Señor decirme que recogiera ese bebé —aunque normalmente quizás no lo hubiera hecho—. Sonny me mira extrañamente al agacharme. Alcé mi mirada hasta él.

—Sonny —susurré, llamándole para que viniera. El bebé estaba ardiendo de fiebre.

Discerní en lo profundo de mi corazón que esta criatura se estaba muriendo. Sólo el poder inmenso de Jesucristo podía salvar a esta criatura.

Temblé, mientras aguantaba a esta criatura preciosa.

Miré su rostro inocente.

Y oí los gritos de su madre abajo en el gentío.

—Por favor ore para que mi bebé viva.

Miré a Sonny. —Vamos —le dije—, oremos por este bebé.

Pusimos las manos encima del bebé y le pedimos al Señor que diera Su sanidad a esta pequeña criatura. Rogué al Padre para que salvara su vida.

Al apretar el bebé contra mi pecho, sentí la fiebre irse.

Estiré mis brazos, aun aguantando al bebé.

Yo sabía que estaba completamente sano.

Se lo devolví a su madre. Ella desapareció en el gentío.

Pero mientras Sonny y yo conducíamos de regreso a nuestro hotel, empecé a sentirme febril y débil. El mundo giró todo a mi alrededor. Estaba mareado y con ganas de vomitar. Era como si la enfermedad del bebé me hubiera atrapado.

Sonny se arrodilló al lado mío en nuestra camioneta. Julie se veía muy preocupada. ¿Qué fiebre extraña me había contagiado el bebé? ¡Yo parecía como que me iba a morir!

Sonny y Julie oraron juntos: "Dios, nosotros somos tus siervos. Estamos siguiendo Tu corazón y Tu visión. ¡Hicimos lo que Tú nos llamaste a hacer aquí esta noche!

»Padre, Nicky está enfermo y nosotros no lo vamos a recibir. ¡Devolvemos esta enfermedad extraña al diablo, de donde vino! Él se la puede llevar ahora junto a todos los ángeles del infierno. ¡En el nombre de Jesús!"

La fiebre desapareció instantáneamente.

Me senté. Estaba bien.

Estaba asombrado. Sinceramente, hasta ahora no sé qué pasó exactamente. Se que fui obediente al Señor al orar por ese bebé que fue lanzado a mis brazos en el ring de boxeo.

¡Y alabo a nuestro Dios misericordioso porque Sus siervos Sonny y Julie estuvieron ahí para orar por mí!

Quiero que entiendas algo muy importante: No hay ninguna magia en cuanto a Sonny y Julie se refiere. La fe de ellos es la más sencilla que yo conozco, nada ostentoso.

Sonny declara una verdad simple, la cual hace a "Alcance Victoria" el ministerio poderoso que es, creciendo y estableciendo congregaciones nuevas a través del mundo.

Él cree que Jesucristo es la respuesta para todos.

Y cree que todo creyente debe convertirse en hacedor de discípulos.

—Nosotros no creemos que la persona que viene a Jesús y Él le da un cambio radical a su vida, debe ser un simple calentador de banca —dice él.

Esto es bastante radical.

¿Deben todos trabajar? ¿Aun los ex pistoleros? ¿Incluso antiguas prostitutas? ¿Y los antiguos proxenetas de prostitutas y traficantes de drogas arrepentidos?

—Sí —dice Sonny—. Todos somos llamados.

Y quizás esta sea la clave más grande y la que mejor éxito tiene en devolver la dignidad a los doloridos y derrotados. Cuando ellos se arrepienten y son exhortados a buscar lo que Dios quiere que hagan con su vida, la dignidad no es un problema. La autoestima no es un problema. Hay gozo y llenura cuando lo bajo y vil es puesto en comunicación directa, frente-a-frente con el Creador, nuestro Señor poderoso, obedeciéndole, y haciendo lo que Él quiere que todos hagamos en el mundo.

Pero si la congregación hace todo el trabajo, ¿por qué será que las iglesias de "Alcance Victoria" necesitan pastores a tiempo completo y pagados?

—Nosotros entendemos Efesios 4:12 literalmente —dice Sonny—. Esos versículos dicen cómo el Señor hace a algunos apóstoles, a otros profetas y a algunos evangelistas, pastores y maestros. El versículo 12 nos dice para qué son: "Perfeccionar a los santos ... la obra del ministerio ... la edificación del cuerpo de Cristo".

¡Léelo! ¡Léelo en tu propia Biblia!

Si vas a los originales en griego, verás que significa que el trabajo de pastores, apóstoles, profetas, evangelistas y maestros es mayormente para preparar a todos los convertidos para el ministerio, para hacer que cada cristiano —independiente de su pasado— trabaje en el área en que Dios le ha asignado.

El verso dice que Sonny y yo, y todo predicador, hemos de equipar al pueblo de Dios para el trabajo de servir —para preparar a los cristianos en todos los lugares para que puedan ejecutar su trabajo individual, el cual Dios ha creado para que se haga.

En su paráfrasis del Nuevo Testamento, el erudito griego J.B. Phillips expresa este verso como: "Sus dones fueron hechos para que los cristianos fueran equipados apropiadamente para el servicio".

No dice nada sobre calentar bancas.

—No —dice Sonny con una sonrisa—. Es una idea muy errónea en muchas iglesias hoy día de que al pastor se le paga para que se encargue de todos los ministerios de la iglesia. Este es un trabajo imposible para cualquiera.

»Tú no puedes alquilar un apóstol, o un profeta o un evangelista o un pastor o maestro para hacer todo el trabajo de la iglesia ¡Así no funciona!

»Esa es la razón por la cual tantas iglesias hoy día no son dinámicas y no están haciendo ningún impacto dentro de sus comunidades —mucho menos en el mundo.

»Es porque no están siguiendo el patrón bíblico modelado aquí en el Nuevo Testamento.

Sonny dice que el trabajo de ellos es equipar. No importa qué tiempo hace que la persona es salva. No importa cuánto tiempo ha estado ahí sentada, sin hacer nada más que venir a la iglesia y sentirse medio religiosa porque cantó algunas canciones y medio que oyó un sermón.

—Mi responsabilidad hacia esa persona es de equiparla —dice Sonny—, entrenarla para salir y que haga el trabajo del ministerio.

»Nosotros aquí en "Alcance Victoria" de La Puente ponemos todo nuestro esfuerzo para eso. Por eso tú te encuentras un motón de laicos trabajando en todo tipo de oficio en nuestra iglesia. Esta es la iglesia de personas trabajadoras que han sido equipadas para el ministerio.

¿Pero qué hace una iglesia de 3,500 con 3,499 voluntarios?

—Siempre hay trabajo para hacer —dice Sonny.

Saca el "Modelo de desarrollo de ministerio de la congregación" y señala una lista de ministerios dentro de la iglesia La Puente. Sonny se detiene un momento y me mira con sus ojos brillantes.

—Sabes qué, Nicky —me dice—. Me gustaría hacer ministros de todos. No quiero decir un ministro predicador, pero sí personas involucradas en hacer algo para Dios.

»Yo quiero que todos en mi iglesia hagan que sus vidas cuenten para la eternidad. Estoy tan orgulloso de cada una de mis gentes —dice suavemente—. Cuando regreso de algún viaje, veo esta iglesia y miro a la gente orando y trabajando tan duro y esto me hace sentir tan orgulloso de ellos. Veo una iglesia sólida que Dios ha levantado.

»Nosotros tenemos el ministerio de los ancianos y el ministerio de los solteros. Bajo educación cristiana tenemos niños y la guardería infantil y los *Royal Rangers* y los Misioneritos, más las clases de educación de adultos.

»Tenemos el ministerio de evangelización y el ministerio de reuniones en las calles, el ministerio de drama y el ministerio de compañerismo bíblico en los hogares, el ministerio de prisiones y de seguimiento y el ministerio de rehabilitación. Déjame decirte, nuestro ministerio de rehabilitación no se parece a ningún otro que encuentres por ahí.

»Además tenemos nuestro ministerio de visitación, consejería pastoral y nuestro ministerio de oración.

»En el ministerio de la música, tenemos la orquesta, el coro, el grupo que se dedica a proyectar películas, el que se dedica al cuarto de sonido y los cantantes de adoración.

»Además, está el ministerio que se dedica al edificio y su terreno y al mantenimiento de jardines —¡sí señor! Y el mantenimiento del vehículo— ¡créelo, eso es una parte muy importante en nuestra organización.

»Y no te olvides del ministerio de la administración, el cual se ocupa de la administración de negocios, la oficina general, la recepcionista, nuestro contador, las personas que hacen los boletines de la iglesia y también las personas que trabajan en la computadora.

»Y pudiera seguir y seguir contándote de las librerías, los muchachos que diseñan las camisetas, los que hacen el periódico y el boletín del domingo, los ujieres y seguridad, y el ministerio de damas. Hay tantos diferentes ministerios vitales en los cuales nuestra gente está involucrada.

»Tú sabes, Nicky, lo miro todo y aún creo que no es bastante. Hay todavía más ministerios que Dios quiere levantar. ¿Y sabes cómo Dios levanta ministerios? Poniendo una carga en el corazón de una persona. ¡De repente Él te da la luz¡ ¡Boom! ¡Una idea! Y si Él te da una idea inspirada divinamente, tú empiezas a notar la necesidad y sientes una carga en tu corazón —y comienzas a anhelar poder proveer para esa necesidad.

»Aun quedan necesidades en esta iglesia que necesitan ser suplidas. Dios quiere levantar personas para llenar esas necesidades. Eso es lo emocionante de servir al Señor en una iglesia trabajadora, vital y dinámica.

»Cuando las personas están trabajando para Dios, cuando están siendo edificadas, cuando las necesidades del pueblo de Dios son suplidas, ¡es emocionante!

»Hay bastante para hacer aquí y en toda iglesia que yo he visitado —dice Sonny—. Si alguien viene a nosotros con habilidades especiales y una carga para servir, también les ponemos a trabajar. Si pueden traducir rápida y correctamente del español al inglés, o viceversa, pues aleluya. Si saben el lenguaje para los sordos o si tienen alguna experiencia especial, gloria a Dios, les ponemos a trabajar —si quieren trabajar.

¿Hay algo pecaminoso en ser un calentador de banca? Total, es bastante tradicional ser un creyente de domingo. Todos nosotros hemos estado en iglesias donde los miembros parecen que creen que se están ganando la salvación al aguantar la música monótona y un sermón extenso.

—No hacer nada es malo —dice Sonny—. Si tú no estás haciendo nada, si solamente estás sentado allí, hay algo mal con tu cristianismo.

Esa es una declaración bastante atrevida. ¿Cómo se atreve Sonny a decir tal condenación a los miles de calentadores de bancas en congregaciones por todo el mundo?

—Toda la Palabra de Dios la respalda —declara Sonny—. Si tú no estás haciendo algo, tu cristianismo no está completo. No estoy diciendo que no eres salvo. No cuestiono tu amor por Dios, pero te puedo decir que no estás funcionando como un cristiano debe funcionar, ni como la Biblia te dice que debes.

¡Tal actitud puede interferir con muchas vidas allá afuera en los suburbios seguros y dormidos! ¡Tal actitud puede comenzar una revolución religiosa en las áreas rurales de Norteamérica también!

¡Simplemente mira lo que está pasando en las áreas de guerra en nuestras zonas urbanas atacadas! ¿Qué pasaría si todos los cristianos en el mundo ... o solamente en Norteamérica ... o en California ... o en un pueblo pequeño ... o en una iglesia pequeña ... o una familia ... se pusieran a trabajar?

Nosotros veríamos una revolución, exactamente como estamos viendo en las zonas de guerra de las ciudades grandes del mundo. ¡Veríamos personas arrancadas de la muerte y de la desesperación, y con una nueva vida!

—La palabra de Dios nos dice cómo un cristiano debe funcionar —dice Sonny—. Los santos han de hacer el trabajo del ministerio. Dios levanta a los líderes para que entrenen al pueblo de Dios para que este pueblo salga y haga el trabajo del ministerio.

»Cualquier iglesia que haga eso, verá resultados. Una iglesia que pone sus miembros a trabajar va a experimentar lo milagroso, igual que la iglesia primitiva lo experimentó. ¡Pusieron el mundo en fuego!

Pero, ¿cómo pueden las iglesias movilizar a su gente?

¡Un trabajador a la vez! Un pastor frustrado debe buscar la guianza y unción del Señor, y orar por un trabajador dispuesto. Entonces, ese pastor debe equiparlo con oración, ponerlo a trabajar y orar por otro. Él debe impartir a cada trabajador el conocimiento de que él mismo también debe orar por un trabajador dispuesto.

Dios le mandó a Jesús doce trabajadores dispuestos quienes no tenían entrenamiento en la vida religiosa. Once de ellos se convirtieron en maestros y evangelistas poderosos, cada uno ganó a cientos y miles. Y también a su vez ellos levantaron a trabajadores dispuestos.

Mira el relato de Felipe. Él era uno de segunda generación —un diácono levantado en el servicio por los Apóstoles cuando se dieron cuenta de que no podían hacerlo todo ellos.

Felipe entonces testificó a un hombre —el Tesorero Real de la Reina de Etiopía—. Ese trabajador regresó a su casa en África y como resultado, hoy día la iglesia *Ethiopian Coptic* es una gran iglesia todavía activa en el este de África.

¿Sabías que los cópticos creen que ellos tienen la antigua Arca del Pacto? Unos cuantos libros, varios artículos y un reporte especial en la cadena *Cable News* decían que los de Etiopía habían informado que ellos lo tenían —y que lo han estado cuidando por 2,000 años.

¿De verdad lo tendrán?

La iglesia de Etiopía tiene algo que ellos creen es el Arca del Pacto, la cual los israelitas cargaron durante sus 40 años en el desierto y fue guardado en el lugar más sagrado del Templo, el Lugar Santísimo.

¿Lo tienen ellos?

Hoy día la iglesia de Etiopía guarda lo que ellos creen es el Arca en una capilla especial —obedeciendo las reglas estrictas de Dios concerniente a su cuidado— permitiendo sólo un sacerdote especialmente entrenado para verla o cuidarla.

Los de Etiopía dicen que ellos están esperando que el Templo sea reconstruido en Jerusalén para devolverla —en obediencia a lo que Dios les dijo 2,000 años atrás.

La verdad es que yo no sé si ellos tienen el Arca o no. No tengo la menor idea. Pero el punto es que una gran iglesia ha florecido por 2,000 años en el este de África porque los Apóstoles levantaron un diácono que fue lo suficiente atrevido para testificar a un hombre, que justamente era el tesorero de la reina.

Si queremos los resultados como en la iglesia primitiva, necesitamos seguir los principios del Nuevo Testamento. Ya todo está expuesto.

—Muchas veces nos miramos —dice Sonny—, y nos sentimos insuficientes y decimos: "Bueno, no estoy entrenado. No he ido al Instituto Bíblico, y simplemente tengo que dejarlo todo a estos pastores a los cuales yo pago. Ellos han ido al colegio y son profesionales, pero yo no estoy preparado correctamente".

»¿Sabes tú qué hay de malo con esa actitud? —pregunta Sonny—. Dios nos da a cada uno de nosotros la habilidad para cumplir lo que Él nos ha llamado a hacer.

»Si Él te dice que evangelices a las tierras petroleras en Alaska, entonces Él te dará el poder para hacerlo —proveyendo la forma para que puedas ir, el dinero para pagarlo, y las palabras para que debes decir cuando llegues ahí—. Pero, ¿qué pasa si no sentimos un llamado?

»Busca del Señor humildemente y en oración —aconseja Sonny—. Dios llama a cada uno de nosotros. Dios tiene un llamado específico para ti. No me interesa cuál sea tu pasado. No me interesa de dónde tú vienes.

»Yo conozco personas que no saben ni leer y están haciendo una gran obra. Pero son efectivos porque Dios les ha puesto en su área de ministerio, su área de unción. Están fluyendo en la unción y en el ministerio en el cual Dios les ha puesto.

De veras, 2 Corintios 3:5 señala que nosotros no podemos "ser competentes por nosotros mismos". No importa cuáles sean nuestras calificaciones, o entrenamiento, sin la guianza del Espíritu Santo somos deficientes.

—Estás en lo correcto, Nicky —dice Sonny—. El apóstol Pablo tenía todo tipo de rango. ¡Había ido a los mejores colegios! A pesar de su educación, él reconoció que: "Hombre, sólo puedo ser efectivo si fluye en mí la unción y en el llamado que Dios ha puesto sobre mí".

¡Sí!

Al escribir a Timoteo, su discípulo siempre dispuesto a trabajar, Pablo dijo en 1 Timoteo 1:12:

> *Doy gracias a Jesucristo, nuestro Señor, el que me ha fortalecido ... poniéndome en el ministerio.*

Dios es capaz de darnos poder.
Él te capacitará.
Él desea usarnos a todos nosotros.

Capítulo 17

Cristianos bajo fuego

Vivimos en un mundo dolorido que está esperando nuestro ministerio —dice Sonny.

Seguir a Jesús no es siempre el camino más fácil.

Kathy Clark, una niña pequeña del sexto grado, se rebeló contra la crianza estricta que ella recibió de parte de sus abuelos cristianos legalistas. Estaba cansada de las reglas y regulaciones de la escuela elemental donde la mandaban, patrocinada por la iglesia.

Así qué, convenció a su padre —un músico viajante—, que la dejara asistir a la turbulenta Escuela Secundaria Belevedere, una clásica escuela pública en una zona de guerra cerca de "Alcance Victoria" de La Puente. Casi inmediatamente, se encontró participando en el estilo de vida de fiestas de las pandillas. Pero ella era joven e ingenua.

Comenzó a salir a escondidas con un enamorado de 19 años que tenía un lujoso automóvil.

Salió embarazada —una criatura que lleva otra criatura, o en su caso criaturas, porque dio a luz gemelos, Alan y Alfredo.

Su niñez llegó a un final brusco. Se casó con su novio y trató de dedicar su vida a criar a sus niños pequeños —un trabajo para el cual no estaba equipada en lo más mínimo—.

La vida no era fácil tampoco para ella debido al amor que tenía su esposo por las drogas.

Se drogaba y se llevaba a los gemelos a pasear en el auto a exceso de velocidad haciendo locuras, no respetaba las luces rojas mientras cometía todo tipo de infracciones y escapaba de la muerte por un hilo.

El hermano de Kathy, Nick, y su cuñado Big George tenían que perseguirlo y traer a los gemelos a casa. Pero los niños amaban las aventuras locas con su padre irresponsable. Como inocentes criaturas encontraban las travesuras del padre como una diversión emocionante.

Kathy, aunque aun era una adolescente, comenzó a preocuparse del estilo de vida y ambiente en la cual sus hijos estaban siendo expuestos. Se convenció de que el padre estaba teniendo un impacto terrible sobre ellos. Así que se divorció de su esposo.

Sola y sin esperanza, la joven Kathy se acordó de la fe de sus abuelos, y decidió buscar un mejor camino para su joven familia. Así que una noche en 1967, dejó a sus dos niños en casa con su ex esposo y fue a un servicio en una iglesia nueva, la cual vendría a ser "Alcance Victoria" de La Puente.

Después, Sonny y Julie la llevaron a su casa, y compartieron el evangelio con ella. Pero sus testimonios fueron interrumpidos por las luces brillantes de los carros de policías y una ambulancia frente a su casa. Un escalofrío tremendo vino a su corazón. Temor y terror la envolvieron mientras ella se imaginaba qué horror se encontraría adentro. ¿Estaban heridos los pequeños Alan y Alfredo? ¿Habrá habido un tiroteo? ¿Habrá habido un accidente?

Sonny y Julie entraron corriendo con ella, sorprendidos por la sangre y el vidrio roto que se veía por todas partes. Kathy gritó llena de pánico por los pequeños Alan y Alfredo, pero la policía le dijo que su ex esposo borracho, se había tratado de suicidar. Los niños estaban a salvo.

—Yo entregué mi vida a Cristo cuando estaba en este triste estado —ella recuerda—. Fui salva, pero no hice decisiones buenas automáticamente.

Más tarde, se enamoró de un hombre alto, buen mozo, que llevaba una Biblia a la iglesia. Inocentemente creyó que él era un hombre comprometido con el Señor, y no hizo caso a los avisos de Sonny y Julie referente a él.

—Óiganme —dijo recientemente en una conferencia de damas—. Señoras, ustedes tienen pastores que Dios les ha puesto en su camino para guiarlas. ¡Óiganles! Ellos quieren el bienestar para ustedes.

Por lo tanto, se casó con él. Resultó que él era, secretamente, un adicto a las drogas. Se quedaron juntos por 18 años, durante el cual tuvieron dos hijas, Tricia y Felicia. Su esposo como era drogadicto, rápidamente llevó a Alfredo (a quien le decían Fred por ser aún un niño) y a Alan a las drogas.

—Mi esposo usaba drogas con mis hijos —ella recuerda—. De verdad que no salió como yo pensé. Una vez Alan estaba tan mal por usar PCP que no podía hablar. Había perdido su joven mente. Así que le dije a Fred que lo metiera en el auto porque lo iba a llevar al hospital para enfermos mentales del estado donde hacia unos 20 años yo había llevado a su padre.

Sin embargo, cuando llegó allí no lo pudo lograr. Se sentía desesperada y en derrota. Había diez drogadictos en su familia —incluyendo a sus dos amados hijos gemelos.

—Me enojé tanto con Satanás —recuerda—. Declaré, "Satanás, tú eres un ladrón y un mentiroso. ¡Yo te ato en el nombre de Jesús! ¡No tendrás a mis hijos!" Me paré en la brecha por mis hijos, intercediendo por ellos. Pero continuaron en su camino de destrucción. ¡Madres, algunas veces tienen que simplemente confiar en el Señor!

»Es bastante duro atravesar por pruebas como ésta con Dios. No puedo imaginarme cómo lo podría haber hecho sin Él. Simplemente confié en Dios y en el poder de la oración.

Los de "Alcance Victoria" se mantuvieron a su lado.

La iglesia completa oraba constantemente por su situación terrible.

—Aunque la Biblia me prometió que mi familia entera sería salva, era difícil creer —dice ella—. Aquí estoy orando e intercediendo por ellos y todos se turnan para robarme para poder pagar sus drogas, y culpándose unos a otros. Yo nunca sabía quién me decía la verdad. Mi luz se estaba apagando —¡y algunas veces sentí el deseo de apagarles a ellos su luz también!

»No lo entendía. ¿Cómo me podía pasar esto a mí? Me destrozaba. Pero entonces entendí, las drogas eran su dios. Harían lo que fuera necesario para conseguir más drogas. Una vez que entendí eso, se alivió un poco el dolor.

»Madres, yo sé que algunas de ustedes, están desanimadas porque son las únicas en el hogar que están tratando de seguir a Jesús. ¡No se rindan! Satanás les pondrá ideas para desanimarlas tales como: ¿Por qué te quedas en este camino? Tu familia nunca va a cambiar. Pero, madres, Satanás es un mentiroso. ¡Sí se van a salvar!

Hoy día Alan es el director del centro de rehabilitación de "Alcance Victoria" de Albuquerque. Fred y su esposa, Lydia, son los directores de los centros de rehabilitación de hombres y mujeres de "Alcance Victoria" en Phoenix. Tricia trabaja para el pastor Sonny.

—Dios fue fiel a mis oraciones —dice Kathy—. Así que, no dejes que Satanás te mienta y te diga lo contrario. No te rindas en cuanto a tus hijos y familia. Todavía tengo miembros de mi familia que no son salvos, pero nunca voy a dejar de creer que se salvarán.

»Dios nunca dijo que iba a ser fácil. Pero sí prometió que nunca nos dejaría ni abandonaría. Aún hay un camino largo para mi familia. Yo sé que el enemigo no se va a dar por vencido. Pero yo también sé que lo mejor está por venir. Creo que el Señor está dejando lo mejor para lo último. Lo que sea que tenga el futuro, yo confío en que Filipenses 4:6-7 es verdad. Allí dice que no me afane por nada, pero que presente todo en oración y ruego, con acción de gracias mis peticiones a Dios y la paz de Dios que sobrepasa todo entendimiento, guardará mi corazón y me mente en Cristo Jesús.

»Yo quiero ser como esa mujer en Lucas 1:45 —¡Bienaventurada la que creyó, porque se cumplirá lo que le fue dicho de parte del Señor! Afiánzate de esas promesas que Dios te ha dado a ti para tus hijos y familia. No tienes que pasar noches desesperadas y solas preocupándote por tus hijos.

»¿Por qué? Porque tú has aceptado a Jesús como tu Salvador personal. ¡Él estará ahí, ahí mismo a tu lado!

No, el camino no es fácil siempre.

Un camino igual de duro fue caminado por el fiel y amado Joey Rosales.

Joey comenzó a usar drogas en la escuela elemental y ya para los 15 años se estaba inyectando heroína. Conseguir drogas era fácil para él. Como en la familia de Kathy, el proveedor de drogas de Joey era su propio padre.

—Cuando yo quería usar heroína, él siempre estaba ahí para mí —Joey le contó a Sonny una vez—. Nuestra relación estaba fundada sobre la heroína. No lo conocía como un padre, sino como un traficante. Él era mi conexión, mi suplidor.

Joey paso seis años en la penitenciaria de San Quintín, y salió a los 27 años de edad. —Nada me salía bien —me contó—. Cuando me encontraba en lo más bajo, estaba en casa, extremadamente enfermo, pensé que me moría. No se lo pude hacer entender a mi esposa, que de verdad me sentía morir. Ella pensó que simplemente era otro truco de adicto. Pero esta vez no era engaño. Sin embargo, ella se había endurecido mucho por todas las mentiras y todos los cuentos que yo le había dicho antes. Grité desesperado y le pedí alguna medicina. Ella me gritó: —¡Mírate! ¡Estas hecho un desastre! ¡No sirves para nada! ¡Lo que tú necesitas son tres días para vaciarte! ¡Eres repulsivo! Nunca vas a cambiar. Nunca has sido nada —y nunca serás nada.

Le supliqué que me diera algo. Me dijo que me daría algo —¡el divorcio!

Joey dijo que la mayoría de las personas dejarían de usar heroína en ese momento. Sin embargo, él no podía. Se encontraba en este punto tan bajo y terrible de su vida cuando él y su esposa Christina oyeron la predica de la calle de algunos miembros de "Alcance Victoria".

Joey entregó su vida a Jesús y fue llevado a casa por uno de los evangelistas de la calle, Mando González, quien había sido uno de los primeros convertidos de Sonny en el este de Los Ángeles. Mando, lo puso bajo su cuidado. Joey dijo una vez en un sermón que todavía tengo grabado:

—Gracias a Dios por hombres como el hermano Mando. Déjenme compartir solamente esto: Si no fuera por este hombre, sinceramente no sé si yo estuviera aquí arriba hoy. Mando vio en mí algo que yo jamás sabía que existía. Pero a través de Mando, el Señor ha hecho algo especial en mi vida. Antes, nada más pensaba en mí, pero ahora mis pensamientos están con mis hijos y mi esposa.

»Antes, nunca había sido un padre. No sabía cómo llegar a serlo con mis hijos. Pero ahora, tengo ese amor para ellos, y soy capaz de expresarlo a mis hijos y a mi esposa. Nuestra relación se había ido, pero ahora está renovada y maravillosa. Mi esposa y yo somos como recién casados.

»Ahora ella me ama, y doy gracias a Dios por eso. Yo sé que es el amor de Dios lo que ha renovado este amor dentro de nosotros.

El suegro de Joey, Ralph Biegger, era un respetado hombre de negocios. Después de ser testigo de la conversión radical de Joey y su bella transformación de un adicto callejero a un padre amoroso, Ralph se entregó al Señor también.

Joey entró al ministerio a tiempo completo y aceptó un llamado a Cardiff, la capital y ciudad más grande en Gales, que es parte de las Islas Británicas. Con una población de sólo 278,900, Cardiff —fundada en 1090 A.D.— no es una de las ciudades más grandes del mundo. Sin embargo, el puerto de mar internacional, anteriormente el mayor puerto de exportación de carbón, Cardiff es el centro comercial, financiero, industrial y de distribución del sur de Gales y tiene todos los problemas de las zonas bajas de cualquier metrópolis.

Recientemente toda Gales fue escandalizada cuando dos jovencitas de 17 años atacaron brutalmente a una frágil anciana soltera de 70 años, estrangulándola con una cadena de perro, y luego apuñalándola repetidas veces y cortando su cuerpo a cuchilladas. Se le dijo a los tribunales Crown de Cardiff que ellas mutilaron a la ancianita como 70 veces con un cuchillo y tijeras, dejándola casi sin poder ser identificada, y luego alardearon de la matanza con sus amigos.

La anciana señora fue asesinada en su apartamento en el proyecto público de viviendas en Penywaun, cerca de Aberdare. Solamente alrededor de $100 fueron robados.

Un periódico local dijo que las muchachas no mostraron remordimiento alguno al ser entrevistadas por la policía. Ambas familias han tenido que ser trasladadas por la extensa ira dirigida a ellos por los residentes locales. Ayer, las dos muchachas de pelo oscuro, quienes declararon ser culpables de la muerte, estaban sentadas encorvadas entre dos mujeres oficiales de la prisión, pero no mostraron emoción alguna al ser llevadas. El juez, quien ordenó que fueran detenidas indefinidamente, les dijo: "Ustedes dos, mujeres jóvenes, son productos malos de la edad moderna".

Joey Rosales —criado en el este de Los Ángeles— oyó el llanto del corazón de Gales, un antiguo país, confundido por la caída y la desintegración de sus estandartes sociales y morales.

Así que, temprano en la primavera de 1992, Joey, junto con su esposa restaurada y su familia, se fueron a Cardiff. Ahí, Joey le dijo a Sonny:

—Entrando a este país, uno podía sentir las fuerzas demoníacas. En América, es como si las iglesias crecieran grandes, y las fuerzas espirituales son suprimidas. El Espíritu Santo está ahí. El enemigo también esta ahí, pero en América tienes más autoridad.

»Pero cuando entras a Gales —reporta Joey—, puedes realmente sentir el enemigo venir contra tu iglesia o lo que sea, puedes sentir cualquier tipo de lucha espiritual, pero el Señor también te mostrará lo que debes hacer por Él. Es un país viejo. El enemigo ha estado en este país mucho tiempo. Nosotros sabemos que Dios es mayor, y Él nos ha dado Sus promesas. La Biblia dice que las puertas del Hades no podrán prevalecer contra Su iglesia —y esa es una promesa a la cual nos aferramos.

En verdad, la Islas Británicas siguen a Brasil en el número de brujas practicantes per cápita. Gales es un país espiritualmente oscuro, empapado de brujería y druidismo.

Al poco tiempo de llegar a Gales, Joey se puso muy enfermo. Los exámenes revelaron que estaba en las últimas etapas de un cáncer mortal. Dijeron que nada más viviría dos días.

Un mensaje mundial salió por todas las iglesias "Alcance Victoria". Miles de miles de personas empezaron a orar y batallar espiritualmente por la vida de Joey.

—De todas partes del mundo entraban llamadas telefónicas al hospital. Rápidamente el personal del hospital empezó a darse cuenta de que Joey no era un paciente cualquiera —recuerda Christina—. Pudimos sentir las oraciones de nuestros hermanos y hermanas.

Joey comenzó a mejorar. Tan pronto estuvo lo suficiente bien para hablar, empezó a testificar. Compartió su testimonio con el personal del hospital, y pronto un número de empleados pasaban su tiempo de almuerzo y meriendas de té en la habitación de Joey, oyéndole hablar de Jesucristo.

Christina dice que una noche empezó a sentir ansiedad por Joey. —Así que me fui al hospital. Subí rápidamente las escaleras, me sentía culpable por haber estado lejos por tanto tiempo. Abrí la puerta, esperaba verlo solo, y me encontré con seis enfermeras alrededor de su cama, que oían su testimonio. Pronto Joey empezó a sentirse cansado así que me dijo: "Comparte tu testimonio con ellas, Christina". Mientras Joey se dormía, comencé a compartir con las enfermeras acerca del poder de Dios.

Un doctor en particular fue tan conmovido por la fe de Joey y su confianza en Dios, que dijo: "Si este hombre se levanta de esta cama y se va a su casa, entonces yo iré a su iglesia".

También tocó las vidas de otros —especialmente la de una niña pequeña llamada Perdy, que se encontraba en el piso de abajo del de Joey. Joey se enteró de que la criatura había vivido durante años con dolor. Así que con mucho esfuerzo bajó las escaleras y la visitó. Le contó del poder sanador de

Dios. Las lágrimas corrían por su rostro mientras Joey hablaba. Perdy y su hermana abrieron su corazón al Señor. Poco después, le dieron de alta en el hospital y ambas comenzaron a ir regularmente a "Alcance Victoria" y a la casa de los Rosales.

—Al Joey recobrar las fuerzas suficientes para ser dado de alta, hubo un sentimiento de tristeza en el hospital —recuerda Christina—. El personal amaba pasar tiempo con él. Al alejarnos en nuestro automóvil, vimos a todas las enfermeras en las ventanas que nos decían adiós. Algunos lloraban. El hecho de que él se iba a la casa era verdaderamente un milagro, el cual no podían negar.

»Lo que siguió fueron días de emoción y fervor evangelístico. La iglesia creció y Dios levantó un equipo de personas —dice Christina.

En septiembre de 1992, Joey se estaba preparando para regresar a los Estados Unidos de visita. Sin embargo:

—La mañana que nos tocaba irnos, la condición de Joey empeoró —recuerda Christina—. Mientras yo batallaba en oración alrededor de su cama, Joey susurró: "Ora".

Christina le apretó la mano.

—Estoy orando —ella susurró.

—No —dijo Joey moviendo la cabeza de un lado a otro—. Ora para que la voluntad de Dios sea hecha.

—Entonces entendí lo que me estaba diciendo —recuerda. Paró de orar para que el Señor no lo dejara morir. Momentos más tarde, el Señor se llevó a Joey.

Joey fue un testigo poderoso.

Fue a Gales en la fuerza y poder del Señor. Le fue dado poder para mover personas a través del Espíritu Santo, tocando cientos de vidas con su ardor, determinación y emoción.

Aun cuando fue diagnosticado con cáncer generalizado en todos sus órganos quiso quedarse para cumplir su misión. Prefirió quedarse en el campo de batalla y allí morir.

El servicio funeral estaba repleto, asistieron más de 1,600 personas.

Él fue un héroe.

Una de las enfermeras, llamada Karen, que atendió a Joey desde que llegó al hospital tenía muchos problemas en su vida y al principio estaba muy cerrada al Evangelio. Joey le comenzó a testificar, le gustara o no. Él bromeaba con ella y pronto, ella empezó a oír. Una noche mientras estaba en casa, Karen no se podía dormir recordando las cosas que Joey le había dicho. Venía a su memoria cómo él, al estar tan grave, nunca perdió su fe y confianza en Dios. Dudó que jamás podría tener la fe que él tuvo y se lamentaba de que lo único que pudo ser para Joey, fue una enfermera y no una hermana en su fe.

—Pero esa noche —recuerda Christina—, se levantó y escribió un poema sobre la fe de Joey. Lo escribió en una hermosa caligrafía y me lo dio.

El poema dice así:

"El joven moribundo
Solo está acostado en su cama
Sus ojos suavemente cerrados
ninguna lágrima vertida.
La llama de su existencia
se está apagando,
Trayendo oscuridad a su alrededor
mientras nosotros oramos.
Veo que hay esperanza y temor en su alma
pero a través de esta batalla
Dios ha estado cerca
Pues aquí hay un peleador
Silencioso y fuerte.
Pues ya pronto se irán los días de fatiga
Pasión y gloria, poder y amor.
Tomar a este hombre en las manos tiernas de Dios
todo el aire a nuestro alrededor será gozoso y libre
el joven hombre que se muere será salvo,
Por Ti".

Sonny dice que Joey sabía que "el mundo entero es nuestra parroquia —ciudades que necesitan a Dios".

Y Joey llevó esa visión a Cardiff.

Sonny ha aprendido cómo hacer guerreros poderosos de su gente. En sus estilos de vidas anteriores, se habían vendido al diablo y no temían al hombre ni a la muerte. Ahora están entregados a Jesús. Son un ejército poderoso, sometidos a Dios, enseñados a obedecer a Dios de manera voluntaria.

Cuando Dios salva a alguien de los barrios malos, los prepara, les da compasión por los suyos. Entonces ellos que conocen bien las calles son enviados. Las personas de los barrios marginados les respetan y admiran por su amor y comprensión hacia ellos. Por eso pueden arrebatar a los perdidos de las puertas mismas del infierno.

Son un poderoso ejército, entrenados muy bien entre otras cosas, para el combate misionero. Estudian las personas, el barrio y cuando llega el momento entran en acción realizando el trabajo de ganar almas, y después se quedan con los nuevos salvados para el trabajo que resta, el de discipularlos y hacerlos nuevos guerreros.

Cuando Joey fue enviado a Cardiff, fue en la fuerza y poder del Señor. Fue increíble como pudo mover vidas a través del Espíritu Santo. Su ardor y emoción estaban enfocados en una sola meta: ¡tocar vidas!

Aun diagnosticado con cáncer terminal, ¡rehusó regresar a casa! Prefirió morir en el campo de batalla. Sonny y yo estábamos juntos en Inglaterra cuando oímos cuán enfermo se había puesto Joey. Sonny fue a Cardiff a ver si podía traer a Joey a casa, porque sabía que se estaba muriendo.

Pero la fe de Joey era tan fuerte que Sonny le dejó quedarse. Sonny me dijo:

—Nicky, no puedo creer que exista un hombre así. Su fe, su pasión por las almas es tan grande.

Sonny de verdad lo amaba. Joey era mi tipo de persona, pero con agallas.

Ahora hay otros que se están levantando con su misma visión.

Sí, la visión continúa.

—El Señor ha estado con nosotros y lo sigue estando —dice Sonny—, nos dirige y nos guía. Yo sinceramente creo que estamos a punto de ser testigos del avivamiento más grande de toda la historia y del derramamiento final más grande del Espíritu de Dios. Así que, mantengámonos vivos a nuestro llamado y unción.

¿Y cuál es ese llamado y unción?

De acuerdo a su Declaración de Misión formal: "Alcance Victoria es un ministerio cristiano internacional, dirigido a la iglesia, con un llamado de obediencia al mandato de evangelizar y discipular con el mensaje, de amor y esperanza de Jesucristo a los adoloridos del mundo. Este llamado involucra un compromiso de plantar y desarrollar iglesias, hogares de rehabilitación y centros de entrenamiento en ciudades estratégicas del mundo. Alcance Victoria inspira y enseña a las personas el deseo de cumplir su potencial en vida con un sentido de dignidad, destino y pertenencia. Alcance Victoria trabaja en conjunto con otros que tienen el mismo propósito de llevar adelante esta obra".

Ahí esta otra vez.

Dignidad.

"Alcance Victoria" inspira y enseña ... el deseo de cumplir ... potencialmente ... con ... dignidad.

Pero solamente se puede hacer todo esto a través del poder de un Dios Todopoderoso, el Único Dios verdadero el cual ama a los proxenetas, prostitutas, bandidos, vendedor de drogas, drogadictos y los matones de nuestro mundo.

—Constantemente tenemos funerales para los jovencitos del barrio —dice Sonny, con su cara muy pálida, mientras hablamos en su cuarto de estudio en la iglesia La Puente—, jovencitos que mueren a manos de otros que van en sus autos en una carrera loca disparando hacia las personas que caminan por la calle. Hace días, tuvimos un hombre que ayudaba a los ujieres, pero ese hombre tenía a sus hijos involucrados en pandillas. Él protegía mucho a su hija, porque la amaba entrañablemente aunque ella pertenecía a una pandilla.

»Una tarde, otra muchacha de un barrio cercano vino a su casa con un muchacho buen mozo, con el propósito de matar a la muchacha hija del ujier. Al no encontrar a nadie en la casa se dirigieron hacia nuestro edificio, en ese momento el padre de la muchacha se encontraba trabajando en el jardín y allí mismo el joven que acompañaba a la muchacha abrió fuego sobre él, volándole los sesos. La mamá que también estaba en el jardín, empezó a correr por la acera, pero a ella también le dispararon y después fueron a buscar a la hija, pero no estaba en casa.

»La muchacha que trajo al muchacho para la matanza, ahora está en uno de nuestros centros de rehabilitación. Ha dado su corazón a Jesús. Así que uno de nuestros pastores la llevó al centro —sin saber que la hija del ujier que mataron también estaba allí—. Así que de repente, teníamos a las dos en el mismo centro.

¿No hubo problemas entre las dos muchachas?

—Había tensión, naturalmente —explica Sonny—. Tuvimos que llevar a una de ellas a otro centro de rehabilitación. Se reclina en su asiento en su modesta oficina, la cual está llena de premios, recomendaciones en cuadros y varias resoluciones oficiales de la ciudad de Los Ángeles alabándolo por sus esfuerzos. —Tengo otros miembros de la iglesia que han perdido a sus hijos en guerras de pandillas. Yo diría que tenemos por lo menos un funeral al mes, si no más, relacionados con las pandillas. En algunos de estos barrios hay constante violencia.

¿Qué se puede hacer para detener esta violencia?

—Bueno —dice Sonny—, la única forma de hacerlo es lo que estamos haciendo nosotros. Tenemos que darles el evangelio. Tenemos reuniones con las pandillas y compartimos a Cristo con ellos, y los involucramos en la iglesia. Muchos de nuestros muchachos en la iglesia son ex miembros de pandillas.

¿No es peligroso dejar de pertenecer a una pandilla? De acuerdo a las noticias, los que se salen de ellas algunas veces son matados como traidores.

—Puede ser que te maten por salirte de una pandilla —dice Sonny—. Pero si el joven recibe a Jesús, usualmente no tienen problema. Las pandillas le dejan ir.

¿Por qué?

—Porque simplemente ha desarrollado una actitud. "Alcance Victoria" es considerada un refugio seguro para los que salen de las pandillas y para los adictos, yo creo eso también. Es como si los de las pandillas sienten que si un ex miembro de ellos recibe a Jesús, lo tienen que respetar y dejarlo tranquilo —dice y señala a uno de los ujieres que está afuera—. Ese tipo era antes un criminal vicioso. Seriamente. Hemos estado alcanzando a muchos de la mafia chicana. Tenemos uno que fue un matón.

¿Un matón alquilado?

—Sí, su testimonio es tan poderoso que todos los que lo escuchan, saben que Jesús es real. La policía aun me pregunto: ¿Es de verdad su conversión?

»Yo les dije: ¡Oh sí es genuina!

Yo he oído la historia increíble de ese hombre y cómo él relata cuán difícil le fue cometer su primer asesinato. Pero después de la primera vez, algo estalló dentro de él. Era como si algo simplemente le apagó sus emociones.

—Después de eso, podía matar y no sentir nada —dice Sonny—. Era solamente un trabajo. Ya no tenía más conciencia. Entonces, Dios empezó a lidiar con su vida. Comenzó a leer la Biblia mientras estaba en un celda de la prisión. Él estaba supuesto a matar al tipo que estaba a su lado en la celda porque la mafia tenía un contrato sobre él. Pero después de leer la Biblia, por alguna razón no lo podía hacer. No lo podía matar.

»Eso lo perturbó. Después que salió de la cárcel, entró en uno de nuestros centros de rehabilitación y dio su vida a Jesús. Al principio, era como plomo frío. No tenía emoción alguna hasta que empezó a quebrantarse bajo nuestro amor y aceptación de él a través del amor sobrenatural de Jesús.

»Ahora es un hombre completamente quebrantado con un corazón tierno y un arrepentimiento genuino. Vino a mí un día y me dijo: "Pastor Sonny, quiero que sepa que estoy con usted hasta la muerte". Su compromiso es igual a como cuando estaba en la mafia, pero ahora su compromiso es con Jesús.

»Una vez yo estaba teniendo dificultad con alguien y me preguntó: "¿Quieres que yo me encargue de este tipo por ti?" Sonny se ríe mientras cuenta el incidente. —¡No! —le dije—. Creo que estaba bromeando. Espero que así haya sido.

No, este no es un ministerio corriente.

Ser pastor aquí es bien peligroso.

Pero Sonny sabía eso cuando aceptó el llamado de Dios para el este de Los Ángeles, y cuando el Señor le mostró la visión de un alcance a otras zonas de combate en las ciudades más grandes del mundo.

La necesidad aquí es muy grande.

La Iglesia tradicional se ha retirado —cerrando sus ojos al terror o negándose a los millones que viven y mueren aquí diariamente.

Hoy día, en las calles oscuras y destruidas del este de Los Ángeles, el dicho que usan los niños en el colegio para matanza es "booyah" —el sonido hecho por el cañón recortado de una escopeta.

En algunos barrios marginados, la idea de gobierno no corrupto o de una madre buena, decente, ganándose la vida honestamente, es objeto de mofa. Esta es una generación criada en colegios donde los maestros con mucha tensión temen compartir su fe para no ser llevados a los tribunales por la Unión de Libertades Civiles Americanas que está creciendo radicalmente, la cual ha determinado que ninguna oración jamas será dicha otra vez por ningún estudiante, instructor o administrador de colegio público.

En las zonas bajas marginadas, los modelos de ejemplos para los estudiantes son los cantantes que odian a la policía y que admiran a delincuentes que engañan el sistema legal, glorificados por un medio de difusión manipulador. Es muy triste ver cómo en tantas familias los valores morales han sido suprimidos completamente, y cómo florece el "Paganismo nuevo" de una Norteamérica cristiana postrera —con misticismo de la Nueva Era, satanismo, espiritismo, vudú y brujería como algo común, como las columnas de astrología en los diarios.

Aquí las muchachas jóvenes son consideradas objetos sexuales que deben ser defendidas tanto como explotadas, por los miembros de las pandillas a las que se le dedican canciones que glorifican actos violentos involucrados en el crimen.

La sangre es lo que limpia estas calles.

Jóvenes asesinos vigilan estas aceras, sus ojos sin emoción y sus conciencias entumecidas.

—Cuando veo algunos de estos muchachos, me preocupo por el futuro —admite Sonny—. Me preocupo por Norteamérica.

»Pero yo sé que la victoria nos ha sido asegurada.

Mi amigo Sonny ha sido una inspiración tan grande para mí. Doy gracias a Dios por él. Alabo al Señor por usarme a mí como una pequeña parte para ayudar con las cruzadas que han dado comienzo a tantas iglesias.

Hay un sentimiento muy especial en mi corazón cuando recuerdo cómo el Señor me ha permitido estar ahí para animar a este amigo que me ha dado —orando con él a las 4:00 de la mañana, porque su corazón estaba roto porque no venían más personas a Jesús—. El mundo sigue su rumbo, sin prestar atención ni tomar cuidado, sólo preocupado por sí mismo, satisfaciendo rápidamente sus necesidades de seguridad, éxito y entretenimiento, ignorando el mundo oscuro de los muertos y los demonios que asechan muy de cerca.

Millones de personas doloridas y enfadadas están en las calles de nuestras grandes ciudades, viviendo con las llagas abiertas de sus propios pecados y penas.

¿Podemos echarlos a un lado como si fueran simplemente una carga, una inconveniencia? ¿Son problemas de alguna otra persona? La mayoría del mundo los ignora, como si no estuvieran ahí. Sin embargo, continúan existiendo. Nos llaman desde las sombras, quebrantados de espíritu, perdidos en sus propios desesperos, sin esperanza, sin gozo, sin nadie que se preocupe.

¿Y qué de estas personas olvidadas?

¿Se quedarán en los barrios bajos? No. Ya los problemas de las pandillas y las drogas han esparcido su violencia a las ciudades de Springfield, Missouri y Tulsa en Oklahoma, (que conforman el "cinturón bíblico"). En ciudades como Cincinnati, Ohio y Indianapolis, Indiana las noticias de robo de automóviles, disparos desde autos y ataques de drogas van en aumento.

Mis amigos, ya no hay lugar para esconderse.

Aun en los barrios más seguros, y las escuelas rurales más remotas, las drogas se venden en los baños y las armas de fuego están apareciendo en los casilleros de los pasillos de las escuelas.

Este problema simplemente no desaparecerá.

Así que, ¿qué hemos de hacer con estas personas olvidadas? ¿Qué se puede hacer? ¿Quién los buscará, para tocarles y cuidarles?

¿Se preocupa Dios por ellos?

Sí, ciertamente.

Él se preocupa profundamente, lo bastante para poner Su corazón dentro de cientos y miles de personas y motivarlos para que ellos sientan el crudo e insaciable dolor que Él siente y que sepan de la urgencia de ir, de preocuparse y de alcanzar y ver esas necesidades suplidas.

Esto es lo que está sucediendo a través de "Alcance Victoria".

También lo veo sucediendo a través de otros ministerios por toda la nación. Muchos son efectivos. No hay ninguno tan cerca de mi corazón como "Alcance Victoria" por mi amistad de tanto tiempo con Sonny. Pero creo que un gran ejército se está levantando.

Mi amigo, tú puedes ser parte de ese ejército. Pero ésta no es una misión fácil.

Debes estar atento al llamado de alcanzar a los que son rechazados por nuestra sociedad que se va poniendo más egoísta y egocéntrica, es difícil y aun peligroso. Sí, Dios te protegerá y te guiará.

Pero hay dificultades en este tipo de ministerio. ¡Y qué tremendas recompensas hay!

Cuántas veces he oído a personas decir que desearían poder "ver a Dios." Anhelan sentir Su presencia aquí en este mundo caído. Me dicen: "Si tan sólo pudiera ver Su rostro, oír Su voz, sentirle cerca". Yo pienso cuán a menudo el Señor nos dice: "Aquí estoy Yo, en este hombre, esta mujer".

¿Cómo dice Él esto? Lea las promesas preciosas en Mateo 25:31-46.

El griego antiguo proclama que algún día Jesús regresará en todo Su esplendor y todos los santos ángeles con Él. Se sentará sobre su trono glorioso. Todas las naciones se juntarán en su presencia.

> *Cuando el Hijo del Hombre venga en su gloria, y todos los santos ángeles con él, entonces se sentará en su trono de gloria, y serán reunidas delante de él todas las naciones; y apartará los unos de los otros, como aparta el pastor las ovejas de los cabritos. Y pondrá las ovejas a su derecha, y los cabritos a su izquierda. Entonces el Rey dirá a los de su derecha: Venid benditos de mi Padre, heredad el reino preparado para vosotros desde la fundación del mundo.*
>
> Mateo 25:31-34

¿Y por qué se les dará su recompensa?

El Rey se jactará de ellos, proclamando para que todo el mundo oiga:

> *Porque tuve hambre, y me disteis de comer; tuve sed, y me disteis de beber; fui forastero, y me recogisteis; estuve desnudo, y me cubristeis; enfermo, y me visitasteis; en la cárcel, y vinisteis a mí.*
>
> Mateo 25:35-36

Entonces, de acuerdo a la Biblia, los justos preguntarán:

"¿Cuándo te vimos hambriento, y te sustentamos, o sediento, y te dimos de beber? ¿Y cuándo te vimos forastero, y te recogimos, o desnudo, y te cubrimos? ¿O cuándo te vimos enfermo, o en la cárcel, y vinimos a ti?" (vv. 37-39)

Y Jesús les responderá:

"De cierto os digo que en cuanto lo hicisteis a uno de estos mis hermanos más pequeños, a mí lo hicisteis". (v. 40).

Pero entonces, Jesús se dará vuelta a los que están a su izquierda y los mandará al fuego y condenación eterna preparado para el diablo y sus seguidores. Él declarará que ellos nunca le dieron de comer cuando Él tenía hambre, ignoraron Su sed y Su desnudez y Su enfermedad —y ciertamente nunca lo visitaron cuando estuvo en la cárcel.

Ellos negarán que jamás lo vieron a Él en tal angustia.

Y Él declarará:

"De cierto os digo que en cuanto no lo hicisteis a uno de estos más pequeños, tampoco a mí lo hicisteis".

Mateo 25:45

Y el capítulo termina con las terribles palabras:

"E irán estos al castigo eterno, y los justos a la vida eterna" (v. 46).

Mis amigos, no podemos voltear nuestros rostros.

No podemos ignorar los llantos.

Ezequiel 34 dice que cuando los líderes de Israel habían fallado al Señor en cuanto al cuidado de Su pueblo, Dios mismo dijo: *He aquí yo, yo mismo iré a buscar mis ovejas, y las reconoceré. Como reconoce su rebaño el pastor ... así reconoceré mis ovejas, y las libraré de todos los lugares en que fueron esparcidas el día del nublado y de la oscuridad ... yo las sacaré, las juntaré, les daré de comer, vendaré la perniquebrada y fortaleceré la débil; mas a la engordada y a la fuerte destruiré ... y sabrán que Yo soy Jehová, cuando rompa las coyundas de su yugo, y los libre.*

Mateo escribe acerca de cómo Jesús miraba a las multitudes, cómo Sus ojos no pasaron simplemente por encima de sus rostros, sino cómo Él miró a sus corazones individualmente, sus vidas infelices, sus prejuicios de autojusticia y su dolor interno. Su corazón fue tocado. Se llenó de compasión.

Gratuitamente, Él les dio la sanidad, liberación y paz que ellos necesitaban.

Él no los dejaría como "oveja sin pastor".

Él sabía que iba a ser separado físicamente de ellos, que tendría que tomar Su corazón y ponerlo dentro de la vida de sus seguidores, en los cuales Su visión, Su compasión y Su provisión podrían ser derramadas. Le dijo a Pedro que alimentara Sus ovejas.

Él sabía que las ovejas siempre tendrían necesidad de pastores que realmente las cuidaran y las entendieran y quienes estarían dispuestos a entregar sus vidas por el bien del rebaño.

Mi amigo Sonny es tal pastor. Recientemente, estaba acostado pero aún despierto a las dos de la mañana. Mientras la oscuridad de la noche cubría el mundo como una frazada cubre a un niño dormido, Sonny yacía con sus ojos bien abiertos, su cuerpo tenso y su estómago revuelto. Su mente vagaba con pensamientos inquietos y sin descanso.

Justamente durante esa semana, él había enterrado a ocho adolescentes cuyas vidas fueron arrebatadas por las continuas guerras callejeras. Después del último funeral, se quebrantó, y llorando le dijo a Julie: "No puedo aguantar más esto".

Ya el dolor de niños moribundos y de ciudades adoloridas, como también las responsabilidades de "Alcance Victoria" a través del mundo y los retos diarios de un ministerio como ese, lo tenían oprimido, dejándole débil, abatido, y con una gran incertidumbre acerca de cómo iba a ser el futuro.

Aunque Julie dormía tranquilamente a su lado, él no podía descansar. Era como si mi amigo Sonny sintiera un peso sofocante sobre su corazón y su mente, el cual no se podía quitar. Aunque necesitaba descansar, su fuerza y atención estaban enfocados en su perturbada inhabilidad de lidiar con las emociones profundas que llenaban su corazón con gritos.

Batalló para cerrar los ojos, imágenes de miles de caras, claras y cercanas pasaban por su mente. No había escape. Aunque hizo lo indecible para librarse de ello, no había nada que él pudiera hacer, incluyendo el dolor interno que nacía en su corazón y atormentaba su mente.

Suavemente apartó las sábanas a un lado y con cuidado se levantó de la cama. Atravesando la habitación, de pronto se detuvo batallando por controlar las emociones que de repente se soltaron en lágrimas silenciosas. Estaba agradecido por ellas, aun mientras caían, porque le proveían algo de alivio, algo de consuelo para el dolor que sentía.

Con qué desesperación anhelaba ese alivio. Las palabras, susurradas, eran difíciles de pronunciar porque su garganta estaba apretada y seca dificultándole poder tragar.

Llegó a la otra habitación despacio. Encendió la luz y cerró la puerta calladamente detrás de él. Mientras sus ojos se acostumbraban a la luz y pudo definir el cuarto alrededor de él, reconoció, dentro de esta ola gigantesca de emoción, que el dolor que sufría también tenía forma: sin poderse escapar, delante de él estaban la caras torcidas, las vidas rotas de tantas personas que venían a él diariamente, clamando por una palabra de consejo o esperanza, o quizás para pedirle que oficiara el entierro de su hijo o de su vecino, recientemente asesinado en las mismas calles donde vivía.

Estas eran las caras, las vidas que nadie más quería, pero que Dios le había entregado a él personalmente. Pero, oh Dios, ¿cómo soportar la carga tan grande, y cuyo peso era demasiado para un hombre mortal?

Y dentro de este hombre, su espíritu se torcía y clamaba a Dios: "Es demasiado. ¡Soy muy pequeño e inadecuado, y tú lo sabes, Padre! Aunque la necesidad demanda cuidado, amor y sanidad, yo estoy sin esperanza en mi carne para abrazar toda esta necesidad, este dolor. ¿A cuántos niños y adolescentes puedo enterrar, derribados por la crueldad mortal de una bala? Y esta 'zona de guerra' se está volviendo cada vez más mala. Tú me has llamado a este lugar, a este pueblo, pero Tú sabes que no puedo continuar. No puedo continuar a menos que Tú lo hagas.

»Cuando estas personas se desmayan desesperadas, yo me desmayo con ellas. Cuando mueren por dentro con su pesar, su dolor es mío. Clamo a ti y digo, ¡Padre! y sé que este clamor es por ellos también. Me siento como dijo Pablo, 'abatido, desanimado por la vida misma'. Ni siquiera puedo levantar mi propia cabeza —mucho menos la cabeza de otro hermano adolorido. ¡Y aun, lo anhelo! ¿Cómo podré sostenerme?"

Mientras Sonny se abría delante del Señor, derramó su alma entera ante su Creador. Sabía, y esto lo consoló, que Él, el Gran Pastor, conocía las ciudades tanto como los pastos. Él ha andado por las calles rotas y los pavimentos ensangrentados.

Además, el Señor conocía el mar de sus pensamientos y las lágrimas de su corazón. Sonny fue asegurado de que él era "conocido" y que el Padre mismo entendía. A pesar del dolor que Sonny sentía, era bueno estar cerca de Él y de compartir esa pesada carga con el Único que realmente se preocupa.

En su interior, Sonny sabía que su deseo insaciable de "arrancar" al herido, al desesperado, a aquellos que destruían y estaban siendo destruidos, a los encadenados y los atados por sus propios pecados, y que les dejaban con cicatrices y vacíos de toda esperanza, abandonados por el mundo, y existiendo ciegamente, con un corazón oscurecido, era un deseo que venía directamente del corazón de su Creador, Su Padre y Amigo.

No se podía apartar a un lado ni ignorar. Seguir viviendo era enfrentar la realidad siempre presente de lo que Dios había puesto dentro de él

Con suavidad, Sonny sintió confianza, como si el Señor mismo le estuviera declarando: "Mi hijo, estoy contigo. Yo te amo. Y en amor, te di una parte de mí. Una parte preciosa. El dolor que tú sientes, ese es mi dolor. ¿Las caras que tú ves? Yo veo billones. Yo los he creado y les amo también".

A través de los labios de Sonny salía un gemir de alabanza y oración, clamando a Jesús y bendiciéndole por su corazón amoroso —su fuerza dada gratuitamente—. Al interceder y declarar su agradecimiento a través de las lágrimas, pasó del dolor al consuelo, y del temor y la debilidad a la seguridad y el poder a una unidad perfecta con el corazón del Padre.

Al pasar los minutos en medio de su oración, le vino a la mente recuerdos de días recientes en Barcelona, España y el hogar de rehabilitación allí. Sonny recuerda cómo derramó su corazón a los espíritus atentos de aquellos que le escuchaban cuando él compartió con ellos el corazón de nuestro Dios amoroso, hacia aquellos adictos desesperados en las calles de sus ciudades. Él les exhortó y animó que se "siguieran multiplicando" entre los que se salvaban y "arrancaban" de las garras del enemigo.

Sonny les recordó cómo el país fue asaltado por el enemigo, y lleno con adicción a las drogas y alcoholismo, violencia e inmoralidad.

Una mujer en particular, Shirley, la esposa del pastor Sergio Arriola, absorbió cada palabra dicha, y fue profundamente conmovida a un compromiso precioso de lanzarse a la tarea de poner fin a toda esta destrucción. Su espíritu y alma se estremecieron al conocer la verdad a través de Sonny. Casi todos los residentes del centro de rehabilitación de Barcelona habían sido diagnosticados positivos de SIDA. Todos estaban bajo la sentencia de muerte del SIDA.

Sonny sabía que estos mismos eran los que mejor equipados estaban en el corazón y el entendimiento, para alcanzar a los muchos otros en Barcelona, y tocarles con el Evangelio y con el Salvador que los había salvado.

Una vez más, Sonny se desplomó bajo el dolor debilitante —su dolor, por el dolor de ellos—. ¡Qué pérdida! ¡Qué pérdida de vidas tan preciosas al Reino de Dios— vidas tan necesitadas aquí mismo en Barcelona, para proclamar las Buenas Nuevas.

Una vez más, el Padre alcanzó el corazón de Sonny y lo consoló, recordándole que Él estaba en control. Dentro del corazón de Sonny nació la fe de que si Dios quería, Él los podía sanar, y de que nada podía impedir al Todopoderoso cuando Él escoge moverse en poder y fuerza. Alabanza, mezclada con lágrimas, brotaron del corazón de Sonny, exclamando desde lo más profundo de su ser "Gracias, Padre".

Y en las horas quietas de la mañana, Sonny hizo una pregunta: "Señor, ¿por qué será que la iglesia promedio de hoy día mira a estos que Tú has salvado y lavado en Tu sangre, como convertidos insignificantes y parece querer atarlos a un pasado que nunca puede ser dejado atrás? ¿Por qué por esta incertidumbre algunos de estas preciosas almas que Tú has tocado, empiezan a perder ánimo y son debilitados cuando deben estar fuertes y animados? ¡Señor, esto es difícil para mí! Estas personas no son 'inferiores' porque vienen de un grupo minoritario o por su pasado criminal".

Sonny oro: "Señor, ¡nuestra gente no tiene menos necesidad de la dignidad y confianza que Tú das gratuitamente a todos"!

Y dentro de su corazón, Sonny sintió el impulso del Señor para que mantenga sus ojos sobre Jesús. ¡Él tenía que animar a sus hacedores de discípulos a que no se desanimaran ni se avergonzaran! ¡Que siguieran enseñando y aprendiendo! Una resolución vino a Sonny, una devoción nueva al que lo había llamado y habla la verdad que trae vida, tan suavemente a nuestros corazones rotos.

Entonces preguntó Sonny: "Pero Señor, ¿y qué de este campo de batalla? ¿Y qué de esta zona de combate sangrienta que está cubierta con casos de vidas rotas, muerte, desespero y temor? ¡Este campo de matanza de niños me está rompiendo y desgarrando mi corazón! ¡Esto es una locura!"

Y parecía que el Señor llenó a Sonny con un entendimiento nuevo de su propia pena, su propio dolor. Se acordó de Jeremías 8:18-21, donde el Señor proclama que Su dolor no tiene sanidad y que Su corazón desfallece dentro de Él. Entonces pregunta: ¿No está Jehová en Sion? De veras. Él proclama a todos nosotros: "No estoy Yo aquí para ellos"?, y entonces revela que Su propio corazón está herido, que Él se lamenta y que espanto ha sobrevenido a Él.

Ahora Sonny pregunta: —¿Y qué de mis guerreros? ¿Mis trabajadores? ¿Mis hacedores de discípulos? Algunos son amenazados, y eso parte mi corazón. La presión es fuerte cuando el enemigo usa al mundo para mofarse de ellos, con el propósito de crear duda, temor, incertidumbre de que quizás, después de todo, la batalla no puede ser ganada. Él les pone temor en sus corazones de que quizás el obstáculo es demasiado grande, y que ninguno de nosotros lo podemos vencer.

»Señor —lloró Sonny—. Yo sé de cuatro de mis líderes que ya se han quedado atrás quitando la mano del arado, cayendo de muevo en el mundo que una vez habían dejado. ¡Perderlos para mí fue tan duro como ser testigo de los sufrimientos de tantas otras almas!

Con amor y longanimidad, Sonny usó sus fondos personales, por dos años, para pagarles el alquiler de sus familias, comprarles comida y proveer para muchas de sus otras necesidades personales. Mientras estos líderes caídos se aprovecharon de su generosidad, Sonny esperó pacientemente para que el Señor se moviera, no contando la pérdida como suya.

Dos han regresado al Señor y están sirviéndole otra vez —mayormente gracias a la fidelidad de Sonny.

Una vez más, Sonny sintió la suave paz que sobrepasa todo entendimiento. Él sabe que el Señor se había movido de tal forma como para abrir su iglesia en los meses recientes, para aceptar el ministerio vital de la reconciliación, por lo menos restaurando el compañerismo, los líderes caídos, y, con la esperanza, de retornar de nuevo al ministerio. Hacer todo esto lleva tiempo, recursos financieros, esfuerzos, pero ya el Señor lo había hecho y además, "Alcance Victoria" siempre se ha sostenido gracias al impulso y fervor de Sonny.

En medio del dolor de Sonny durante la oscuridad de la noche, mientras su angustia y carga lo llevaron a caer sobre sus rodillas, Julie comenzó a moverse. No quería interrumpir a Sonny, así que lo dejó con el Señor. Pero al llegar la mañana, ella fue despertada otra vez por los sonidos y sollozos de las oraciones de Sonny, que venían del otro cuarto. Cada vez más se daba cuenta de la presencia del Señor. Y allí en la cama, lloró por su esposo, por su dolor y por el entendimiento compartido que ella sentía por la obra delante de ellos.

Ella le pidió al Señor en ese momento ir a su esposo y estar allí con él. Tenía temor hasta de caminar hacia el cuarto por la presencia tan real del Señor, aquel momento era muy precioso para sus vidas y para continuar con la obra entregada a ellos por el Señor.

Tales momentos son inolvidables, son verdaderos y poderosos porque la pureza del corazón se hace muy real, no hay espacio para fingir porque el Señor está presente, son momentos raros en la vida y que no tienen precio, deben ser atesorados reverenciados y recordados.

Sin una gota de falsedad o hipocresía, encontró a su Sonny en el otro cuarto, arrodillado y quebrantado ante el Señor.

Le chocó un poco verle así, porque nunca antes había visto a su esposo que era fuerte y firme, tan vulnerable, tan expuesto y frágil bajo la carga de tanta emoción. Ella entendió su batalla —la lucha en la cual ellos habían estado juntos tantos años.

Su corazón fue conmovido y atraído a esa demostración, esa vulnerabilidad del corazón puro y una devoción de compromiso en su esposo. Una resolución firme se levantó en su propio corazón y espíritu, y una fuerza con propósito a pararse con él, apoyándolo sin importar qué y hacer todo lo que ella podía para proteger, preservar y animar a este hombre y su corazón, su llamado y compromiso delante de Dios.

Y mientras él nadaba por esos ríos de humanidad rota, tan grande era su amor por Sonny y por Jesús, que no tuvo otro remedio que meterse en estas aguas profundas con él, agarrar su mano, y renovar en su corazón el pacto que ellos habían hecho hacía ya tanto tiempo.

Poniéndole los brazos alrededor de él, susurró lo que había en su corazón:

—Sonny, los dos estamos en esto juntos. Tú y yo y Jesús. Él nos ayudará a atravesar, y a traer a muchos otros también. En nuestra necesidad hemos visto la gloria del Señor. Él siempre ha tenido la victoria. Sonny, deja que Él tome control, que Él nos tome a nosotros. ¡Tenemos que confiar en Jesús!

—Yo sé —susurró Sonny—. Yo entiendo. El Señor está conmigo y me rodea. Yo siento su presencia. Él conoce la carga y es de Él. Él lo hará. Tú y yo, simplemente le seguiremos. Te amo, Julie.

Ya la mañana pronto llegaría. Y saludarían el nuevo día abrazados uno al otro y con nuevas fuerzas.

Capítulo 18

Ángeles en medio
de las llamas

Durante tres días en 1992, el cielo de Los Ángeles, lleno de humo centelleaba de rojo carmesí mientras a través del mundo los boletines de las noticias gritaban con ira relatos de motines, saqueos, desafíos e insurrección.

Mientras Sonny y yo conducíamos nuestro automóvil por uno de los peores barrios, él se detiene ante la ahora limpia esquina de Normandía y Florence. Señala los terrenos llenos de basura donde una vez hubo supermercados y tiendas de piezas de autos. Una cerca de alambre rodea un muro largo y estrecho de concreto, todo lo que queda de un centro comercial.

Sonny tiene otra cosa que me quiere mostrar. Estacionamos en frente de lo que una vez fue la cede de un predicador local de televisión ahora olvidado. El edificio desvencijado está al lado de una bolera vieja, que ocupa el segundo piso, encima de dos tiendas.

Esto es "Alcance Victoria" de la zona central del sur de Los Ángeles donde la congregación formó una cadena humana y confrontó a los amotinadores que tenían la intención de quemar el edificio.

Con entusiasmo, Sonny y el joven pastor Mark García me muestran lo que era anteriormente un teatro de 400 asientos, lleno de bancas gastadas pero pulidas. Frente al escenario hay una hilera de luces de los años 50 de 150 vatios que brillaban sobre el baptisterio hecho en casa. Antes de los motines, la congregación no tenía los medios para pagar el alto alquiler de este teatro viejo. Ahora, después de los motines, el dueño está vendiendo el edificio a la iglesia por una fracción de su valor —y está financiando la venta.

Gran parte del edificio original, por un lado está bajo reparación o simplemente una limpieza básica. Camas literas del centro de rehabilitación hacen ruido arriba en lo que había sido una bolera abandonada.

Sonny cita números impresionantes concernientes a aquellos que se gradúan de los centros de rehabilitación de "Alcance Victoria".

—Nosotros estamos levantando discípulos aquí —dice Mark un voluntario que repite orgullosamente el concepto de "Alcance Victoria" que yo he oído a Sonny proclamar desde el púlpito. "La Biblia usa el término discípulo más de 260 veces, pero sólo nombra a personas cristianas pocas veces. Nosotros entrenamos a personas para que sean discípulos y después hacedores de discípulos. No hay espacio para espectadores aquí en el centro sur. Nosotros exhortamos a todos a que se involucren en el ministerio.

Caminamos los tres a través de más o menos quince habitaciones esparcidas a lo loco dentro de lo que a mí me parece que es una masa de escaleras, alcobas y almacén viejo construidos caóticamente. Aunque todos los demás dirían que los edificios viejos harían un gran terreno de estacionamiento, Sonny y Mark ven el complejo deteriorado como una bendición maravillosa de Dios.

Antes de los motines, "Alcance Victoria" de la zona del sur había alquilado sólo una tienda que daba al frente y parte del piso superior. Pero después que las llamas se apagaron, los dueños estaban tan desesperados por salirse de allí· que financiaron la venta para la congregación. Los dueños bajaron el precio de venta aun por debajo del precio del mercado.

—Dios nos acaba de dar dos edificios —dice Sonny maravillado—. Nosotros habíamos estado orando por años por este viejo teatro. Tenerlo es un testimonio del poder y provisión de Dios.

Un garito de corredor de apuestas ha formado parte de los antiguos inquilinos del edificio de "Alcance Victoria". Cruzando la calle están las ruinas quemadas y los metales torcidos de un mercado libre, donde se intercambiaba toda clase de mercancías, que fue robado y quemado mientras los helicópteros de las estaciones de televisión oscilaban arriba, filmando las llamas para que todo el mundo viera.

Directamente en frente al cruzar la calle hay una tienda reconstruida descuidadamente después del motín. Anuncia abiertamente que adentro se puede comprar y vender sellos de comida del Servicio Social. Tal comercio es ilegal, pero ignorado por los oficiales de la ley.

Mirando alrededor me doy cuenta de que esta zona urbana de guerra no está completamente sin leyes, no importa cuántas visiones de calles sangrientas y bolsas de cuerpos aparezcan en las noticias de la noche.

Personas comunes viven allí. Piensa que en este lugar hay muchas leyes, allí veremos un mundo de muchachos violentos donde una mirada equivocada puede ser motivo de muerte, donde un niño de brazos puede ser baleado junto a su mamá, si a alguno de los dos se le ocurre usar cordones de zapatos de distintos colores. El centro del sur era una ciudad en llamas mucho antes de que los primeros edificios fueran quemados en abril de 1992. Tiemblo de emoción cuando miro alrededor y doy la mano a adictos que se están recuperando y manejan escobas y martillos en el centro de rehabilitación.

Este es un hospital maravilloso del Espíritu Santo. Aquí los doloridos, los olvidados y los no deseados encuentran paz. Aquí sueltan sus cargas y toman la cruz.

Esta mezcla de edificios de zona urbana marginada es un lugar de milagros diarios dentro de uno de los *guetos* más desolados y notorios de Estados Unidos, el sitio de los motines de Watts de 1965 y de la insurrección de Rodney King de 1992.

Me paro afuera en la acera y compro un emparedado de salchicha a un voluntario de la iglesia en el quiosco de venta de sandwiches de nuestro ministerio no lucrativo.

Una mujer sin hogar pasa arrastrando los pies con chancletas y cargando ocho bolsas con sus pertenencias. Levanta la mirada, su cara desfigurada por el dolor y la amargura. El vendedor la saluda calurosamente. Ella sonríe, entonces mira la acera y se va, murmurando a sus propios demonios.

Fue aquí donde los miembros de la congregación del centro sur vieron a los amotinadores avanzando sobre su edificio. Fue aquí donde ellos interrumpieron su servicio regular del miércoles y cayeron sobre sus rodillas, pidiendo al Señor que les protegiera.

Multitudes locas y borrachas bajaron por las dos avenidas de Manchester y Broadway, llenando las aceras, echándose a las calles, esquivando el tráfico, rompiendo ventanas y gritando. Los jóvenes estaban apedreando autos.

—Todo tipo de persona llenó la calle enfrente de nuestro edificio —recuerda el joven pastor Mark—. Él se había parado a la puerta, sorprendido de la locura de la multitud.

»Ah, ah, ah, aquí se acabó —pensó Mark—. Van a quemar el barrio completo.

El gentío gritaba su deleite perverso mientras el mercado libre ardía en llamas.

Un auto de la patrulla policíaca tomó por la calle Broadway y dio la vuelta, los policías aterrorizados se fueron apresuradamente al ver la multitud.

—A mí me parecía que la ciudad entera de Los Ángeles se estaba quemando. Parecía la caída de la civilización —recuerda Mark—. Mientras el mercado libre se quemaba y el gentío con los puños en alto buscaban nueva emoción, los hombres y jóvenes mayores de la iglesia formaron una cadena humana alrededor del edificio de la iglesia. Las multitudes saqueaban y quemaban un edificio tras otro.

»Se iban acercando más y más hacia nosotros —dice Mark—. Simplemente nos quedamos ahí, orando y dejándoles ver que tenían que pasar por encima de nosotros antes que pudieran quemar la iglesia.

Unos 75 incendios fueron comenzados sólo en Long Beach antes de la medianoche. En los techos de los negocios cercanos, comerciantes e inmigrantes coreanos armados con rifles y revólveres apuntaban nerviosamente a cualquiera que se acercaba a las calles en ruinas..

Mientras seguía la locura enfurecida, algunos edificios escaparon de la destrucción, islas en un mar de ruinas. Uno de ellos fue "Alcance Victoria" de la zona central del sur de Los Ángeles. Durante esa noche larga del miércoles, los hombres y muchachos jóvenes de la congregación mantuvieron su vigilancia.

Mantuvieron su cadena humana alrededor del edificio.

—La primera noche —recuerda Mark—, nada más era un pequeño grupo formado por nosotros y los muchachos del hogar de rehabilitación. Luego, otros miembros de "Alcance Victoria" empezaron a llegar de otras iglesias y algunos de los centros de rehabilitación.

»Tomábamos turnos en la acera, luego subíamos al techo a orar. Era guerra —guerra espiritual—. Las calles estaban llenas de personas quemando y saqueando, volviéndose locas.

El miércoles en la noche se convirtió en jueves en la mañana. En la oscuridad, sin electricidad, los líderes de la congregación se juntaron en el santuario de la iglesia.

Ahí, comenzaron a clamar a Dios, preguntándole: "¿Por qué? ¿Por qué está pasando todo esto?"

Entonces, se acordaron de una visión que habían tenido, que mostraba que la guerra de pandillas entre los *Crips* y los *Bloods* terminaría. Todos recordaron cuántas veces habían orado para que esa guerra cesara.

Mientras oraban y clamaban al Señor, se acordaban de sus intercesiones por la paz, y lentamente empezaban a sentir la presencia de Dios que llenaba su edificio. La gloria del Señor parecía manifestarse a todo su alrededor.

Ciertamente era tiempo de guerra espiritual intensa. Era como si Dios hubiera guardado todas las oraciones que habían sido elevadas en los pasados años en Su libro de memorias.

Era como si Dios guardara en Su odre todas las lágrimas que habían sido vertidas mientras ellos perseveraban en oración. Aunque la locura rugía por todos los alrededores, sintieron un gran impacto del poder de Dios, aunque ellos estaban en el mismo medio del caos que estaba rasgando a Los Ángeles.

Regresando a su vigilancia en la acera, los hombres de "Alcance Victoria" clamaron a Dios mientras veían nuevas olas de locura trayendo nuevas multitudes por Manchester y Broadway. Los miembros de la iglesia se mantuvieron parados valientemente, mirando y alejando a los amotinadores, alabando el nombre de Jesús, y rehusando el temor mientras el caos se hacía mayor alrededor de ellos.

Se turnaban yendo al techo, cuatro pisos arriba, para orar y alabar a Dios y cantar y clamar la sangre de Jesús sobre sus familias, sus casas, sus autos y el edificio de su iglesia.

Sobre otros techos, de acuerdo a las noticias, francotiradores —algunos armados con armas automáticas— disparaban a policías, bomberos, reporteros y cualquiera que estuviera a su alcance. Sin embargo, los miembros de "Alcance Victoria" pelearon su batalla con armas espirituales.

El sol comenzaba a salir.

Los Ángeles despertó de una nueva pesadilla de un día entero de saqueos e incendios.

Pero en la acera de su pequeña iglesia, los hombres de "Alcance Victoria" recibieron la salida del sol con sus rostros firmes, sin pestañear, sus voces alzadas en alabanzas al Único que podía salvar el edificio donde ellos adoraban, donde habían aprendido a depender de Dios y donde Él estaba restaurando sus dignidades. Aquí, ellos habían sido enseñados a respetarse a sí mismos con la ayuda del Señor.

En el horizonte, nubes negras de humo se levantaban mientras el eco de sirenas, mezcladas con disparos, explosiones y el ruido de los helicópteros de la policía y la televisión dibujaban el paisaje. "Usaré la fuerza que sea necesaria para restaurar el orden —dijo el presidente George Bush al dirigirse a toda la nación por televisión—. Les garantizo que esta violencia cesará".

Un toque de queda desde la puesta del sol al amanecer, despejó el tráfico en muchas áreas de la ciudad. Calles que usualmente se llenaban, estaban desiertas. En algunas áreas, sólo aquellos que no tenían hogar, ni a dónde ir, se quedaban en las aceras.

"Nosotros estamos decididos a tomar de nuevo nuestras calles —dijo el alcalde Tom Bradley en una conferencia en el ayuntamiento—. Queremos que la calles sean seguras para toda persona".

Por un momento parecía como si la violencia se fuera a extender. La policía en Atlanta disparó gases lacrimógenos a unos manifestantes negros después que estos tiraron ladrillos a los oficiales. San Francisco se mantuvo bajo un estado de emergencia después de un comienzo de vandalismo. El gobernador de Nevada, Bob Miller activó la Guardia Nacional en Las Vegas en respuesta a la violencia, ya que ésta había cobrado la vida de un joven, cuyo cuerpo fue encontrado en una tienda que se quemó.

De las 33 personas muertas hasta ahora en la hechos de Los Ángeles, quince eran negros, once hispanos, cinco blancos y dos asiáticos —veintiocho de ellos fueron muertos a tiros.

Automóviles sin ventanas y quemados quedaron abandonados en las aceras, metidos en vidrieras y tirados por las calles. En los estacionamientos de las tiendas el vidrio se aplastaba bajo los pies, en el ambiente se respiraba un aire con olor a humo y comida podrida. Autos destartalados y camionetas golpeadas corrían por las calles, llevándose luces rojas, sus pasajeros invocaban el nombre de Rodney King con los puños alzados y diciendo obscenidades.

Pero ellos se mantenían apartados de los hombres de "Alcance Victoria". —Simplemente nos miraban fijamente —recuerda su joven pastor—, como que querían hacer algo, pero no se atrevían.

Se sonríe al recordar. —Algunas de nuestras personas son toscas. Muchos de los muchachos en los centros de rehabilitación están recién salvos. Parecen personas con las cuales no quisieras tener problemas.

Más allá en la cuadra de la cadena humana de "Alcance Victoria", un joven muchacho lanzó un tubo de metal contra una ventana grande de vidrio de un edificio y entonces vieron como una banda de muchachos y adultos del barrio atacaban una tienda de zapatos.

Los Ángeles se estaba quemando y todo estaba para ser tomado gratis en una venta gigantesca donde nadie tenía que pagar a ninguna cajera.

Sin embargo, en el deslumbramiento de las luces de las cámaras de televisión, las víctimas verdaderas se quedaron en las sombras. Muchos de los que viven en la zona de los disturbios no participaron en la locura. Se quedaron en sus casas, sin saquear ni incendiar nada. En realidad, ellos salían para ayudar a los comerciantes a limpiar lo que quedaba de sus negocios después que los saqueadores se iban.

En realidad había jóvenes negros que discutían con saqueadores enloquecidos en los estacionamientos, diciéndoles que esta no era la forma de desquitarse. Pero las cámaras de televisión no consideraron estos hechos emocionantes ni interesantes. Mientras la competencia por los índices de audiencia seguían, los reporteros decían que los saqueadores, incendiarios y francotiradores eran hombres y mujeres enojados que protestaban por un veredicto injusto del jurado.

Sin embargo, aun cuando el mismo Rodney King se presentó en los noticieros clamando a todos para que "se llevasen bien", la locura no cesó.

—Ya no es conscerniente a (obscenidad) eso — gritó un joven a los reporteros—. ¡Es tiempo de fiesta, muchachos!

Los saqueadores e incendiarios parecían estar diciendo: "Mírennos", mientras saludaban a las cámaras. "¡Oye! ¡Hola, abuela! ¡Mírame! ¡Estoy en la televisión"!

En Vermont y la calle 22, los saqueadores dejaron limpia una tienda de muebles y efectos eléctricos, llevándose docenas de colchones, lámparas y muebles, a sólo tres cuadras de un área donde oficiales de la policía estaban vigilando otros negocios.

Sin embargo, mientras muchos residentes saqueaban y quemaban, otros ayudaban donde podían. En la avenida Mariposa y Beverly Boulevard, los residentes de un complejo de apartamentos dieron la mano para ayudar a combatir un fuego en una tienda por departamentos. El capitán de bomberos Roy Prince dijo que varias personas ofrecieron ayuda a un supermercado Vons que se estaba quemando en la calle Tercera.

Humo y ceniza caían de edificios que se quemaban y el pop-pop-pop de tiros de francotiradores mezclado con los sonidos de las sirenas y el ruido de los helicópteros de la policía y de los noticieros contribuían al aspecto de que se estaba viviendo una guerra.

Un joven que corría por Broadway, enfrente de "Alcance Victoria", gritaba: "Debíamos estar quemando Beverly Hills, eso es lo que debiéramos hacer".

El jueves en la tarde sonó el teléfono en la iglesia. Era Saúl García, la mano derecha de Sonny y uno de los pastores de la iglesia La Puente, la cual había ordenado y enviado al pastor Mark a la iglesia en la zona central del sur.

—El pastor Saúl quería saber si estábamos bien —recuerda Mark—. Yo le dije a mi pastor: "Bueno, los fuegos se están acercando".

—Muy bien, quiero que recojas y te vayas de allí. De alguna forma entraremos y te sacaremos a ti, a tu esposa y a tu hijo —él dijo.

Mark recuerda que con dolor en el corazón, miró afuera a los hombres de su congregación, parados con denuedo contra el gentío en la acera, evitando que ellos tocaran su iglesia.

—¿Recoger? —susurró—. Pastor, estamos en guerra ahora mismo. Estamos confiando en Dios.

—No, ustedes están cansados —Saúl dijo a Mark—. Han estado levantados toda la noche. Es tiempo de sacarlos de allí. Estás cansado y tu gente, debe estar fatigada, pueden reaccionar mal. Tú tienes un montón de ex miembros de pandillas allí contigo. Pueden herir a alguien, y eso arruinaría tu testimonio en la comunidad.

Envió a cuatro hombres y un par de camiones. De alguna forma pudieron pasar, aunque la mayoría de las calles estaban bloqueadas.

Cuando llegaron ahí, Mark llamó de nuevo a Saúl y le dijo: —Pastor, por favor, déjame compartir contigo mi corazón. Hemos estado aquí trabajando, orando y batallando en el mundo espiritual. Por favor, no podemos simplemente rendirnos.

—No —dijo Saúl—. Los mandé para que te saquen de ahí. Has estado levantado mucho tiempo. Creo que quizás estés muy cansado. Quiero que uses tu sabiduría.

—Considera esto —le ofreció el joven Mark—. Si el fuego llega a nuestra cuadra, nos iremos. No creo que llegará, el Señor nos está protegiendo.

Saúl se detuvo.

—Está bien —dijo después de un momento—. Respeto tu sano juicio.

Él estuvo de acuerdo, pero sólo con la condición de que si cualquier cosa en la cuadra de la iglesia se incendiara, ellos se irían y dejarían que la iglesia se quemara.

La congregación había estado observando el alboroto, y estaban seguros de que si algún edificio de la cuadra era alcanzado por el fuego, entonces la cuadra entera se quemaba. Pero ellos estaban orando fervientemente para que el Señor protegiera su calle, que Él mandara Sus ángeles.

Continuaron orando.

Mientras se quedaban intercediendo en oración por su iglesia y sus casas, más personas llegaron de otras iglesias y otros centros de rehabilitación. El jueves en la noche el número de personas que tomaban su lugar en la cadena humana alrededor del edificio iba en aumento.

El tercer día del sitio, viernes, comenzó con un humo marrón sobre la ciudad, que hacía arder los ojos. Mientras los miembros oraban arriba en el techo, decían que Los Ángeles se parecía a las fotos que hemos visto de Kuwait al final de la guerra del golfo —cuando el ejército derrotado de Irak encendió miles de pozos de aceite y una ola de humo negro oscureció los cielos. Así se veía la zona central del sur. Todo estaba en llamas. El cielo estaba negro.

"Una de las calles que peor fue atacada era la avenida Vermont —reportó esa mañana *Los Angeles Times*—. Un área de aproximadamente 15 kilómetros, de Santa Mónica Boulevard en Hollywood a Manchester Boulevard en el sur de Los Ángeles, la escena es una de devastación".

"Alcance Victoria" del centro sur de Los Ángeles está en la esquina de Manchester y Broadway.

Cuadras enteras estaban quemadas.

Los semáforos ya no funcionaban.

Las calles estaban llenas de vidrio.

Había escasez de comida en muchas áreas, las tiendas más atacadas por los incendiarios eran los supermercados.

Dos oficiales de la policía, incluyendo el oficial Michael Strawberry, hermano del jugador de los Dodgers de Los Ángeles, fueron heridos por balas.

Y afuera, en la acera, los miembros de "Alcance Victoria" se regocijaban con lágrimas de gozo mientras —los ángeles del Señor se manifestaban —decía el joven pastor Mark.

Pero no vestían batas blancas ni tenían aureolas, ni plumosas alas blancas, sino, vestían uniformes de camuflaje.

Mark susurra mientras recuerda.

—El viernes por la mañana, esos ángeles se manifestaron como la Guardia Nacional de California armada. Rodearon nuestro edificio en traje de combate y todo se terminó.

—Habíamos pasado por el fuego y no nos tocó —exclamó Julie, y también recuerda la llamada telefónica de Mark el viernes en la mañana.

Mark le dijo: —Yo sé cómo tú puedes llegar aquí mañana en la mañana.

Oficialmente los bloqueos y el toque de queda no habían sido levantados, pero como lo cuenta Julie:

—Él conocía una ruta que podíamos tomar para entrar por detrás de las barricadas y alrededor de los bloqueos de calles de la policía. Así que comenzamos a llamar por teléfono y juntamos a personas de todas las congregaciones de "Alcance Victoria" en Los Ángeles, y trajimos mil soldados cristianos.

¿Te puedes imaginar aparecer mil salvadores de almas? Aun cuando los fuegos todavía ardían. Pero fuimos hacia adentro rumbo al centro del sur y tuvimos reuniones en las calles y alimentamos a esas personas, y a la Guardia Nacional. Recogimos comida y agua todo el día del sábado.

Estaban tan contentos de vernos. La mayoría de las personas en esta aréa no había participado en el amotinamiento ni en el saqueo. Fueron sólo unos pocos. La mayoría de ellos pensaron que era el fin del mundo.

—Cuando llegamos allí —recuerda Julie—, ellos estaban listos para oír acerca de Jesús.

La congregación exhausta de la iglesia estaba ahí mismo en el medio, predicando y testificando. Cientos de personas fueron salvas.

Mil cristianos marcharon por las calles, cantando y orando y proclamando esperanza.

Durante tres días notorios, las orgías de robos, los saqueos y matanzas habían llenado las calles. Después que todo terminó, los oficiales contaron 10,000 fuegos individuales y 58 muertes, 2,383 heridos que necesitaron hospitalización y hasta $1 billón en daños. La intersección donde "Alcance Victoria" se encuentra fue una de las peores atacadas —pero la iglesia no fue tocada.

Sonny me cuenta que todavía estaban regocijándose en el milagro que comenzó cuando ellos estaban orando durante lo peor —que la guerra sin sentido de pandillas cesará—. De veras, unos días después que los fuegos se apagaron, una tregua entre los *Bloods* y *Crips* fue negociada.

La matanza cesó.

Despues de unas semanas, la guerra entre las pandillas comenzó otra vez en otras partes de la ciudad, pero no en el barrio alrededor de "Alcance Victoria" en el centro del sur de Los Ángeles.

La tregua se mantuvo.

¿Es imposible tal milagro?

La congregación tiene un álbum lleno de algunas fotos increíbles de "Alcance Victoria" en guerra —siluetas de guerreros de oración con manos levantadas en alabanza y petición, en el techo y en el cuarto piso de la iglesia mientras la ciudad se quemaba alrededor de ellos.

Otras fotos muestran las llamas infernales del mercado libre, la tienda de empeño y la tienda de zapatos.

Una foto increíble enseña el edificio de la iglesia siendo vigilada por una cadena humana de hombres y muchachos de las congregaciones de "Alcance Victoria".

Pasaron por el fuego.

Y no fueron quemados.

Me acuerdo como Sonny, hace muchos años, miró a la congregación de La Puente y dijo:

—Dios va a levantar profetas, predicadores y maestros dentro de esta congregación —y añadió—. Te va a levantar, va a poner Sus manos sobre ti, y te enviará por todo el mundo.

Y Él protegerá a Su pueblo.

Dios ha sido fiel.

Él continúa usando este grupo de adictos, criminales y prostitutas, vagabundos y muchachos de pandillas que se deslizan por las calles y centros de bienestar público. Ellos son el secreto escondido de Dios —moviéndose silenciosamente, firmes, no vistos, cambiando los barrios bajos marginados del mundo para Jesús.

Esto es sólo el comienzo.

...¡Por todo el mundo!